心智的秘密

论心智的来源、结构与功能

日月光华·哲学书系

佘碧平 著

心智的秘密

论心智的来源、结构与功能

上海人民出版社

本书获评" 复旦大学哲学学院源恺优秀著作奖",
由上海易顺公益基金会资助出版

总　序

"日月光华，旦复旦兮"，思想之光，代代相传。在复旦哲学走过一个甲子之际，"日月光华·哲学书系"、"日月光华·哲学讲堂"应运而生。这既是过往思想探索道路上的熊熊火炬、坚实基石，以砥砺后学继续前行，亦是期许未来学术反思的灿然星陈，以哲学之力去勘探人类精神应有之高度与广度。为此我们当勤力不殆。

"兼容并蓄"是哲学成长的传统。复旦哲学建系伊始，胡曲园、全增嘏、严北溟、陈珪如、王遽常等诸位先生学识渊博，其来有自，奠定了复旦哲学的根基。他们不独立门户，不自我设限；不囿于教条，不作茧自缚；而是以思想和问题为导向，兼容并蓄，博采众长，由此造就了六十年来复旦哲学的特色。诸位奠基先贤始终秉持开放而专业的态度，强调严肃的学术训练，打破学科壁垒，追寻思想脉络，力图以真切而深邃的思考达致生活之本真，捕获时代之真精神。

"时代担当"是哲学不变的使命。自改革开放以来，以思想深入时代，对时代的根本问题做出积极的求索，是复旦哲学另一鲜明特色。真正的思想探索和学术研究理应紧紧抓住与时代血脉相连的命题，提炼精华，不断对人类生存的基本问题做出回应。优秀的学者须有冷静的观察和深刻的反思，但这并不等于将自己封闭在无根的象牙塔中，而是真实切入时代命题的必备前提。切问而近思，人类的根本命题始终激荡于胸！

我们将以开放和虚心的态度来传承这些特色。"日月光华·哲学书系"不但收录了复旦哲院教师以往的代表作，也以面向未来的姿态吸纳复旦哲学人的最新力作。我们希望这一书系成为一个开放式的平台，容括从复旦求学毕业、在复旦从事教学和研究，以及到复旦访问讲学的学界同仁的优秀著作，成为推动汉语哲学界不断发展前行的引擎。"日月光华·哲学讲堂"，则希望将国内外学者在复旦所做的系列讲座整理成文，编撰成册，努力展现他们思想的源初轨迹，推进其理论贡献。以"日月光华"为平台，以学术为标尺，使国内外学者的优秀成果在共同的学术园地上得以生动呈现。这必将是一个漫长而艰难的过程，需要敞开的思想姿态、精准的学术眼光以及异乎寻常的努力与坚持。我们希望把复旦哲学"扎根学术、守护思想、引领时代"的精神风格融入这两套丛书；我们期许它们不但能透彻地刻画出思想本身的发展历程，还将在更为丰满的历史背景中探索思想的作用。唯有如此，我们的"书系"与"讲堂"才能超出一般丛书的范畴，真正成为时代精神的捕获者、诠释者、推动者和反思者。

思想薪传在任何时代都是无声、艰辛和困苦的事业，隐于"日月光华"这一个美好愿景背后的深意尤为紧要：思想的守护与传承是"旦复旦兮"的意涵所在，精神的催生与创新是生生不息的事业。"书系"与"讲堂"的出版并不是书目的简单累积，也不是论题的无序叠加，而是思想的流动和生长，是已有思想激发新思想的创造过程，是不断厘清思想限度、拓展思想疆域的漫漫求索，是幽微星火燃成日月光华的坦荡大道。在几辈学人的共同理想和不懈坚持下，既往的成果已然成为了沉甸甸的责任。由此，在决定"书系"与"讲堂"的名称时，我们选择将我们的理想标示出来，以此自勉，并期望人类趋向光明的理想，终将启迪人类的智慧，并照亮那条崎岖不平却让人甘之如饴的精神道路。

是为序。

孙向晨

二○一六年九月于复旦

内容概要

　　本书探讨的是人类心智的来源、结构与功能。在第一部分中，我们把人的心智活动放回到生活世界之中，也即它所处的背景中。这一背景就是人与周遭世界进行物质、能量、信息与意义的交换活动，而人的心智活动就是对这一交换活动的自反性的感受与意识，其中就存在着自生的调控机制。从心智的来源上看，人的心智是人的生理演化、规范演化与社会演化相互作用的结果。可以说，从最简单的单细胞体生命一直到人类，任何生物都对自身与周遭交换物质、能量、信息的活动有着自反性感知，只不过，人类在这一方面的感知兼有超越性、创造性、象征化和规范化等特点。

　　作为人与周遭之间物质、能量、信息与意义的交换行为的自反性意识，其实也是人在周遭世界中"为人处事"的存在方式与共感方式。可以说，人与周遭世界的意义就是在这一共感场中显现出来，并得以象征化与规范化。对此，传统形而上学（包括亚里士多德的经典形而上学、笛卡尔的形而上学与海德格尔的基础存在论）中都存在"盲点"。为此，本书提出一种"共感形而上学"，它包括共感场论与交流逻辑。即，作为人在周遭世界中的存在方式，人的心智活动不仅是对人与周遭进行物质、能量、信息与意义的交换活动的自反性意识，更是人与周遭之间的共生、协同、共感、交流与博弈活动，遵循一定的形式与规范，如感受直观逻辑、理性推理逻辑与辩证思考方式等。

随后，我们对人的心智活动的这一机制进行结构分析与功能分析。在本书的第二部分"心智的结构"中，我们将具体描述与分析人类的心智结构，认为它是"三重加工系统"，包括感受直观、理性推理与见识等三部分，而且，这三部分是联动的。人的感受直觉是人的心智运作的基础，它汇聚了所有认知信息，而人的推理理性则是有限的，无法脱离人的感受直觉，否则就失去了信息来源。从个人与群体的知识体系来看，最基本的是对自身与世界的理解与感受，涉及形而上学、宇宙论与人学等方面的问题。而为了向他人证明自己对自身与世界的理解与感受的可靠性，需要形式化的演绎推理与证明，以求证实。可以说，任何以推理理性为主导的科学理论其实都有自己的知识体系的背景，即有自己的形而上学、自然哲学与社会哲学。

在第三部分中，我们将集中探讨心智的用法与功能，即心智的表达与决策。因为人的心智活动展现的不仅是共感场，还是交流场与博弈场。人的表达是完整的，兼有感受直观、理性推理与辩证思考等不同向度。在交流活动中，人的表达还会发生"连贯性的变形"，其中会绽现出人的隐喻、机智、幽默与反讽。这些都是人的表达的创造性之处。

人的决策亦是人的心智的表达与用法之一。不过，人不是随心所欲地作出决策，而是根据自身所处的形势，深入了解各方的意图、习性以及各方之间的关系，然后创造一些条件，增进或改变己方与各方的关系态势，让它朝着有利于己方的方向转化，最终达成己方的目的。由此可见，尽管人有创造性，可以努力改变自身的命运，但是，人的自由亦有受限的一面，即人的自由创造需要"时机"，即己方与各方的关系态势转化到最有利于己方的状态，否则，人亦"回天乏术"。同样，人性亦是如此。人类只能在生存活动中最大程度地彰显人性，而无法完全实现人性。换言之，人性与人的心智一样，都是一件尚未完成的作品。

目 录

插图目录

绪论

认识你自己

一、研究对象

早在公元前 5 世纪，古希腊发生了一次哲学转折，苏格拉底把哲学从天上拉回人间。在苏格拉底之前，米利都学派的泰勒斯从物理学（即自然哲学）出发，认为万物都源出于水。而随后的毕达哥拉斯则从数学出发，把万物的始基确定为"数"。对此，苏格拉底认为仅仅用物理学和数学是无法解释人自身的，因为人不是一个机械的物质，而是能够自身反思，会"察颜观色"，预测与理解他人的意图（善意、欺骗或威胁等）与情感，并有意识地调整自己的行为的，因此，单凭分析它的质料构成、物理属性和数量关系，是无法认识人自身的，比如人的心智。

那么，苏格拉底的解决办法是什么呢？他认为，要认识人自身，就必须避免机械地或线性地去分析人自身，而要用"辩证法"，也即对话的艺术来探寻。辩证法包括逻辑和修辞。前者遵循的是推理理性，而后者则是以感受直观为基础。不过，终其一生，苏格拉底都未能回答这个问题，只是一再承认"自己无知"。

要认识人自身，首先必须搞清楚人的心智是什么。从日常观察中，我们不难发现，人的心智就是对他人的意图及其可能结果、周遭

001

世界中的因果关系的预测与看法，并根据各种迹象，或直觉把握，或理性分析，然后决定和调整自己的行为。

亚里士多德说，哲学源于"惊奇"和"疑惑"。① 不过，这已经是"理性"的惊奇和疑惑了。而在这很久之前，也许是在"能人"时期，人类就有了初步窥测、想象周遭世界的反应和因果关系，特别是他人的意图与情感的能力了。因为在适应环境的过程中，特别是在狩猎活动中，人类已经不再简单地通过适应环境来生存，而是开始制造工具，如石器，来创造性地与自然、猎物进行博弈，即对环境的反应、猎物的动向等都能进行预测，通过有效的工具，达成自己的目的。特别是在与肉食动物的生死搏斗中，人类对于任何风吹草动，都会非常警惕，并且根据不同肉食动物的特点来制造武器，这些活动都大大扩大了人类窥测和想象的能力。根据研究，人类甚至能够预测出对手第五回合的意图，即，他以为我在想他认为我要……② 同时，这种多重意向性还会在预测对方意图的同时，浮现出周遭世界的"视域"或"背景"，而后者也是多重意向的交织。

人在本能地适应自然环境的过程中演化出来的这一生存能力，是对未来的创造性的谋划。它具体表现为人与周遭对象之间"探问—回应"的博弈过程。在制造工具、人际交流和创设制度—规范③的过程中，无论成功，还是失败，都大大扩大和丰富了人的情感直观能力，特别是想象力，并同时发展出了人的理性推理能力与辩证思维能力。而且，人的理性推理能力与辩证思维能力也会反过来塑造我们的情

① Aristotle, Metaphysics, Book I, *in The Complete Works of Aristotle*, vol. 2, edited by Jonathan Barnes, Princeton University Press, 1984, p.1554.
② 《进化心理学》，邓巴等人著，万美婷译，中国轻工业出版社 2011 年版，第168—169 页。
③ "制度"是指"范式""结构"等。个人的思想与行为是按照一定的范式与结构展现的，即思想与行为的制度化。在群体生活中，为了相互合作，人们会达成规范共识，于是，人的思想与行为会被规范化。

感直观能力。于是，在我们的心智活动中，就有了三套相互交织的系统——感受系统、理性系统与见识系统。[①]

在日常生活中，我们会有各种感受。[②] 面对自然世界，我们不仅有空间感、时间感，还会感受到各种物质材料的纹路、肌理、深浅、柔软、色泽、润滑、味道、音色等，形成图形、数量、性质等意象，并在各种意象的基础上抽象出各种范畴和概念，形成观念系统；与他人交往，我们又有荣誉感、羞耻感；一旦身体不适，我们还会产生痛感。而且，对于这一切，我们还会产生自我意识，对于自己的感受进行理性分析与反思批判。有些人甚至会有灵魂出窍的感受。可以说，人类其实是生活在自己所感知到的世界里，小到家庭、村落或社区、城市，大至国家和国际社会，它们都是感知到的世界。

那么，究竟什么是人的心智呢？许多人会说：它是主观的。不过，这一回答并不完整。从表面上看，心智确实是人的主观感知。比如，有一句广为流传的广告语"心有多大、世界就有多大"就表明，世界是人感知到的世界。但是，别忘了，人就生活在世界中，也即参与并分享这一世界。人的感知不是人的主观因素单方面形成的，而是在由人的主观因素与周遭世界共同构成的关系结构中生成、绽现出来的。

---

① 关于心智运作的构成系统，著名心理学家乔纳森·伊文斯（Jonathan St.B.T. Evans）与丹尼尔·卡尼曼（Daniel Kahneman）等人主张"双重加工说"，即由下而上的感受加工与由上而下的理性加工。后来，法国心理学家奥尼维耶·胡代（Olivier Houdé）又增加了"执行"加工活动，提出了"三重加工说"。他认为，人脑还有着抑制与克服心理偏见的加工能力。本书采用"三重加工说"，但是，对于第三重加工系统的理解却与胡代不同。本书认为第三重加工能力是超越性的反思能力，不仅能够抑制与克服心理偏见，更能超越自身之外来想象或虚构，体现为见识或智慧。对此，请具体参见本书第二部分。

② 直观感受是最早出现的，它兼有非理性与可理解性两个方面。就其可理解性来说，感受具有范畴直观的特点，如某人因为别人的轻视而发怒，这一发怒作为情感直观就具有可理解性，即在别人的轻视与自己的尊严感之间有着某种关联结构。

近代以来，西方哲学家们（如笛卡尔、洛克、休谟、康德等）把人的心智主观化，把它机械地分割成"认识能力""意志能力"和"审美能力"等，并且把人的认识能力分成"感性""知性"和"理性"。这种理性的分析无法说明人的感知的非理性方面。比如，在现代经济中，经济学家大多喜欢用"理性人"假说来解释经济市场和活动。2013年诺贝尔经济学奖得主法伯就用理性人假说提出了"有效市场"理论，不过，它却无法解释2008年爆发的金融危机。而同年诺贝尔经济学奖得主席勒却认为人的动物精神造成了金融危机，其中，人的动物精神就包含着非理性的东西。比如，在股票市场上，人们习惯"追涨不追跌"。

从结构上看，人的心智主要是由感受直观系统与理性推理系统构成的，而且，前者总是比后者先出场。不过，人的心智中还有一种"元认知"的能力，能够协调前两者。但是，人们还是常常会把过去行之有效的经验当作"习惯"，不加思索（或理性分析）就作出决定。它有时候会表现出非理性的力量。比如，有句关于"白丽"香皂的著名广告语——"今年20，明年18"，许多女性明明知道"今年20，明年21"（这是理性的），但是出于爱美的天性，习惯跟着感觉走，却宁愿相信它（这是非理性的），结果造成了该产品销量大增。

许多时候，人也会用理性来控制自己。比如，许多少女往往钟情于帅小伙，但是，一旦要谈婚论嫁，却可能会理智地另选他人。由此可见，在人的心智结构中，除了情感直观能力外，还存在着理性分析的能力。

前面我们说过，情感直观能力是指由人的主观能力与周遭世界共同构成的关系结构的构成能力。而且，它也是有逻辑的，不过，它不是抽象的形式逻辑，而是具有生成能力的"感受逻辑"，具有可理解性。它在不同的人那里是不同的，但也存在相似性。它具有流动性与凝聚性，其正面效应是"社会团结"，即通过感同身受，"共情"与"共感"，把人们团结起来，而其负面效应则会造成"群体性疯狂"，通过社会从众心理，造成暴政或暴动。因此，感受的这种流动性与超越性，既会表现为美感、良知与信仰，也会沦为迷信与盲从。

人的感受不仅限于自身之内，还逸出自身之外，在自身与周遭世界之间分布、蔓延。这种感受的流动性与超越性是通过"交互的身体世界"的图式来实现的，即"感同身受""意会"。特别是在中文语境中，它是"只可意会，不可言传"。这种"意会"就是在交互的身体世界中穿越的"感受"。换言之，人的意识活动不是只局限在大脑中，而是有意向地在交互的身体世界中展布的。比如，"会心一笑""心有灵犀一点通"等。这一"流动的感受"就是人类对于宇宙、人生的生命感受或生活感受。这一感受涉及天、地、人、神，散布和弥漫在生活世界之中。它不仅是现实的和世俗的，而且有着无限性和超越性的指向，只是"百姓日用而不知"。不过，时间久了，人们面对千变万化的宇宙以及人的生老病死，也会追问：人是什么？他（她）来自何处？又要往哪里去？他（她）能够知道什么？做什么？又能希望什么呢？

从内在结构上看，这一生命感受涉及"真""善"与"美"三个方面。从"真"这一方面来看，康德就不看好人能够认识它。因为像亚里士多德的范畴与欧几里得几何都是静态的，无法解释动态的生命变化及其感受。在康德之后，数学出现了革命，如高斯等人提出了非欧几何，空间可以变形和生成变化，这样，人们就可以说明与描述生命体验的变化与多样性，如现代艺术对生命体验的展现、心理学中的格式塔理论以及解释学中"解释学的循环"等。

而在"善"的方面，这一生命感受是与"人命"有关的。据说，梁漱溟先生的父亲梁济目睹世风日下、人心不古，渐生弃世的念头。在自杀的前三天，他曾问过梁漱溟"这个世界会好吗？"的问题。[1]而北京大学教授季羡林先生在去世前，也曾说过："积将近九十年的

---

[1] 梁漱溟、艾恺:《这个世界会好吗?》(增订本)，三联书店 2015 年版，封底。

经验，我深知世界上确实是有坏人的"。① 这些话看似平淡，却是真正的哲学问题。这里的"坏人"，不是指那些违反了一般社会规范（成文法或不成文法）的人，而是特指那些做出有违"道德良知"的人，类似于卢梭和康德所说的犯了"根本的恶"的人。比如，我们不会说不小心违反交通规则是违背良知的行为，而对像希特勒等纳粹战犯，却认为他们犯了根本的恶，即有违良心。

这一生命感受还有着"审美"普遍性。作为社会事实，这些人生感悟具有横穿时空的无限性和超越性。这在唐诗中，亦有旁证。先看陈子昂的《登幽州台歌》：

> 前不见古人，
> 后不见来者，
> 念天地之悠悠，
> 独怆然而涕下。②

再读王勃的《杜少府之任蜀州》：

> 城阙辅三秦，风烟望五津。
> 与君离别意，同是宦游人。
> 海内存知己，天涯若比邻。
> 无为在歧路，儿女共沾巾。③

在这些诗作中，人不仅与古人、后人，而且与身处天涯海角的

---

① 季羡林：《季羡林谈人生》，浙江人民出版社 2016 年版，第 116 页。
② 《全唐诗》（增订本），第二册，卷八三，陈子昂一，中华书局 1999 年版，第 899 页。
③ 《全唐诗》（增订本），第二册，卷五六，王勃二，中华书局 1999 年版，第 678 页。

人，产生"共感"与"共情"。换言之，我们身处一个具有无限多相互叠加的可能世界之中，我们的思虑分布在其中。阅读这些诗作，我们感同身受，却又无法确指。这种感受弥漫在宇宙万象之中，偶一提起，都会激起无限的反响。可以说，任何社会事实都包含着世俗性与超越性、有限性与无限性、个体性与整体性之间的纠结，而这正是本书的论题之一。

毫无疑问，人的心智既是个体的，又具有共通性和"感染性"。为了避免盲从和迷信，乃至个人崇拜和极权主义，人类总是强调人的感受的个体性与多样性，而其手段就是高扬人的理性，抗拒非理性的盲从感。因为人不仅是自然的人，也是社会的人。人不仅循从自然，还有从众倾向，不过，人在循从的同时，又有所改造与创新。

当然，我们这里所谈的"生命感受"其实是我们的生活体验，并非主客分立意义上的自然现象。生活感受是维系人与周遭世界的经纬，其中，自然与人文是相互开放、交织的，有如李白所吟诵的："相看两不厌，唯有敬亭山"，① 在李白的这一审美感受中，敬亭山与他之间是相互理解、开放与交织的。

一旦人反思自己的感受（即情感直观系统），那么就会对之进行"分类"和"命名"，即把它们归入不同的范畴之中；然后，进行比较、分析与综合，得出最优化的合理结论。比如，在狩猎、采集或者与其他游群、部落的战争中，如何利用地形、地物、天时，如何组织自身队伍，如何刺探敌情，如何激励士气，等等，先民们会不断反思以往的直觉经验，分析与比较出其中合理的、超越于具体直观经验的条件（也即"先验的条件"）。长此以往，这种反思能力就逐步演化出了抽象的"理性—推理系统"。此外，人类内部组织的规范、仪式等对于抽象的理性—推理系统的形成也起到了重要作用。不过，人类的

---

① 出自李白的诗《独坐敬亭山》，载《全唐诗》（增订本），中华书局编辑部点校，第三册，卷182，李白二二，中华书局1999年版，第1864页。

抽象理性系统却是到了"轴心时代"才为人类所自觉意识到。

二、研究方法

从文艺复兴开始，近现代意义上的科学分类逐渐形成，自然科学一枝独秀，日益凌驾于社会科学、人文科学之上。在某种意义上，自然科学成了"科学"与"真理"的代名词，而人文社会科学则被视为不精确或无法证实的学科。这一科学观念源于笛卡尔的《谈谈方法》。在该书的第二部分中，笛卡尔认为自然科学是"研究对象之间的各种关系或比例"，[①] 也即"永恒的数学真理"。具体来说，

> 为了便于分别研究它们，就该把它们假定为线的关系，因为我发现这是最简单的，最能清楚地呈现在我们的想象和感官面前；另一方面，为了把它们记住或者放在一起研究，就该用一些尽可能短的数字来说明它们；用这个办法，我就可以从几何学分析和代数里取来全部优点，而把它们的全部缺点互相纠正了。[②]

这一方法就是笛卡尔发现的"解析几何"。虽然在笛卡尔之后，数学方法有了巨大的发展，但是自然科学对永恒的数学真理的追求却一直没变，因为唯有数学规律才具有自明性与绝对可靠性。

在该书的第三部分，笛卡尔却认为，以人的行为为研究对象的人文社会科学不具备普遍必然性与绝对可靠性，只能遵循"中道"原则等"临时行为规范"。尽管笛卡尔并未明言，但是以笛卡尔的标准，与自然科学相比较，人文社会科学缺乏自明性与绝对可靠性，难以称得上是真正的"科学"与"真理"。

随着近半个世纪以来各门学科的发展，特别是有关生命科学与行

---

①② 笛卡尔：《谈谈方法》，王太庆译，商务印书馆2000年版，第17页。

为科学的长足进步，单纯以自然科学的研究方式把人的生命及其行为还原为生理机制，是无法完全说明人的生命现象与人的行为的。因为人的生命是生理演化、规范演化与社会演化等相互协同的结果。而这一协同演化导致了作为人的意识活动之基础的"共感场"的出现。对于人来说，所有存在者都是通过"共感场"呈现其意义的。它们首先通过感受直觉被我们所理解；然后，为了在群体中向他人说明与证实这些感受直觉，人会进一步动用形式化的理性推理来解释与分析它们，甚至还会对人的生存意义进行超越性的反思。

这一自反性的意识活动是人的生理演化、规范演化与社会演化协同的结果，单凭生理学，是无法解释它的。因此，要完全理解人的心智活动，我们需要提出一种新的"科学"概念。它不再是笛卡尔式的、以数学为主导的绝对可靠的自然科学观念，而是协调与兼容自然科学与人文社会科学的新科学观念，因为人的生命现象如果不借助社会与文化因素，是无法解释的。

从人类心智的演化史来看，自然科学的思维方式与人文社会科学的思维方式是同源的。可以说，它们都源于人际的合作与交流活动，特别是人际的语言交流活动。在语言产生之前，人类已经有了象征符号的交流活动，如手势、舞蹈与音乐等。尽管语言是晚出的，但是它却构成了"现代人"（即"晚期智人"）有别于其他灵长类的根本特征。而且，人类的语言不仅能够表达人的感受直观，展示人的理性推理，更能凸显人的见识。具体来说，人的语言不仅能够直接表征，还能虚构对象与故事，通过能指与所指、始源域与目标域的差异，形成多层次、多向度的隐喻。无论是自然科学，还是人文社会科学，从业者都在使用语言，只是侧重点不同而已。比如，艺术类学科就是通过各种感受方式，如听觉、视觉、嗅觉、味觉、触觉、运动觉等，来营造或虚构出各种"共感场"，让人产生共鸣。而自然科学则是通过"如果……那么"这类假言演绎的虚构方式，构造出各种共感场，让自然回应，然后经过反复实验，得出可靠的结论。因此，要完整地解释人的心智活动，我们就要把各门科学结合起来进行研究。

而且，从存在论上看，人是先验地在世界中生活着的，与他人、他物打交道。因此，单就人的心智活动来说，它其实是一种生存方式或生活方式，也即心智生活。它表明人与周遭之间有着一种原初的生存论关系。一方面，人是整个地、全方位地向世界开放的，形成了身体图式，并以此来理解世界，另一方面，人又是现实地生活在某个集体之中的，受到集体意识的影响。因而，从第一个方面来看，人对世界的理解与意识既了解自己就生活在世界中，与他人、他物打交道，彼此是相互关联着的，但是，他又知道自己是与世界、他人、他物不同的，正是彼此之间的差异让他们相互映现、隐喻、转喻、压抑、夸大、象征各自的意义，而且在时空中是无止境的。而且，这种相互象征的关系处于一种博弈状态，会达至均衡和互惠性。从第二个方面来看，这种理解实际上受到了集体意识的极大影响，如人的精神本质是"约定"和"分类"，它们决不只是什么个人的事，也是集体意识的反映，并随着历史而变化。因此，要研究人的心智活动，还离不开哲学思考。

在本书中，我们采取混合主义的研究方法。这就是说，我们把人的心智活动放回到生活世界之中，也即它所处的背景中。这一背景就是人与周遭世界进行物质、能量、信息与意义的交换活动，而人的心智活动就是对这一交换活动的自反性的感受与意识，其中就存在着自生的调控机制。随后，我们将对人的心智活动的这一机制进行结构分析与功能分析。

首先，人的心智是多向度的，即它不仅是人的生理活动的表现，还是人的生存活动与社会活动的表现。可以说，人的心智的机制是包含着无限多可能性的叠加态，其生理取向、生存取向、象征取向与规范取向等都会相互竞争与相互塑造，目的在于更好地适应日益复杂的环境，实现自身的生存意义。为此，本书将结合神经科学、心理学、人类学、社会学、经济学、科学史与哲学史等多学科的研究成果，认为人的心智活动是对人与周遭交换物质、能量、信息与意义的活动的自反性感知，它是人的生理演化、规范演化与社会演化相互作用的结果。可以说，从最简单的单细胞体生命一直到人类，任何生物都对自身与周遭交换物质、能量、信息的活动有着自反性感知，只不过，人类在这一方面的感知兼有超越性、创造性、象征化和规范化等特点。

具体说来，人的心智是人的生理表现。可以说，它也是人的大脑与身体联动的结果。而人的大脑无疑是心智中枢，由脑干（爬行动物大脑）、小脑（哺乳动物大脑）、新皮质层（灵长类大脑）构成，并通过脊髓与身体内的迷走神经、肠胃神经等紧密相连。不过，人的心智并不仅仅是人的生理表现，还具有社会性。在演化过程中，人们为了合作，需要交流，这一要求就促使人的声道逐渐演化出来。而语言交流对于人的心智发展又起到了极大的促进作用，不仅分享与理解各自的感受，而且还会通过推理理性来证实其可靠性。

其次，在4万年前左右，由于人形成了超越性的思考，人会不断地追问自身存在的意义。它是生存论层面的追问。这也会影响人的心智的演化。因此，社会活动，甚至超越的"玄思"与主观修行都可能改变人脑中的神经回路，改善或治疗自闭症、痴呆症等。因此，人的心智演化不仅仅是自然选择的结果，还是社会选择与生存选择的结果。换言之，人的心智具有生理机制、社会性与生存论等多重向度，单凭生理机制是无法完全理解和解释人的心智的。

当然，人的心智具有独特的结构与功能。在人类漫长的演化过程中，人与周遭之间所进行的物质、能量、信息与意义的交换回路会内化为心智的完形回路。最初，它已经具备了提问、试错、求证的"假言推理"的模式，兼有感受、推理与见识等能力。而后，这一完形回路还会演化出兼有内在性与超越性的完形回路。从结构上看，人的心智运思的方法包括感受直观、理性推理与元认知。其中，感受的方法，也即范畴直观的方法，首先在于经验的分类，注重直观中原初范畴与概念之间的相互交织与分有。而理性的方法则重在归纳与演绎，也即在感受表征（自由想象与范畴直观）的基础上，提出假说，演绎出具体结论，交由实验来求证；然后，对实验数据进行细致分析，探寻其中的因果关系，从而得出科学结论。至于元认知，它属于超越性的反思，其方法是协调感受直观与理性推理，表现为人的机智与见识。总之，人的运思过程也即推理过程，它包括直觉推理、理性推理与辩证推理。

因为我们心智活动的根本就是想象，即把对象想象成"象"什么，而"象"就是集体约定的象征符号，因此，我们对自身心智活动的研究也是如此。这些研究只是各种象征模型，只是对心智活动的具象—抽象的概括与描述，它们本身就具有隐喻，并激发出更多的想象与解释模型。因此，周遭世界并非纯粹事物的集合体，而是具有象征意味的事实世界。比如，周遭世界已经被人类命名，而超出这一人类命名系统的东西，即使存在，也是没有意义的。当然，这一周遭世界会随着人类活动的深入与扩大而不断纳入新的成分。

可以说，周遭世界的实在性及其结构正是通过人的想象力及其象征活动不断试错、求证而被建构起来的。随着人与周遭世界互动的情境不断重构，人也会不断建构出有关周遭世界的实在结构的图景。这一过程是无止境的。比如，在中世纪晚期，西方人以为地球是宇宙的中心，是不动的，而各个天体是围绕地球旋转的。但是，哥白尼经过长期观察发现，地球绕着自己的轴转动，同时又连同月球每年绕着太阳运行一周。为此，他提出了"日心说"，开启了近代科学的"哥白尼革命"。其实，从今天科学发现来看，太阳远不是宇宙的中心。即使是我们所处的宇宙，也许只是众多宇宙之一。

而且，因为人的心智的结构化与超越化，所以人具有调整事物关系并把它们纳入新的结构之中的创造力。这样，人就能创造或虚构出许多新的事物，如转基因、虚拟空间等人工物。

在本研究中，我们反对还原论、预成论与实体论等路径。还原论力图把心智活动还原为人的生理机制的作用，它虽然揭示了心智活动的生理向度，但是也把心智问题简单化了，无法完整地解释心智现象。而预成论主张人的感知与推理形式是人与生俱来的既有形式，这显然与事实不符。其实，人的分类、排序、假言推理等能力是随着神经发育过程在社会背景下不断建构、生成出来的。

从历史上看，德国格式塔心理学派最早发现了人类心智的"完形"特点。即，人在感知对象时，会立即把自身与周遭相关者纳入一个完形结构之中。换言之，人的心智活动具有先验的完形能力。这一完形结构既非纯粹主观的，亦非纯粹客观的，而是人与周遭相关者之间互动的动态均衡系统。它会不断地"移步换景"，也即通过增加或减少相关者，重构出新的完形结构。由于古人类在群体生活中，心智处于相互博弈的共感场中，需要向他人证实自身感知的可靠性，而这仅靠神秘体验是不行的，于是就会发展出形式化的、以假言演绎为导向的推理理性系统。这一演化过程也体现在儿童心理的成长过程中。即，儿童先是在直觉经验的基础上进行分类与排序，然后慢慢学会怎样进行抽象的递归推理，直至最抽象的数学演算。①

但是，正如皮亚杰与梅洛—庞蒂所批评的，格式塔心理学派把完形结构实体化了。其实，这一完形能力是人与周遭进行物质、能量、信息与意义的交换活动"内化"为感知与意识的结果。换言之，它是人的心智能力，而非实体。

---

① 皮亚杰：《智力心理学》，严和来等译，商务印书馆2015年版，第170—171页。

三、本书的内容与架构

自古以来，人类就为自身的心智活动所困扰，对它的命名也是五花八门，如"感应""灵魂""心""心智""智识""思想""意识""情绪""情感""理性""体验""精神"，等等。为了讨论方便，本书统一用"心智"来指称它，并力图回答以下六个问题：

1. 心智来自何处？

2. 心智是如何运作的？人是如何运思的？它有什么结构？

3. 心智是如何表达的？

4. 心智是如何决策的？

5. 心智是否有反常现象？

6. 心智是自由的，抑或受限的？

换言之，本书探讨的是人类心智的来源、结构与用法。从来源上看，人类的心智是生命体长期演化的结果。生命体生存与演化的机制就是不断"规范化"，即不断为自己与群体的行为创制规范，并通过规范化自身的行为方式来适应环境的变化。人类的大脑就反映了这一点，它是由脑干、哺乳动物大脑和新皮质层构成。脑干是动物情绪激发的生理机制所在，而哺乳动物大脑（也即小脑）是哺乳动物才有的、覆盖在脑干上的部分，它是动物演化到哺乳动物阶段才发展出来的。而皮质层，虽然很多哺乳动物也有，但是，人类的皮质层，特别是新皮质层是最发达的。皮质层对于情绪激发有着调控作用，特别是前额皮质，更是人脑的"控制中心"，是人意志与理性等创制规范的所在。这些都是人类为了适应环境的变化而不断规范化自身的行为，而演化出的创制规范的生理机制所在。从人类的演化史来看，前额皮质的发达也是与人类自身的交互活动与制度—规范的创制同步的。

具体说来，生命体的生存与演化就是生命体的各器官与环境之间交换物质、能量、信息与意义的过程。这一交换过程亦是博弈过程，虽然每个生命体有着不同程度的自主感觉或意识，力图让自己尽可能完整地生存下去，但是，它能否做到这一点，却并不完全取决于自身的努力，因为生命体自身的组织与器官是与环境中各要素互动的，相互适应、相互改变，人的身体组织与器官就是在这一互动过程中不断改变着、演化着。比如，不同食物的来源不断改变着人脑的组织结构。而且，人类最初不是用语言来交流的，而是用手势、舞蹈、音乐等来交流想法与意义的。直到大约 10 万年前后，人类逐渐演化出语言的生理机制，如声道、主控语言的基因组等。尽管尼安德特人已经有了主控语言的 FOXP2 基因组，但是，由于声道等其他生理机制尚未演化成熟，所以，尼安德特人还不能像现代人一样说活。不过，至少到晚期智人时，人类已经具备语言交流能力。可以说，这是人类演化史上一次重大飞跃。它不仅促成了人类逻辑思维能力的形成，而且让人类有可能从整体上询问与解释世界与人的来源、未来与意义。

人类的心智活动，也即感知（或知觉）活动，就是这一博弈过程在人的身体上的表现。它是人的智力，主要由情感直观系统、理性推理系统与元认知（也即见识）系统构成。情感直观系统是人类理解能力的基础，而理性推理系统是很晚才出现的。它们都是在人类为了适应环境变化而不断规范自身行为的过程中逐渐演化和丰富起来的。

首先，人类的心智活动的原初形式是情感直观活动，而其表达方式最初就是"游戏"（或博弈）。随着在博弈过程中的不断规范化，这一感知活动也不断"仪式化"，如手势与舞蹈、音乐、巫术、史诗、神话，乃至宗教、道德与科学等，并通过"游戏"活动传承下去。慢慢地，人类就形成了"抽象的规则意识"。到了 2500 年前的"轴心时代"，人类的理性推理活动就摆脱了情感直观的束缚，实现了"理性的突破"。

当然，这决不是说在实现"理性突破"之前，人类完全为情感所左右。其实，从一开始，人类的情感直观活动就是有形式与规范的，是人的逻辑的一部分。这种感受逻辑是"天人合一""天人感应"的。而现实社会的制度就是以这种感受逻辑为基础的。一旦现实社会发生变化，首先就会在人的情感上表现出来，人们就会觉得自己的感受与现实制度有冲突。于是，人们就会提出各种新观念或新的制度构想。经过一系列的博弈，新的制度与规范就会确立起来。比如，在中世纪晚期，西欧世界发生了"英法百年战争""宗教大分裂"与"黑死病"等，这些事件改变了人们一千年来对于"人"、教会、民族、国家的直观感受，希望改变现实制度。为此，许多先进分子就先后提出了人文主义、共和主义、新教改革、科学革命等主张。慢慢地，人们的心态结构就发生了"移步换景"。

其次，人类的"理性突破"也是有历史条件的。在人类进入农耕时代之后，巫术、神话与史诗等已经不足以规范人们的行为，于是，抽象的理性推理活动就逐渐摆脱了情感直观活动的束缚。具体说来，到了新石器时代，人类进入农业时代，部落或国家为了分配土地，必须精确地丈量土地，于是，几何学出现了。而贸易交往也要求精确地计量货物，确定度量衡，于是，代数也就发达起来。不仅如此，人们还用代数与几何来度量天体的运行，确立"历法"，为农业生产与航海贸易服务。就这样，人们开始用理性的眼光看待世界。

但是，我们必须明白，在人的心智深处蕴藏着无限丰富的情感直观系统，而人的理性推理系统是很晚才演化出来的。人们总是不断地从后者返回前者，放松理性的约束，放飞前者的想象力，捕捉那瞬间绽放的"灵感"，然后把它条理化。这就是创新或科学发明。① 可以

---

① 神经科学家比曼和库尼奥斯发现了"洞见"的神经机制，即"颞前上回"，它位于"右脑的表层，恰好在耳朵的上方"（见乔纳·莱勒：《想象：创造力的艺术与科学》，简学、邓雷群译，浙江人民出版社 2014 年版，第 17 页）。令人惊讶的是，古代中国人也有近似的体验，比如"聪"与"圣"都有着"耳"字旁，换言之，人的聪明与圣明都是与人耳、听觉神经有关。

说，人的情感直观系统中就蕴含着超越一切的"道"。这种神秘的东西也是"非—存在"。所以，要把握它，就必须超越自亚里士多德以来的西方形而上学传统。换言之，人类的运思就是从理性推理系统还原到情感直观系统，然后从情感直观系统中追踪对超越一切的"道"这种神秘东西的体验。唯有后者才是人类安身立命之处。

在运思过程中，人类的情感直观活动和理性推理活动常常会发生冲突。但是，人的心智有着协调两者的能力，即"见识"系统。换言之，人可以靠见识来作出判断和决策。因为在与环境交换物质、能量与信息的博弈过程中，生命体都发展出了不同的"智慧"。比如，2005 年 2 月，加拿大科学家通过设在艾伯塔省森林野牛国家公园"牛急跳崖处"的监视摄像装置，发现北美的狼群也会利用断崖来围猎野牛。① 当然，从演化历史来看，人类的博弈智慧是最高级的。

当然，运思亦是表达。人类是具有象征能力的动物，他的一举一动、一言一行，都是有意味的，彼此间会"心领神会"。其实，所有生命体都具有程度不同的感知能力，在自身各组织（或器官）与环境之间物质、能量与信息的交换过程中，彼此也是在进行着无声或有声的意义交流，存在着贯穿彼此的"心领神会"。各种生命体会用不同的象征形式来表达、分析、综合、诠释这种"心领神会"。而唯有人类在 4 万年前的"思维大转变"② 中，创造出了"象征符号"来表达与诠释这种"心领神会"，并通过传说与书写让它世代相传。而且，人的语言能力的发展与其他社会规范化一起推动了抽象理性系统的形成。从儿童语言习得的过程来看，儿童最初就有着这种"心领神会"的体验，然后不断通过与周边人们（如父母、老师等）的"联合注意"来分辨、综合与诠释这种"心领神会"，从而学会命名系统、价

---

① 参见周剑生："加拿大美洲野牛涧遗迹"，载《中华遗产》，2015 年第 3 期。
② Donald Johanson and Blake Edgar, *From Lucy to Language*, Simon and Schuster, 2006, p.260.

值系统和推理系统等。①

　　最后，人类心智的培养还是和制度建设息息相关的。当人们挖空心思与别人博弈时，为避免走极端，也会制定新的规范与制度，让博弈处于可控的理性范围内，而且更符合人性。如 2008 年的金融危机，其原因就是多年来美国华尔街追求利益最大化，不断加杠杆，把各种债务打包再发售，而民众又被传染，疯狂举债购买房产等，导致巨大的金融泡沫。希勒在《非理性繁荣》中，认为要回归理性的繁荣，就必须进行新的规范化和制度建设，即，建立社会保险制度，让民众可以有安身立命之处。② 又如，在经济博弈过程中，我们都强调创新，保护知识产权。但是，这种强调必须有一定的制度规范。比如治疗癌症、艾滋病等药物，其知识产权大多为发达国家的药企所控制，而感染这些疾病的人又大多在不发达的国家。为此，印度就不顾指责，通过灵活解释专利法，强制仿制这类专利药品，以很便宜的价格卖给病人，最终也赢得了国际社会的理解。③ 毕竟，人命关天。可见，人类心智的策略性特点并非完全是马基雅维里主义的（即"为达目的、不择手段"），相反，人类心智演化的特点是不断规范化，尽可能地彰显人性。当然，策略性与人性之间存在着张力，人性的彰显不是直线进步的，而是策略性与人性之间张力结构的"移步换景"。我们很难回答"这个世界还会好吗？"这样的问题，而只能追问在新时代下，如何在这一张力结构下更大地彰显人性。

---

① 参见迈克尔·托马塞洛的《人类认知的文化起源》（张敦敏译，中国社会科学出版社 2011 年版）。托马塞洛认为，人类有着一种独特的技能，即，"把同类理解为像自我一样的有意向的生命体"，而且，它"首次出现在 9 个月大的时候"（见该书第 56 页）。从此时开始，人就可以通过与他人的"联合注意"，相互理解，并学习文化与各种技能。

② 罗伯特·希勒：《非理性繁荣》，李心丹等译，中国人民大学出版社 2014 年版，第 251—253 页。

③ 参见余盛峰：《仿制药：印度知识产权谜题》，载《经济参考报》，2018 年 7 月 18 日。

为此，本书共分三个部分：心智的来源、心智的结构与心智的功能。在第一部分中，我们把人的心智活动放回到生活世界之中，也即它所处的背景中。这一背景就是人与周遭世界进行物质、能量、信息与意义的交换活动，而人的心智活动就是对这一交换活动的自反性的感受与意识，其中就存在着自生的调控机制。从心智的来源上看，人的心智是人的生理演化、规范演化与社会演化相互作用的结果。可以说，从最简单的单细胞体生命一直到人类，任何生物都对自身与周遭交换物质、能量、信息的活动有着自反性感知，只不过，人类在这一方面的感知兼有超越性、创造性、象征化和规范化等特点。

作为人与周遭之间物质、能量、信息与意义的交换行为的自反性意识，其实也是人在周遭世界中"为人处事"的存在方式与共感方式。可以说，人与周遭世界的意义就是在这一共感场中显现出来，并得以象征化与规范化。对此，传统形而上学（包括亚里士多德的经典形而上学、笛卡尔的形而上学与海德格尔的基础存在论）中都存在"盲点"。为此，本书提出一种"共感形而上学"，它包括共感场论与交流逻辑。即，作为人在周遭世界中的存在方式，人的心智活动不仅是对人与周遭进行物质、能量、信息与意义的交换活动的自反性意识，更是人与周遭之间的共生、协同、共感、交流与博弈活动，遵循一定的形式与规范，如感受直观逻辑、理性推理逻辑与辩证思考方式等。

随后，我们对人的心智活动的这一机制进行结构分析与功能分析。在第二部分中，我们将具体描述与分析人类的心智结构，认为它是"三重加工系统"，包括感受直观、理性推理与见识等三部分，而且，这三部分是联动的。人的感受直觉是人的心智运作的基础，它汇聚了所有认知信息，而人的推理理性则是有限的，无法脱离人的感受直觉，否则就失去了信息来源。从个人与群体的知识体系来看，最基本的是对自身与世界的理解与感受，涉及形而上学、宇宙论与人学等方面的问题。而为了向他人证明自己对自身与世界的理解与感受的可靠性，需要形式化的演绎推理与证明，以求证实。可以说，任何以推理理性为主导的科学理论其实都有自己的知识体系的背景，即有自己的形而上学、自然哲学与社会哲学。

在第三部分中，我们将集中探讨心智的用法与功能，即心智的表达与决策。因为人的心智活动展现的不仅是共感场，还是交流场与博弈场。人的表达是完整的，兼有感受直观、理性推理与辩证思考等不同向度。在交流活动中，人的表达还会发生"连贯性的变形"，其中会绽现出人的隐喻、机智、幽默与反讽。这些都是人的表达的创造性之处。

人的决策亦是人的心智的表达与用法之一。不过，人不是随心所欲地作出决策，而是根据自身所处的形势，深入了解各方的意图、习性以及各方之间的关系，然后创造一些条件，增进或改变己方与各方的关系态势，让它朝着有利于己方的方向转化，最终达成己方的目的。由此可见，尽管人有创造性，可以努力改变自身的命运，但是，人的自由亦有受限的一面，即人的自由创造需要"时机"，即己方与各方的关系态势转化到最有利于己方的状态，否则，人亦"回天乏术"。同样，人性亦是如此。人类只能在生存活动中最大程度地彰显人性，而无法完全实现人性。换言之，人性与人的心智一样，都是一件尚未完成的作品。

第一部分

心智的来源

第一章
心智的来源

在日常生活中，我们在与别人打交道时，都会留意别人在做什么，分析他为什么这么做及其后果，推测他下一步会做什么。总之，我们是想了解别人的想法、欲望、感受、计划和意图。反过来，别人也会这么来了解我们的想法、欲望、感受、计划和意图。因此，想法、欲望、感受、计划和意图等就是人的心智的各种状态。

不仅如此，我们在推测他人看法或意图时，同时会带出或浮现出对所处的"背景""视域""世界"或"身体间性"的理解。换言之，我们对他人的意图或看法的推测，是从特定视角出发，从所处的"背景""视域"中呈现出来的。其中，过去、现在与未来等时间向度一起涌现，前后、左右、上下与深度等空间向度也一并展现。随着视角的改变，就会发生"移步换景"，推测也会改变。因此，对于周遭环境，对于历史，甚至对于未知的未来，我们也会注意各种现象，特别是不熟悉的或新发生的事情，总是想追问它们发生的原因，以及现实的和可能的影响。

那么，人的这种心智是怎么构成的，又是如何运作的，这是后几章要回答的问题。这里，我们首先要讨论的是：人的心智是怎么演化而来的呢？它又具有什么特点呢？

第一节　协同演化

我们生存其中的宇宙大约源于 138 亿年前的"大爆炸"。其中，各种物质与能量按照一定的结构形成各类事物，而这些结构就是信息编码、传输的物理—化学定理。① 最初，这些信息结构是机械的，尚未有自主意识。不过，后来一些物质经过化学反应，产生了蛋白质等有机物，为生命的形成奠定了基础。

从伽利略、笛卡尔开始，西方近代科学主要是用机械力学来解释生命现象。英国科学家哈维把伽利略有关物体之间的机械作用引入有关人体结构的研究中。他把人的心脏比作发动机，推动着血液在全身血管中循环流动。笛卡尔在哈维工作的基础上，更是把精神与肉体区分开来，把肉体比作一架机器。而且，对于客体（包括物质世界与人体）的研究，笛卡尔采取的是还原论的研究方法。在《谈谈方法》中，笛卡尔所提出的还原论方法涵盖两个方面。一是分解法，即"把我所审查的每一个难题按照可能和必要的程度分成若干部分，以便一一妥为解决"。二是综合法，即"按次序进行我的思考，从最简单、最容易认识的对象开始，一点一点逐步上升，直到认识最复杂的对象；就连那些本来没有先后关系的东西，也给它们设定一个次序"。② 换言之，对于任何研究对象来说，整体只等于各组成部分之和。可以说，这种身心二元论、机械还原论成了近现代科学的主要架构。

不过，到了 18 世纪中叶，布封、狄德罗、卢梭、拉马克等人发现自然界不是永恒不变的机器，而是处于历史变化之中。而且，生命

---

① 至于为什么现存宇宙最初是物质与能量根据一定规则来编码、传输信息的？换言之，物质与能量为什么会结构化、形式化？这仍然存在着争论。除神创论外，亦有许多学者认为这是以往各类宇宙不断演化的结果（参见奇普·沃尔特：《重返人类演化现场》，蔡承志译，三联书店 2014 年版，第 1—2 页）。
② 笛卡尔：《谈谈方法》，王太庆译，商务印书馆 2000 年版，第 16 页。

体也不是机械构造，而是有着自主性的有机体。到了19世纪中叶，达尔文更是集进化论的大成，提出了"物竞天择、适者生存"的自然选择理论。此外，当时心理学、社会学等也都相继涌现，人们发现，在生命现象中，整体总是大于各组成部分之和的。于是，从19世纪末开始，身心二元论与机械还原论一再受到哲学家和科学家的质疑。

尽管如此，在科学研究中，机械论和还原论还是研究生命现象的必要条件。从20世纪50年代起，认知科学在国际学术界异军突起，取得了一系列重要成果。其中，图灵的计算机理论、乔姆斯基的语言理论、福多的心智模块论、伽德勒德多元心智论与道金斯的基因进化论等，在认知科学中各领风骚，而且大有融合之势。具体说来，这一倾向就是不再像笛卡尔那样把身心绝对分离开来，而是认为人的心智是人的生命力的表现，即，人的思维或心智是大脑运作的结果，而大脑的不同神经区域控制着思维或心智的不同方面；此外，大脑还受到人体基因组的控制；后者包括自然的部分与培育的部分，它们都是自然长期演化的结果。

这种认知科学的倾向仍然是笛卡尔式的机械论与还原论的现代变种。即，把心智活动还原为生理机制，并且用机体模块论来分析这种生理机制。比如，仅仅通过基因组和大脑来研究人的心智如何运作，也过于狭隘。人的心智不完全是人的生理现象，或者"大脑运作的副现象"，它同时也是"规范现象"。因为人类的演化过程是人的生理结构、人的文化感受和社会规范"协同演化"的过程，这三者之间是相互影响的，比如，当人的文化感受发展了，必然会影响与改变人的生理结构，如神经系统与基因结构，反之亦然。根据科学家的研究，在人的大脑皮质中，里层的皮质是与人的感受与情绪相关的，而后发展出来的理性等则与外层的皮质有关。而且，人脑是可塑造的，尽管人脑具有一千亿个神经元，但是，它们却在不断新陈代谢，人类自身的主观修为（如"静思""冥想"等）是可以改变大脑的神经回路的。而且，在人出生后，大脑与身体仍在社会环境下继续发育成熟。其中，大脑神经系统一直到20岁左右才发育成熟。而且，在人的一生中，大脑还是在不断变化。可以说，人脑也是"社会性大脑"。

因此，要全面地研究人的心智现象，还必须明了人的"*life*"（*la vie*、*leben*）的双重性。即，它一方面是"生命"，另一方面又是"生活"；前者是生物学意义上的，而后者则是人学（*Anthropology*）层面的。虽然人是从自然中演化而来，但是，自然本身的演化却不是线性的，至少在无机自然界、动物界到人类之间，存在着结构变化。因此，任何试图采用还原主义的方式把人的心智还原为物理—化学结构，都是简化了人的心智。当然，我们并不否定对人的心智的物理—化学基础的研究，而且还认为非常必要。问题是如何把这一研究纳入对人的心智的人学基础的研究之中。

具体说来，对人的心智的人学基础的研究，其前提是强调人的心智是在人的大脑、身体与世界的开放环路上显现的，也即在人所生活的世界中显现的。因此，有关人的心智的物理—化学基础的研究，不能脱离了人的生活世界。

首先，在大脑、身体与世界的开放环路上，会显现出感受、意识体验来，即"心智"。它是自反的，具有自身自主性。那么，人们不禁要问：谁在感受、体验和思考呢？当然，大脑、身体等只是思考活动的一个环节。于是，这就产生了"自身"和"自我"的概念。即，"我"在思考、感受与体验。其实，"我"作为实体是不存在的。"我"代表的只是大脑、身体与世界的开放环路的自反意识。而人在与世界的互动中，会采取特定的"意向形态"，即习惯、禀性、能力等，换言之，人处世的方式（也包括制度方面）。这种意向形态或处世方式具体表现为一系列的范畴和概念，既有认知，也有评估，即自身对自己的肯定或否定等。

以我们的视知觉为例。当冬天到来时，父母把孩子卧室里的灯泡从夏天时使用的冷光灯泡换成了冬天里使用的暖色灯泡。孩子打开灯光时，暖色光会刺激孩子的视网膜，视网膜上有光感接收器，把暖色光的"电磁信号"转化成"电化学信号"，然后在大脑神经环路上显现出"光"的意识。不过，问题是，为什么同时还有"暖洋洋"和父母对孩子的"关爱"的感受呢？后者无法通过还原到物理—化学基础上来解释。相反，它必须通过生活世界中的直观体验来描述。而且，这种直观体验是规范化的。

其次，人的心智具有三重加工系统。除了直观体验系统之外，还有推理理性系统与见识系统。比如在当今建筑设计中，一方面要遵循力学规律，让建筑坚固、耐用，另一方面又要"宜居"，讲究"风格"，体现出主人的感受取向。而且，购房者在买下房屋后，还会进行装修，调整屋内结构，以符合自己的感受。由于每个人的感受不同，所以装修的方式也不同。但是，其中也有共同点。如层高不高时，从天花板上吊些长线饰品，可以使得房间显得高大；如果房间面积较小，那么做些横向长条装饰，并不规则地切割空间，也会使得房间具有纵深感，曲径通幽。在这一方面，当代设计科学已经有了长足进步，既讲究符合科学规律，又强调人的审美感受。这种协同的智慧体现了人的心智的策略性特点。

从来源上看，人的心智的形成与发展是人的生理结构、社会与文化"共同演化"的结果。比如，人的大脑就是与人的社会、文化一起演化的。从南方古猿开始，人的脑容量不断增大，而且，大脑的皮质也出现了新的皮质层。新的皮质层是在旧皮质层上增长出来的，愈来愈厚，分别与人的情绪、认识、理性、良知、信仰等有关。考古研究发现，尼安德特人在8万年前就有了"葬礼"活动，"死者的遗体有食物器皿、工具或武器陪葬，通常用赭石涂上死亡的苍白"，并伴有献花仪式。① 这表明，至少从 8 万年前，人类已经有了初步的"灵魂"观念，也即，人对自身开始有了模糊的意识。逐渐地，人类发展出了"自我意识"，他们意识到了自身的存在，并追问自身生存的意义，如，人来自何处，又去向哪里？可以说，这一自我意识让人类开始有意识地摆脱自然选择的控制，为了自身生存，可以展开想象力，改变既有的生存条件，创造更适合人类生存的物质的、社会的和精神的环境。这确实是人类不同于动物的根本所在。

当然，人的生理条件也会影响人的社会—文化的演化。比如，人没有鸟那样的视觉结构，视野不广。但是，人在使用技术工具生存时，却不断扩张自己的"想象力"，能够发明出望远镜，视野之大是鸟所望尘莫及的。还有，人最早发明的车轮，就是人类想象力的杰作，因为自然界中并没有车轮这个东西，而人类通过想象力，把不同事物进行类比、联想，交错成新的东西，于是，车轮就被想象出来了。很可能，先民们看到了巨石滚动，就联想到用联排木头的滚动来运输，最后用木头来制作车轮。

因此，人的生命现象并不是机械的刺激—反应，而是"有意味的"，即，是有感受和体验的。这是所有生命体的奇特之处，而人的生命现象又与其他生命体的生命现象有所不同。而且，这种感受与体验正是人的心智基础，即，人的心智的生存向度。不过，因为人是在群体中生活的，所以，人的感受与体验又受到社会规范的制约，如宗教信仰、道德规范与法律的限制。这是人的心智的社会向度。

英国心理学家汉弗莱（Nicholas Humphrey）在《一个心智的历史》中，认为人类的心智源于生物体的感知回路（reflection），身体受到外界刺激后会给予反应，经过漫长演化后，这一感知回路逐渐被

---

① 约翰·C. 埃克尔斯：《脑的进化：自我意识的创生》，潘泓译，上海科技教育出版社 2007 年版，第 131—132 页。

定位在大脑中，于是，新皮层就出现了。[①] 不过，汉弗莱并未意识到，人的心智不仅仅是生理演化的结果，更是象征演化与规范演化的产物。换言之，人类与周遭环境之间"刺激—反应"的感知回路源于人体与环境之间共生、共感、协同与交流的机制。从最原初的单细胞生命体来看，细胞体就不断与体外的环境不仅进行物质交流，即"新陈代谢"，从体外吸收养料，把废料排出体外，而且，还与体外世界展开信息交流，并由此形成了以结构为导向的"刺激—反应"的感知回路。随着由单细胞体发展到更为复杂的哺乳类动物、灵长类动物，乃至人类，这一感知回路也日益复杂，其中枢也逐渐被定位在大脑中。

这一感知回路是双向的，不仅是生命体在感知对象，而且也是对象在感知生命体自己。比如，当某人握住别人的手时，他也会感知到别人的手在握住自己的手。其他生命体也会有此感知体验，只不过方式或结构不同而已。换言之，在这一感知回路中，不仅自身在感知他者，也是他者在感知自身，似乎存在某种"匿名"的东西，它自己在感知自己。于是，到了演化过程的某一阶段，生命体就会产生超越自身、并贯穿世界的"灵魂"观念和"神灵"观念。

到了4万年前，人类的演化进程进入晚期智人阶段，也即"现代人"阶段。从那时起至今，人类的生理结构与心智结构并没有发生根本的变化。从生理结构方面看，人类的大脑、神经系统、新皮层等已经演化成现今的状态，人的心智已经具有了感受直观、推理理性与见识等三重加工系统。但是，问题是，为什么一直到公元前6世纪的"轴心时代"，人类才有了"理性的突破"呢？

其实，这一问题并不难以回答。因为人类仅仅具有生理上的推理理性机制，并不能产生现实的"理性突破"，后者还有赖于人类的文

---

① 尼古拉斯·汉弗莱：《一个心智的历史：意识的起源和演化》，李恒威、张静译，浙江大学出版社2015年版，第18—20页。

化演进。而且，从历史上看，人类进入新石器时代后，文化演化才不断加快步伐。从 1 万年前开始，人类先后驯养了狗、猪、马、羊等。人类从对这些动物的驯养过程中，想象出各种观念与符号。比如，在中文中，"美""善""義""洋""群""祥"等观念与符号都是出自对"羊"的直观想象。还有，像"道""理""氣""阴""陽"等这些哲学概念，最初也是出于直观的想象。但是，随着交流的时间与地点的不断变化，这些源出于特定场景的观念与符号，也渐渐脱离了具体的个别案例，被人们用来表示类似的各种案例，最后就凝固成普遍的抽象概念。

从时间上看，在人的心智的三重加工活动中，推理理性系统最初一直屈从于感受直观系统。因此，巫术、神话与宗教就一直支配着远古人们的思维活动，当时的各种观念与符号都带有神秘的色彩。但是，随着社会巨变，以及各种群体之间日益频繁的文化交流，人的推理理性能力逐渐摆脱了对感受直观的依附，具有了自身的独立性。在公元前 5 世纪左右，无论是古希腊人的"理性自觉"，孔夫子的"道德理性主义"，还是佛陀的"慈悲意识"等，都是各自文明圈里各种文化交流（包括军事征服等）的结果。当时，古希腊人面对强大的波斯帝国，周边的腓尼基文化、埃及文化、波斯文化等等相互交织，让希腊人眼界大开；此外，经过梭伦改革，雅典城邦等开始从贵族制转向以平民为主导的民主体制，直接催生了古希腊人的"理性自觉"。而中国的理性自觉时代萌发于"春秋礼乐崩坏的时期"。当时，"士"成为独立的阶层，展开了"百家争鸣"。在此论争过程中，推理理性思维得到了长足发展。从此，人类从神话—巫术阶段进入了"理性自觉"的阶段。

可以说，人类心智的演化是生物演化与文化演化互动、共生的结果，也即，人类生理结构与地理环境、技术、制度之间"协同演化"的结果。而且，这一协同演化至少包括生存演化、生理演化与规范演化等三个方面。可以说，现代人的心智不仅是自然选择的结果，更是人的生存选择与规范选择的结果。

一、生存演化

从 138 亿年前宇宙诞生至今，自然界一直处于演化之中。从无机物质的化学反应中产生了生命体，然后，从最简单的单细胞体一直到人类的出现，这一演化过程存在着连续性。不过，人类的出现也是自然演化过程中的一次根本的变化。大约在 350 万年前左右，由于气候日益干燥，东非大裂谷以东的森林变得稀疏，原来在森林中飞来荡去的南方古猿不得不跳下树林，开始在陆地上站立、行走。而直立行走加快了古猿人大脑的进化。到了 200 万—150 万年前，"匠人"和"智人"已经可以制造工具，通过狩猎与采集来养活自己。

在这一演化过程中，古猿从不得不适应环境的变化，到学会制造和发明工具，来改造环境，创造适宜于自己生存的家园。这正是"生存演化"的结果，因为任何生命都有着实现自身存在的内驱力，为了生存，生命体会强迫自己适应环境，甚至改变自己或环境。在此，"生存"具有广义与狭义之分。从广义上讲，整个生命演化过程就是生存演化，所有生命体都有着力图适应环境变化的生存本能。如最近美国弗吉利亚理工大学的学者就发现寄生植物会发送信使 RNA 给寄主植物，命令后者生产寄生植物所需的蛋白质。[①]

其实，环境不是纯粹的机械物质，而是"生态区"（Niche）。生态区就是生物与周遭世界进行物质、能量、信息交换的场所，小至微生物，大至万物之灵的人类，都有着自己的生态区。而人类的生活世界就是从动物的生态区中演化出来的。在生态区中，生物们不只是被

---

① Gunjune Kim, M. L. Le Blanc, E. K. Wafula, C. W. de Pamphilis, J. H. Westwood, "Genomic-scale exchange of mRNA between a parasitic plant and its hosts," in *Science*, DOI: 10.1126/science.1253122, 2014.

动地接受自然的选择，还会主动地调整、改造与环境的关系，实现自身生存的欲望。不过，人与其他生物的不同之处在于，他对于自身与周遭世界的关系有了结构化与超越化的意识，不断探寻自身生存的意义，如"人来自哪里？未来如何？最后的归宿又是什么？"等问题。

　　而在狭义上，生存也特指人类的生存。人类的出现主要源于工具的制造与人际交流。当然，古猿人，甚至黑猩猩，都会制造工具。但是，他们通过制造工具而生发的"想象力"尚未发生质的飞跃。而人类却不同，早在石器制造过程中，古人类就发现石材有许多潜在可能性，有着不同的质地、纹路，不同的石材可以制造成适应不同环境的工具。长此以往，人们的想象力就被大大激发起来。特别是"共感"能力得到了长足的发展。根据埃克尔斯的说法，距今 8 万年前的尼安德特人就已经具有了"共感"。① 共感也是一种情感共鸣作用，即换位思考的能力，这就是把对象拟人化，然后从对象角度来感受与思考，进行类比，如"将心比心"等规范性约束。此外，古人类还会文身，如在唇、耳、手、脚等上面，或在岩石、洞穴石壁上刻画各种记号、狩猎场景等。他们以为这些通灵的巫术手段具有特殊的神秘力量，让自己战胜对手，捕捉到野兽。在全球各地，我们都能发现这些杰作的遗迹。

　　这种想象力还让古人类有了丰富的"联想"能力，开始由近及远、由外到里、由生到死、由有限到无限，直至产生"神灵"观念。最初，人类的想象世界是与现实世界相通的，尚未分离。后来，随着人类活动范围的深入与扩大，想象力日益发达，想象界逐渐与现实世界相分离，最终，神灵世界形成了。

　　当然，这一想象力也是人的生命现象的一部分，因为生命是"包卷现象"，总是从一个整体到另一个整体，如从受精卵、胚胎到人，

---

① 埃克尔斯：《脑的进化》，第 132 页。

不是各物理—化学部分的简单相加，相反，总体大于各部分之和。梅洛—庞蒂认为，生命是与各物理—化学部分相互交织的，是各物理—化学部分的"皱褶"。在人身上，这一"皱褶"就包含着"另一种存在方式"，如感受与精神等，以及它们的创造物，如神话、史诗等。①

具体说来，人的身体包含着另一种身体存在方式，即人的"身体图式"，它不同于一般动物的"身体图式"，更不同于物理—化学的"物的图式"。"物的图式"遵循的是机械因果规律，而身体图式则是包卷式的现象，其中，人的身体图式更是具有特殊性，也即包含人的感受及其意义。即，人的心智不是简单的客观认知，而是有情绪导向的，具有价值与意义。不过，与其他动物的生存能力不同，人的生存是有意识地面向未来的创造性的谋划。比如，基因是自私的，但是，人却是群体性的人，为了促进群体的共同利益，人会相互协作，恪守群体的道德和制度规范。这也就是人为什么会既表现出自私性，又具有道德性的原因。

根据古人类学的研究，在尼安德特人之后，出现了克努玛鲁人，他们已与现代人无异。换言之，从尼安德特人到克努玛鲁人，人类已经由早期智人阶段转入晚期智人阶段，也即现代人阶段。这大约发生在四五万年前左右。同时，在人的心智方面，人类也经历了一场"思维大转变"。② 这就是说，人类的心智由碎片化进入了结构化的阶段。而且，由于结构自身的悖论（即结构本身不仅在结构之中，还在结构之外），人类又有了超越性的意识。于是，"灵魂"观念出现了。"灵魂"观念的形成标志着人类摆脱了单纯受自然选择制约的被动性，开始追问自己生存的意义与价值，并感到对世界与他人负有责任。于是，人类心智的运作与演化也更多地与人类生存的意义相关，如人的

---

① Maurice Merleau-Ponty, *La Nature*, Seuil, 1994, p.277.
② Donald Johanson and Blake Edgar, *From Lucy to Language*, Simon and Schuster, 2006, p.260.

生存欲望、自尊、社会承认、自身实现等。

二、生理演化

心智受制于人的生理机制，这是不争的事实，因为在显现心智的大脑—身体—世界的开放环路上，基因结构和神经系统都是重要因素和环节。半个世纪以来，神经科学、心理学等认知科学已经大致确定了影响心智的神经元与基因组，如控制人的情感与理性的神经元在海马回与前额叶等区域的分布，控制人的良知的前额眉上区等。

有关人的心智是生命演化的结果，持异议者不多。但是，这一生物演化并不是线性的，而是"结构转化"。具体说来，从生态物质圈到动物圈，再到人类圈的演化，都是"结构转化"，后者是在前者的长期演化过程中"涌现"出来的。其动力是"生命代谢"，也即生命体与周遭世界之间的能量与信息的交换。在这一生命的新陈代谢过程中，生命体不断从简单转变为复杂，而人的心智是其最高级的表现形式。

根据现代生命科学的研究结果，人的心智的生理机制主要包括大脑神经系统与基因组织。在《心智的诞生》中，盖瑞·马库斯认为基因造成了人的思维复杂性，因为"基因为蛋白质提供了配方，并为什么时候应该作出与使用这些配方提供关键的指令"。[①] 不过，我们可以进一步认为，基因不仅具有人的心智运作的生理学机制，而且还包含人所特有的"生存论图式"，即人的感受与意义图式。也即梅洛—庞蒂所说的"另一种身体存在的方式"。[②]

可以说，人的身体是一体两面的存在，即包含两个皱褶：物质与精神。人的身体及其所体验到的生活世界就是"自然"，包含物质与

---

① Gary Marcus, *The Birth of the Mind, How a Tiny Number of Genes Creates the Complexities of Human Thought*, Basic Books, 2004, p.13.

② Maurice Merleau-Ponty, *La Nature*, Seuil, 1994, p.277.

精神这两个皱褶。前者表明人的身体和生活世界可以被还原到物理——化学——生理的层面，后者表明人的身体及其生活世界还有着不可还原的一面，即精神。

人的精神与意识就是在人的身体及其生活世界中显现出来的。而建构人的身体的是基因，所以，也可以说，人的精神是在基因及其生活世界中显现出来的。如果说人的身体不是简单的物理——化学——生理结构，那么基因也不是一个简单的蛋白质组织，它一定还有"另外一种存在方式"。

具体说来，基因调节着作为生命基础的蛋白质的构成，为后者提供样本和指令；而蛋白质是由二十个左右的氨基酸分子组成的，其中，氨基酸是以双螺旋结构排列，分别由 A，C，G，T 等不同组合形成，其中就包含着身体自身调控的"配方"。身体包含着万亿的细胞，而每个细胞都具有全部基因的复制信息。从生命的源头来看，在最早的单细胞组织中，基因就是调节细胞内外交流的开关。由于环境影响或内在错误，会发生基因变异。而演化就是源于基因变异。由基因变异而产生的新的物种，包含了原物种的许多基因组。比如人是从灵长类演化而来，他与黑猩猩在基因结构上只有 1% 左右的差异；但是，人能说话，而黑猩猩却不能，这就是基因变异的结果。

基因组调节着身体与环境之间的交流，即把外来的电——物理的信号转化为自身的电——化学信号，并让身体作出各种信号反映。在这一交流中，各物种在同物种之间会把信号约定为某种"意义"，并把各种信号按照某种规则排列、组合起来，以便于理解。其中，这种"约定"不再仅仅是物理规定，还是"规范"。当然，从单细胞物种到人类这个高级物种之间，不仅存在着漫长的演化过程，而且也是有等级区分的。比如，在人与黑猩猩之间，不仅有着 1% 的基因差异，而且对信号交流的群体约定也不同，即"规范"不同。值得注意的是，这些规范与许多物理规定一样，也会代际遗传。比如，我们每个人的内心深处都深藏着旧石器时代形成的心理本能，如害怕蜘蛛、蛇等。一旦规范形成，就会对信息的传递产生影响。于是，人可以凭借规范来抵制或促进交流。

因此，基因是心智的"电线路"，传递、分类、解析、反馈信息。由于基因差异，每个物种有着不同的传递、解析和反馈信息的方式。而且，人体的基因是"全息"结构，也就是部分即整体结构（Mereology）。每个细胞都具有全部基因的复制信息，所以，从理论上讲，科学家可以通过干细胞来克隆人。不过，在基因复制过程中，也会出现错误，这样，就会造成病变或基因变异，出现进化。

总之，基因能够让人利用各种特殊的环境，换言之，基因为人提供了各种可能性，让人在不同环境下学习、判断。而且，基因能够让人具有抽象概括、模仿的能力，从而获得文化。这样，人就可以学会英语、中文或其他语言。比如，2002年10月，《自然》杂志发表了英国科学家的论文，他们发现了一种与语言有关的基因组FOXP2。这一基因组是人获得语言能力的生理基础之一。

当然，没有环境，基因也是毫无用处的。换言之，基因会不断与周遭环境形成新的连接，重组出新的感受和意义结构。这一"基因图式"会随着环境的变化而让身体与环境形成新的"完形"，起到"移步换景"的效果。换言之，人的基因组是有"弹性"的，它既先天地塑造与调控人体，特别是大脑的形成与功能，也会接受后天经验的塑造。比如，人的社会性行为会造成基因组的开启或闭合现象。这也是同一群体中个体差异的原因。中国人常说，"一娘养九子，九子各不同"，就是这个道理。

不仅如此，不同文明体的人们在运思时所使用的神经回路也不相同。中国人感受与思考世界的神经回路就与西方人的神经回路不同。2006年，中国研究人员唐易元等人通过实验发现，以汉语为母语的人和以英语为母语的人，在做简单的加减运算时，大脑被激活的区域有所不同。以汉语为母语的人，处理视觉信息的区域比较活跃，而以英语为母语的人，却是处理语言信息的区域比较活跃。①

从生理上看，基因组是通过人的大脑神经系统来调控人的心智活动的。不过，根据近来有关"社会脑"的研究成果，人的心智并非天生如此，而是在社会环境下不断建构与塑造着。人的生存活动会反过来改变自己的生理结构与心智结构。比如，在使用火之后，人类开始食用熟食。这样就缩小了人的肠胃，而让脑容量大大增加。而脑容量的增大又大大促进了人的想象力的发展。

又如，大脑内侧前脑束多巴胺回路是神经奖赏的调节机制，能给人带来快感与愉悦。但是，它也是在社会博弈及其规范的背景下起作用的，并根据有关善与恶的规范作出不同表现。被社会规范视为"恶习"的暴饮暴食、纵欲、吸毒等行为，会刺激这一神经回路来获得快感与愉悦；而被社会规范视为"善行"的志愿行为、慈善捐款活动等，也是通过刺激这同一个神经回路获得快感的。②

人的大脑拥有一千亿个神经元，这就为各种运思方式提供数量庞大的神经回路选择。而且，这些神经细胞还在不断新陈代谢，人的主观修为也能够不断重塑它们。从生理上看，人的神经系统是逐渐发育成熟的。首先是与直觉思维相关的感觉与运动神经元的生成发育，然后是与抽象理性思维相关的前额叶神经的发育成熟。一直到20 岁左右，人的神经系统才基本发育成熟。不过，它们仍在不断地新陈代谢。因此，儿童期利于学习音乐、体操等艺术科目，而少年与青春期，则利于学习数学等抽象科学。但是，由于神经系统一直在新陈代谢，所以人大可以"活到老、学到老"，而且这还有利于大脑的健康。

---

① *Proceedings of the National Academy of Science*, June 27, 2006.
② 大卫·林登：《愉悦回路：大脑如何启动快乐按钮操控人的行为》，覃薇薇译，中国人民大学出版社 2014 年版，第 20—21 页。

三、规范演化

前面说过，在基因组调节身体与环境的交流过程中，已经有了各种"约定"，即"规范"。而根据进化论，在漫长的演化过程中，生命体有着适应性与规范性的特点。最早的动物是无性别的，它们采取的是细胞分裂方式来繁衍；后来为了适应严寒气候，无性别的动物就需要重新规范和调整自己的生存方式，演化出了能产生卵子的器官的雌性动物，因为卵子能够适应严寒气候，发育成长。后来，又由于适应环境变化的多样性，雌性动物又演化出了雌雄同体的动物，即兼有产生卵子的器官和产生精子的器官的动物，它们可以自己给自己受精，繁衍后代。此后，在进一步适应环境的过程中，在雌雄同体的动物中，又演化出了只产生卵子的雌性动物与只产生精子的雄性动物。[①]

而且，维托尔·德吕舍尔在长期的观察中发现，动物有着主动调整和规范自己机体和行为来适应环境变化的能力。最初，雌性动物与雄性动物是通过强奸行为来交配、繁衍的。不过，强奸会伤害交配的另一方，不利于繁衍后代。于是，为了促进繁衍，动物不得不重新调整和规范自己的本能，演化出了让雌性动物与雄性动物和平相处和配对的亲爱本能。可以说，爱情本能已经不是单纯的性本能了，而是超越了性本能的社会本能。[②]

除了爱情本能之外，亲子之爱（如父爱与母爱）也是社会本能。威廉·汉密尔顿发现，亲子之爱是动物在长期演化中克服了基因的自私本能而产生的。[③]孔子就是以亲子之爱和夫妇之爱这些社会本能为基础，来建构自己的"仁爱"学说和"礼制"观的。在他看来，

---

①② 维托尔·德吕舍尔：《从相残到相爱：两性行为的自然演化》，赵芊里译，上海科技教育出版社 2013 年版，"导读：爱与和平的本能根基"。
③ D.M. 巴斯：《进化心理学》，熊哲宏等译，华东师范大学出版社 2007 年版，第 247—249 页。

"仁者爱人"，即，"仁"是人与人之间相互爱对方，其基础就是亲子之爱与夫妻之爱。为此，他曾要求儿子伯鱼先读《诗经》中的"周南""召南"，[①] 其中有关两性之间的自然爱慕以及由此而来的夫妻之爱就是仁爱的表现与基础。

在《合作的进化》中，美国学者罗伯特·阿克塞尔罗德用计算机模拟了历史上各种博弈活动，发现单一的或偶发的博弈活动会导致非合作解，但是，反复的博弈活动却产生合作解。而要维持人际合作，就需要有约束与规范。[②] 可以说，这类约束与规范一方面成为了人类法律的来源，另一方面又逐渐内化为人的良知。之后，随着"灵魂"观念的形成，这种规范与良知还与"神灵"意识相结合，成为人们崇拜与敬畏的"天理"，并反过来重组社会结构，形成观念体系，主导人们的心智。可以说，敬神仪式是日后所有社会组织形式的雏形与来源。

值得注意的是，德瓦尔曾在《黑猩猩的政治》中，描述了黑猩猩群体中的同情、关爱与争斗，俨然像人类社会中的政治生态。不过，尽管存在着连续性，人类的社会生活还是与黑猩猩有着根本的不同，因为人类从南方古猿开始跳下森林，用二足行走，由此解放了手，开启了制造工具的"旧石器时代"。可以说，通过制造工具以及相互交流，人类从南方古猿、能人，一直到现代人，随着想象力的发展，美感、道德、理性，特别是灵魂不朽与神灵观念，最终形成。至此，我们可以说，人类终于走出了动物界，这一基因变异（与黑猩猩只有不到 1% 的基因差异）也为自然选择所认可。可以说，美感、道德、理性和神灵观念是以人对生存意义的意识与追问为基础的。而这是黑猩

---

① 见《论语·阳货第十七》："子谓伯鱼曰：女为《周南》《召南》矣乎？人而不为《周南》《召南》，其犹正墙面而立也与？"
② 罗伯特·阿克塞尔罗德：《合作的进化》（修订版），吴坚忠译，上海人民出版社 2017 年版，第 13—15 页。

猩等动物所没有的。要知道，当能人在打造精美工具或工艺品时，那种喜悦不正是美感的显现吗？不正是人生意义的显现吗？当人的道德感、正义感凭借着人的想象力的发达而超越了族群和地域的限制，达致普遍性，直指"良心"和"神灵"（如中国人常说的"人命关天"）时，那种对于人生"命运"的畏惧与担忧不正是对人生意义的追问吗？这一文化演化不仅改造了人的身体，特别是大脑的皮层和神经机制，也重新塑造了人的心智。

因此，现代人是通过技术、美感、道德、法律和宗教来规范自己的社会生态的。换言之，人类的思想不是孤悬于社会生活之上的。相反，人类的思想总是有"意向性"的，并通过自身与生活世界的相互开放及其象征系统而表现出来。换言之，人类的思想是与地理环境、技术和制度（如审美品位、经济方式、法律与政治体制、道德风俗与宗教制度）紧密相关的，并且相互影响。

具体说来，人类在世界上的生存，是人与世界相互开放，相互置入对方之中，共同形成了一个人类的生活世界。换言之，人会在对象中发现自身的意义，或在自身中理解对象的意义。总之，人类生活的自然世界其实是一个具有象征意义的符号系统。比如，初次见到外国人，我们可能听不懂他的话，但是，我们仍然能够从他的手势、步态中想象与理解他的意向与性格。即使是山水，人也能够把它想象成拟人的对象，与之交流，比如，李白就有"相看两不厌，惟有敬亭山"的诗句。

由此看来，"思想"就是人在世界中存在的某种"意向分布图式"；即，思想不只是"我思"，还首先是人存在于世界中向周遭世界"投射"、"分布"的"能力"。首先，这种分布图式是由人与周遭人、物之间各种活生生关系交织而成，其中就有地理关系、经济关系、认知关系（技术与科学）、价值关系、制度关系、信仰关系等等；其次，这一分布图式是动态的和生成变化的，其中，人（或群体）既是这些相互交织的关系的承载者，还是不断向周遭人与物发生各种新关系的"肇事者"。因为人与周遭是不断互动的，每一次互动都会让人与周遭发生新的关系。毫无疑问，这些新关系在与既有关系的交织中，旧的关系结构就会瓦解，而新的结构也会应运而生。人在其中的作用可以这样来说，"时来天地皆同力、运去英雄不自由"。[①] 因为人在与周遭的互动中，视野不断变化，新的看法或知识也不断产生，但是，人却无法跳出自己的周遭世界，对自己的生存世界做全景的观察，所以，人的命运半在天意、半在人为。

四、协同、交流与共感

在生物演化中，存在着均衡机制，即在适应与变异之间存在着各种均衡形式，一旦突破了这些均衡范围，那么生物就可能发生变异或灭绝。就人类演化而言，在生存演化、生理演化与规范演化之间也存在着各种同谋与依赖关系，也即协同关系，每一方都不能完全弃对方于不顾而只追求自身发展，相反，它们相互之间常常抑制、妥协与互助。

协同性是人与周遭共存的基本机制，也是人类制度和人的选择的基础。具体说来，人生在世，时常必须在与世界、他人、他物、制度的互动中作出选择和判断。不过，人的行为不同于自然界中的物质活动和动物行为。这里，我们不妨做一点区分和界定。

首先，自然界中的物质活动遵循的是严格的物理规律，各方之间的作用与反作用是对等的和相互的，而且是必然的。而动物的行为则不同，如黑猩猩，它已有一定的感觉意向，与世界之间的互动已是不对等了，它能够趋利避害。但是，这种不对等的互动关系尚不高级，因为动物不能像人一样构造出语言和理性世界来。

[①]　出自唐朝诗人罗隐的诗《筹笔驿》，见《全唐诗》（增订本）第十册，卷657，罗隐三，第7607页，中华书局1999年版。

相比较而言，人的行为最为高级，不愧为万物之灵。大约是在20万年前，人因为基因突变才有了语言能力，而后因语言交流而有了理性推理能力和意识活动，并由此产生了一个极为复杂的意义世界——制度。这样，人就有意识地介入自身的演化之中。人生在世的结构，或者说，人际共存的基本机制就是人与世界、他人、他物、制度的互动、协同与相互塑造的机制，其中各个要素相互作用、交错成形，而且永无止境。这种博弈机制极其复杂。不过，我们大致可以把它列成如下图表：

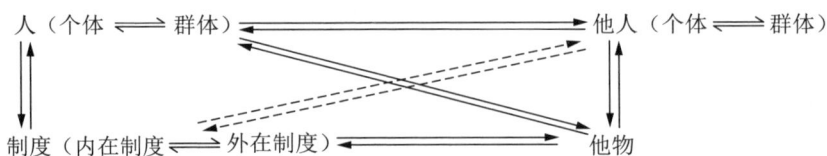

人（个体 ⇌ 群体）　　　　　　　　　　　　他人（个体 ⇌ 群体）

制度（内在制度 ⇌ 外在制度）　　　　　　他物

比如，自然环境的剧烈变化会导致人类生活与文明方式的改变。在1300—1850年间的"小冰河期"，遍及世界各地的"严寒"气候常常让各地粮食歉收，饥荒引发暴动或战争，甚至改朝换代。[①] 但是，到了20世纪，随着现代科技的发展，如人工肥料、反季节蔬菜与转基因食物等，却让人类增强了对抗恶劣环境的能力。

其次，这种协同演化存在着一个"度"，也即某种均衡机制，一旦被破坏，各方就会陷入混乱或"失序"状态之中。人的行为要想避免因自私自利而带来损人不利己的后果，必须通过让利他人、保护环境和与制度妥协的协同方式来实现自己可能得到的最大利益。

具体来说，这种协同机制就是人的生存图式。而且，这一生存图式也是人与环境之间的交流图式。人在世界上生存，会与他人、物、工具等形成匹配系统，包括经济、政治、制度等次级系统。其中，基

---

① 参见布莱恩·费根：《小冰河时代：气候如何改变历史（1300—1850）》，苏静涛译，浙江大学出版社2013年版。

因组调控着生命体与环境的交流，包括人的情感与理性。但是，这一现状是自然长期演化的结果，所以，人类不能任意用科学技术来改变它，否则会带来灾难性的后果。而从近代科学崛起以来，西方世界发展出了一种技术图式，即，人通过技术单方面地"强暴"自然，命令它揭示自己的"秘密"，然后利用这一秘密来肆意控制和掠夺自然，常常造成各种生态灾难，危及人类的生存。

从生命体诞生起，生命体与环境之间的互动就形成了生存与交流图式，其中，生命感受是可逆的，即，生命体与其他生命体、物、工具之间犹如生命体内部各器官之间的协调关系。个体变异一旦被接受，超出了原类别的范围，那么就成为了新的种属，从而引发种属变异。可以说，生命体就是在这一宏大的生存图式的进化过程中不断演化的，从单细胞生命体到人类，都是如此。不过，人类却是最高级的物种，其生命感受中已经具有人类这个物种特有的生活感受，即，人类在演化过程中发展出来的价值系统。从晚期智人开始，文化与社会的变化成了促使心智变化的主要动力。不过，与其他存在者不同，人可以追问自身存在的意义，而且是以超越性的方式来追问，并创造性地重构自身与周遭的关系。

这一生存图式的根本是生命体与环境之间的相互适应、匹配。比如，生命体为了生存与发展，会利用环境中地形特点，寻找其中与自己的感受性相匹配、相适应的地方，加以改造，形成自己的居所，如"鸟巢"、"狼窝"等。人的居所也是如此，只是带有自己所属"物种"的特性。此外，在衣食住行等各方面，各生命体都会利用环境、物质对象的属性与特点，寻找它们与自身感受性的匹配、适应之处。这样，这些人所使用的物品，不仅具有物质原有的属性与特点，而且还具备属人的特点，即，带有人的感受与精神。比如，我们在看到古代艺术杰作"翡翠白菜"时，不仅被其材质触发自己的感受，更是被其中贯穿的工匠自身的感受与精神所感动。

与其他动物不同的是，人不仅可以像动物那样有着把技术体验保存起来的内在手段（内心记忆），还可以使用外在手段来记录，如格言、影像等。① 而且，所有的技术都有着"感受性"与"程序性"两个向度。不过，在现代技术体系确立之前，技术中感受性的一面主导着程序性的一面，而在现代技术体系中，程序性却开始占据上风。原来是人使用着机器，而现在却是，机器与人一起成为技术程序的组成部分。

不仅在衣食住行等物质生活方面，而且在人际之间的群体组织与分工方面，人与他人也在群体之内的分工、协作中，根据双方的特点相互传递感受，从而形成诸如友谊、爱情、崇敬等共感形式。而且，更重要的是，人际之间的共感又与人和环境之间的共感相互交织，就构成了人类群体生活世界的"共感"。当然，这里只是为了叙述方便，前者与后者之间无先后之分，是"共同呈现"的。而且，从形而上学上看，后者（即人类群体生活世界的共感）更为根本。它是一个开放的过程，不断产生出个体的心智与集体的心智。

具体说来，个体心智与集体心智都包括感受、记忆、想象、理性推理与辩证反思。首先，人的感受源于身体图式的综合（即格式塔或完形）。但是，这一综合与完形是一个时间流变的过程，也即对记忆（对前人的知识和自己以前的认知的回忆）、想象的直观综合。

就个体人来说，他在协调与环境的关系时，是通过运动觉来协调、连接神经—肌肉系统（各器官）、记忆、工具、外在对象、社团、机构与制度等的。有趣的是，在英文、法文中，这些都可以用"body/le corps"来表示，即，"物体""身体""机构""团体"等；它们之间的连接就是"intercorporality/l'intercorporalité"（身体—物体间

---

① Andre Leroi-Gourhan, *Le geste et la parole*, vol.II, la mémoire et les rythmes, Editions Albin Michel，1965, pp.258—259.

性）。这一协调过程也是不断"试错"的活动，原先保存在记忆中的知识信息有时无法有效解决问题，于是，人就不得不想出各种新的观念与方法，不断尝试解决问题；一旦成功，这些新观念与方法就成为新知识，被保存在记忆中。不过，人的记忆有着随时间流逝而递减的特性，而且，很少有记忆能够代际遗传，于是，人就使用口头语言进行"口耳相传"知识信息，并用书写文字来纪录、保存它们。

就人类群体来说，人们是通过集体活动来协调与环境的关系的，其中，就存在分工与协作。为此，人们就会产生集体意识。在远古时代，集体意识具有神秘性，如巫术、宗教等，它们通过祭台、神殿、教堂等中枢来连接与协调人与环境之间的关系。比如在中世纪的西欧，城市的中心是主教堂，并以主教堂为中心向四边展开；而且，没有主教堂的地方是不能被称为城市的，只能是乡镇。而进入现代社会后，城市的中心转变为市府所在地。比如巴黎市，中世纪时的中心是巴黎圣母院（主教堂），而在现代社会里，市中心却是巴黎市政府。

这一连接与互动过程，也是相互塑造的过程，基因组、神经系统、身体结构等都会发生变化，比如夫妻会变得愈来愈相像。所以，人类演化是多方面的，既是人的心智的演化，也是人的生理结构的演化，更是社会与文化的演化。

在人的心智生活层面上，人的感受体验是心智获得的有关人与周遭进行物质、信息与意义的交换活动的自反意识的全部所与，而理性推理与元认知只是对这种感受体验的二次与三次加工处理。相比较而言，人的感受体验不仅是鲜活的、完整的，而且是不断更新的，即，随着人与周遭互动方式的改变而改变，具有"移步换景"的意义，而由推理理性与元认知确立的各种习惯与制度，则相对滞后，这样，它们之间就会形成某种抵抗与压抑的均衡机制。不过，这种均衡机制却是动态的，一旦日益增多的新体验不见容于既定的均衡机制，那么就不得不建立新的习惯与制度。

正是人与周遭之间的协同活动逐渐内化为人的"共感"，使得共感场得以可能。而共感会让人把周遭拟人化，这就为人类早期的物活论、泛灵论等铺平了道路。而且，人与周遭的协同活动亦是表达与象征活动。长此以往，人与周遭世界、特别是他人会相互理解对方行为的意图与情感。为此，在协同演化中，大脑为了适应这种理解与表达活动，还演化出了语言表达的生理机制。可以说，共感是人的自反性意识及其表达的基础，促成了人际之间的"共享意图"与"联合注意"，进而形成"共情"、"共谋"、"互惠"等集体意识，为习俗、制度与文明奠定了基础。

在群体合作中，人们不仅理解彼此的行为意图与感受，还发展出了各种象征符号来表达自己的意图与感受，如手势、舞蹈、音乐与语言。而为了向他人证实自己的想法与感受，人们会使用与发展形式化的理性推理来确证它们。如遇到悖论或矛盾，人们还会运用辩证思维来反思与构想解决之道。而与此同时，这一合作与交流活动也塑造了人的大脑。在人脑中，语言神经系统是与数感神经回路、镜像神经元联动的。

更有甚者，合作与交流还使得人际之间不仅有了共享意向与共享意义，还促使彼此能够感同身受、将心比心与换位思考。而在这种自反性的感受与思考中，必然会在人际之间产生作为"匿名者"的"第三者"意识，即超越于自身内外的"他者"意识。与此同时，人类逐渐形成了普遍性的"真实感"、"美感"、"道德感"（如良知或天理）与"神圣感"。不过，在群体合作中，为了避免背叛与"搭便车现象"，这一超越的"第三者"意识在初民那里都是以"惩罚者"形象出现的。

第二节　现代人心智的特点

如前所述，人类经历了漫长的演化过程才从动物界走出来。其中，人学会制造工具和进行人际交流，这两项活动起了根本的作用。我们可以设想：在南方古猿在300万—400万年前从东非大森林的树上跳到地上，开始二足直立行走时，他们最担心的是遇上肉食动物。一旦遇上，他们最可能做的就是寻找附近的利器，然后与肉食动物搏斗。经过无数次的胜利与失败，人类发现了如何改进石头的"适手性能"（最早的人因工程学）和锋利程度（能够尽快致肉食动物于死地，比如把石头一端打磨成带沟槽的锥形）的技艺。此外，在打磨石头和相互配合的过程中，人类不仅培养出了耐心、毅力、友爱，还学会了使用"谋略"（或诡计）和"计划"（最早的可行性研究）来战胜肉食动物。当然，这些道德的东西以及武器、诡计等同样会用到人类不同群体的冲突中。这就会产生道德与"奸诈"之间的冲突。幸运的是，人类的历史告诉我们，虽然付出了巨大的代价，人类却在一次次道德与奸诈的冲突中，不断把最初只是地方性风俗习惯的道德上升到更加普遍的道德理性上。比如，克服"血亲复仇"，战胜种族歧视，学会保护环境和动物，尊重物种的多样性，等等。在这一漫长的演化过程中，4万年前左右是一个重要的分水岭。因为从4万年前的晚期智人（即"现代人"）开始，① 人类心智经历了一次"思维大转变"，在想象力、象征化与规范化方面变得超越化了。其直接的证据就是二十世纪在世界各地发现的"岩画"。根据《艺术的起源》一书的分析，至今发现的最早的岩画出现在澳洲，大约是4万年前。② 从这些岩画中，

---

① 解剖学意义上的现代人大约在20万年前出现在非洲。到了8万年前，他们征服了非洲。然后，在7万年前开始走出非洲，经过红海，到达波斯湾。其中，一支现代人进入印度及周边地区，最后到达澳大利亚。此后，还有一支现代人从近东一直向东进发，先后到达中国等地。与此同时，也有现代人向西征服了欧洲（参见罗宾·邓巴：《人类的演化》，余彬译，上海文艺出版社2016年版，第265页）。

② ［法］埃马努埃尔·阿纳蒂：《艺术的起源》，刘建译，中国人民大学出版社2007年版，第71页。

我们可以窥见到当时人类的心智世界已经达到超越化程度。其主题主要包括食物（狩猎）、性（繁衍）与领地（社会地位），这表明当时的人类已经具有自身及其社会生活的自反意识，而且这种自反意识达到了超越性的地步，即形成相关的"自然崇拜"、"图腾崇拜"（主要是野兽）、"生殖崇拜"与"祖先崇拜"等。[①] 可以说，这一超越性的想象为人类的普遍性的感受与普遍性的推理铺平了道路。比如，战国时期的屈原就曾在《天问》中，提出了一系列超越性的追问："曰：隧古之初，谁传道之？上下未形，何由考之？"。[②]

不仅屈原如此，就连4岁幼童朱熹（南宋大理学家）也会追问这些超越性的问题。有一天，朱熹的父亲朱松指着天对小朱熹说："这是天"。小朱熹好奇地问道："那么，天之上为何物？"对于这个问题，朱松一时语塞，不知如何回答。[③]

不过，在群体中，为了合作与交流，人需要向他人证明自身的超越性想象，就会使用理性推理，如用数学上的"无穷大"来说明超越性与无限性，但是，"无穷大"只是"无止境"，仍然不是超越性与无限性本身。可以说，人的超越性想象既在理性推理（如计算）之内，又逸出其外。这一悖论是由于人的心智结构中感受系统与理性系统之间的差异造成的。

根据许多科学家的研究，人的独特性主要表现在三个方面。一是我们的认知能力超过其他生物体；二是我们比其他生物体更能与非亲缘的同类合作；三是我们比其他生物体更多地依赖于所获得的文化信息。[④] 不过，这一说法仍然需要深化。人类与其他动物的根本区别在

---

① 陈兆复：《古代岩画》，文物出版社2002年版，第162—198页。

② 屈原：《楚辞·天问》，林家骊译注，中华书局2015年版，第80页。

③ 见《宋史》第36册《朱熹传》，第12951页，中华书局1985年版。

④ Robert Boyd and Joan B. Silk, *How humans evolved*, W.W. Norton & Company, 7th edition, 2015, p. xv.

于，人与周遭世界之间不是简单的物质、能量、信息的交换，也不是简单的、局部的、或偶发的意义交换，而是物质、能量、信息，特别是意义的完整的、结构性的交换，而且，人对此有着自觉的超越性意识。可以说，这是人先验的能力。因为在群体生活中，人为了向他人证实自己的想法的可靠性，大致有两种方式，一是靠神秘的体验，即诉诸超越的神灵。二是通过以假设演绎为导向的形式化推理方式，证实自己的想法。而在远古时代，前者占据主导地位。虽然前者对后者有着压抑性，但是其超越性与普遍性的特点，也有助于人的抽象推理能力的发展。

在晚期智人（也即现代人）之前，尼安德特人尚未有语言能力，只是通过"模仿"来交流。而现代人则有了语言能力，不仅可以用叙述故事的方式来解释发生的事件，而且力图想象出一套象征体系来完整地解释宇宙与人类的来龙去脉与因果关系，于是，现代人通过口耳相传，发展出了传说、神话、史诗与巫术等。值得注意的是，这些人不仅用类比的叙述方式夸张地描述宇宙与人类的起源与未来，而且还发展出了各种数量与图形符号，精确地计算出客观对象的内在数学结构。只是在当时，后者这种科学的思维方式还被包容在前者之中，特别是巫术与宗教之中。从这些传说、巫术、神话与史诗中，我们可以发现，现代人的心智已经有了超越性与创造性的特点了。

一、想象的开放性

人的心智的超越性特点就是其想象向世界的无限开放性。换言之，想象有多大，世界就有多大。在二十世纪，格式塔心理学派就发现人的心智具有"完形"的特点，即，人在感知对象时是以结构为先导的；当我正在黑板上画着弧线时，观者会以为我要画圆形或椭圆形。不过，由于结构的悖论，即，结构既在自身之内，又逸出结构之外，因此，人的心智还具有内在性与超越性。在舞蹈、音乐、语言等中，它们叙事结构中某些要素的奇特配置会产生"魔幻般"的隐喻。比如，在中国远古驱鬼的傩舞中，人们戴着神灵的面具，在狂舞中进入迷狂状态，恍惚中似乎有神灵降临。而专门从事这一行的人就被称为"巫"。①

追根溯源，生命体与周遭环境交换信息、能量、物质的互动过程是开放的循环结构，而且，生命体对此也有体认，换言之，这一开放的循环结构已经内化为生命体感知活动的内在结构，也即先天的理解结构。一旦出现外在刺激，生命体的感知反应是结构性的和整体性的。从单细胞体到人类，这种先天的理解结构也从简单的感知发展为复杂的自我意识。大致说来，这一演化经历了从"生态图式"到"人的生存图式"的过程。

如前所述，生态图式是指各类生命体与周遭环境之间进行物质、能量与信息交换的创新性的结构化。不过，这种创新性的结构化却是有局限的，即，除人类之外，其他生物都无法跳脱生态环境（如地域、气候、食物来源等）所设置的藩篱。比如，大雁年复一年地在冬季来临之前飞向南方，而到开春之后，又飞回北方，而且，线路都是既定的。一旦环境发生巨变，除非发生变异的大雁能够适应新的环境，其他大雁就可能面临灭绝的危险。

而且，生命体与周遭环境之间的互动是有意味的，即，任何事物，包括人及其举动，都类似于另一个对象，如对象 A 类似于、象征、再现了对象 B。在无机界中，无机物对此无知无觉。到了生命界，从单细胞生命体到人类，对此已经有所知觉，只是程度不同而已。特别是人类，对于这些象征意义的交换活动有了反思意识，并且会追问其意义。

---

① 东汉许慎在《说文解字》中写道："巫，祝也。女能事无形，以舞降神者也"。参见《说文解字》，（汉）许慎撰，（宋）徐铉校定，中华书局 2013 年第 1 版，第 95 页。以下引述《说文解字》的地方，皆出自该版本。

在生命界，这一生态图式也是有规范的。无论是物质与能量的交换，还是信息与意义的交换，生命体都会流露出情绪。由于生态图式同时也是生存博弈，所以，生命体、特别是人类，情绪的流露绝不是不受制约的，而是不断被规范化。不过，人的生存图式却有所不同。进入现代人阶段，人的心智经历了"思维大转变"，即，人的生存图式达到了结构化与超越化的意识阶段。这就引发了两个重要结果。一是，因为结构化的悖论使得人有了从根本上和整体上进行自我反思的能力，具有跳出自身与世界之外追问自身存在与世界存在的意义的能力；二是从内与外、起始与终端等各个方面探讨世界与人的来龙去脉、时空构成与生成变化等问题。

众所周知，在人的心智方面，存在着"自然与培育"（nature vs. nurture）之争。根据戈斯坦（Kurt Goldstein）与格式塔学派的研究，任何生命体都会以结构为导向、通过对刺激作出改造与加工来作出反应。可以说，任何生命体对于刺激的反应都带有自身的加工与改造。因为动物都有学习能力，从而提高自己应对环境的能力，如趋利避害。因此，把自然与培育截然二分的观点是毫无必要的。而且人也是从自然中慢慢演化而来的，换言之，人与自然之间存在着连续性。比如，人与黑猩猩之间只存在 1% 的基因差异。科学家们发现，人类与黑猩猩是在 300 万—400 万年前开始分开的。不过，黑猩猩常常形成30—40 个黑猩猩组成的群体，合作进行狩猎活动。它们不仅具有喜怒哀乐等情绪，而且具有同情心，一旦同伴有危险，会发出警告。而且，在《黑猩猩的政治》中，人类学家德瓦尔通过长期观察，发现黑猩猩也有着类似人类的"政治活动"，即，对社会地位与权力的追逐。为此，黑猩猩会有结盟或背叛的策略性活动。[1] 可以说，对于食物、

---

[1]　弗朗斯·德瓦尔：《黑猩猩的政治：猿类社会中的权力与性》，赵芊里译，上海译文出版社 2014 年版，第 33—37 页。

性与地位的欲求至少是包括人类在内的所有灵长类的共同欲求。

因此，人与自然的差异不仅出于基因的变异，而且还在于人际之间的群体生活。因为人需要与其他人协作，过群体的生活。不过，人类这个物种仍然是在自然中与万物生存在一起，只是它发展出来的人类社会及其思维和生活方式，不同于其他物种。随着人的理性和科学的发达，人类不再面临严酷的适应性压力，更多地生活在自己创造的世界里。但是，人类并没有摆脱对自然的适应。人类如何保持和调整与自然之间的匹配关系，仍然是头等大事。换言之，人类对于自身的"培育"仍然是自然演化的一部分。所以，人类的"培育"与自然并不是根本对立的。总之，人类对自身的"培育"（Nurture）仍然要与对自然的适应相匹配。比如，人的感受直观系统是人类几百万年演化的结果，基本实现了人类与自然之间稳定的匹配关系，所以，人类对于自然或自身的科技改变不得破坏这一匹配关系，必须以保持人的感受的独特性与多样性为前提。

可以推定的是，人类就是在采集与狩猎时期与黑猩猩等灵长类分开的，从此走出动物界。换言之，黑猩猩等灵长类是人类与自然演化之间连续性的关键环节。那么，在采集与狩猎时期，人类发展出了什么才与黑猩猩等灵长类根本不同了呢？根据现有材料，这就是汉语中所说的"文化"。在英语、法语等中，"文化"是"culture"，即，耕种，这已经是农业时代的事了。相比较而言，汉语中的"文化"一词更为古老。在甲骨文中，"文"这个字的形象是"一个胸前有着文身的人"，[①] 不仅带有装饰的审美意义，更重要的是，它具有"通神"的巫术特点，即，通过文身获得神灵的保佑。此外，"文"还表明人类用"文身""划道道"等来表达思想、愿望、情感，来记事、计数等。比如，汉字就是由此通过象形、会意、形声等形成的，而且，不仅

---

① 徐中舒主编：《甲骨文字典》，四川辞书出版社 2014 年版，第 996 页。

"书画同源"，还与史书（记事）、数学（计数）同源。因为在采集、狩猎、捕鱼时，既要记事，又要计数。这些都是黑猩猩等灵长类所没有发展出来的。

因此，汉语的"文"字极可能源出于 4 万年前的"岩画时代"。根据阿纳蒂（Emmanuel Anati）的研究，这些岩画都具有神圣性，其所在的岩洞极可能是当地群落的"圣所"（类似于后世的"祭坛"）。而且，这些岩画表现了当时人们的世界观，即"二元性的世界观"，如男与女、光明与黑暗、天与地，等等。其中，这些岩画本身的叙事方式还具有分析与综合的推理能力，如简单图像、复杂的图像组合等。①

根据勒鲁瓦—古昂在《史前宗教》中的说法，在狩猎阶段的史前人类，在墓室中摆放着许多兽骨等，崇拜它们，因为它们可以辟邪，保佑他们。② 显然，人类这时已经有了神、灵魂、运气等的观念。而这些在黑猩猩等灵长类中并未发现。为此，勒鲁瓦—古昂还考察了史前人类的墓葬与壁画，发现史前人类已经从采集植物过活转向狩猎生活。无论是在墓葬中的物品，还是壁画所表现的对象，都和狩猎到的动物有关。墓葬物中，有人的头盖骨、下颌骨等，还有动物的骨骸；而在洞穴壁画中，出现最多的是马和野牛，身上还有伤口。其中，亦有象征男女性器官的物品。这些崇拜都是与史前人类的生活感受有关，即这些东西都具有神秘的力量，拥有它们可以辟邪。也许，人类的巫术与宗教就是由此而来的。

随后，在一万年前，人类进入新石器时代，过着农耕生活，其宗教生活场景更是有了许多实物证明。当时，无论是村庄，还是后来的

---

① ［法］埃马努埃尔·阿纳蒂：《艺术的起源》，刘建译，中国人民大学出版社 2007 年版，第 364、380 页。

② 安德列·勒鲁瓦—古昂：《史前宗教》，俞灏敏译，上海文艺出版社 1990 年版，第 1—24 页。

城市，都是以宗教祭坛——神庙或神殿——为中心的。王和祭司垄断了人神之间的联系。人们的感知（如视、听、触、嗅和味）、感受（如喜怒哀乐等）、奖赏、惩罚、联盟、报复等，都是以对神圣的体验为准绳的，其思维遵循的是"神秘感应"的逻辑（即使在公元前5世纪的轴心时代之后，这种感应逻辑在人类的心智深处仍然存在着）。

当然，巫术与宗教的出现也与当时人类的认知水平有关。对于生老病死以及某些自然现象，初民一时无法解释，就以为其背后存在着超自然的无限力量，即，神灵，如"玛纳"。它是神秘的巫术力量，无所不在，既是普遍的力量、根据、原因、联系、有效性等，又是各个具体的东西，如小石子、针头、恶毒的眼光、风、雨、雷、电、火，等等。而人的灵魂只是它的表现形式之一。比如，巫师就利用"灵魂"这一通道与"玛纳"这一神秘力量进行交流。[①]在世界各文明体中，"灵魂"的词根都是"呼吸—气息"。由此可见，原始人类是从巫术的"物活论"阶段上升到"泛灵论"阶段，然后再过渡到宗教的。

值得注意的是，神灵崇拜更是一套社会制度和权力结构。在人类最初的采集与狩猎阶段，往往30—40多人在一个群体中生活，结构非常简单，没有明显的权力等级制。但是，随着更大社会群体，如胞族、氏族等的出现，神灵崇拜，如巫术和宗教，就成了复杂社会的制度与权力来源、基础与核心。从人的心智角度来说，其演化受制于神灵崇拜。人的感觉、情绪、想像等，都受制于神灵崇拜。

首先，随着神灵崇拜的出现，人的感受也发生了新的变化，产生了无限性与超越性的感受，即，普遍的"共感"。一方面，普遍的无功利的共感（即美感）出现了。另一方面，仅限于同类或群体内的

---

① 马塞尔·莫斯：《社会学与人类学》，佘碧平译，上海译文出版社2014年版，第130—143页。

"同情"也随之普遍化了，出现了"良心"观念。

其次，在神灵崇拜中，普遍的理性推理也随之出现。因为在神灵崇拜中，巫师与神灵、万物之间的情感感应，如相似性、邻近性与因果性，一方面容许存在矛盾，但是，另一方面，也需要经验证实与理性证明。而且，巫师在实际的操作中，也会发现万物之间的客观法则。[①] 这样，在神灵崇拜中，人的心智中就逐渐出现了"实体""原因""种类""时间""空间"等抽象范畴，以此来解释人与神灵、万物之间的感应。当然，语言的产生与发展也对人的理性能力的形成有很大作用，因为说话要让别人懂，那么它必须是有逻辑的，也即理性的。这也就是为什么古希腊语中"逻各斯"（logos）兼有说话与逻辑的意思；而古汉语中，"道"兼有"说话"与"道理"的意思。不过，光有语言，人类尚不足以形成抽象的科学理性，后者的出现依赖于对巫术或宗教中的感应体验的验证。

而从社会制度来说，神灵崇拜成了社会结构的扭结。换言之，神灵崇拜就是人类与神灵之间的礼物交换。即，人类向神灵献上"祭品"（礼物），神灵接受和享用后，就会通过保佑人类作为回报。所以，祭品是人类与神之间的扭结，也是社会结构的扭结。最初，人类是用王、祭司或图腾等作为祭品献给神灵的，而且，人们往往吃掉祭品，即"圣餐"，与神灵融为一体的。[②] 这一传统一直延续到后世的宗教中。比如，在《圣经》中，耶稣就说过："我就是道路、真理、生命，若不藉着我，没有人能到父那里去"，[③] 即，他把人类与神联系在一起。因此，在基督教的崇拜中，圣餐就是耶稣的"血"（红酒）与"肉"（饼干），基督徒通过"吃掉"它们，就与上帝融为一体了。

人类与神灵之间的这种礼物交换也成为人际交往的基本模式。比

---

① Marcel Mauss, *Oeuvres*, vol.I, p.28, Les Editions de Minuit, Paris, 1968.

② Ibid., p.5.

③ 《新约·约翰福音》，第 14 章，中国基督教协会 1996 年印。

如，法律中契约、债、信用、利息等观念，以及亲人与朋友之间的礼物交换等，都源于此。张光直在《中国青铜时代》中，曾具体描述了商代垄断神权的商王与下属封臣之间朝贡与赏赐之间的礼物交换活动，[①] 其实，这是以人类与神灵之间的交换为基础的财富再分配。当时的经济交换活动主要是通过这种朝贡与赏赐的流通网络进行的。

当然，神灵世界的出现也是人类心智结构化的结果。人类思维的结构化也会让人类产生"结构既在结构之内、也逸出结构之外"的矛盾体验。于是，人类就可能觉得存在某种贯穿万物和人本身、并超越它们之外的东西或力量。而当时自然环境非常严酷，人类就会把上述力量与自然环境联系起来，开始形成"万物有灵论"。于是，原始宗教就逐渐产生了。比如，在拉丁文中，"宗教"（religio）的词根就是指"联系"，即人与神的联系。从现在的史料来看，人类在进入新石器时代、也即农业时代时，宗教已经是维护群体生存的主要扭结。

从4万年前至今，人类心智的生理基础基本未变，但是，人类的思维能力却不断飞速发展。当今人类的抽象水平、机智和决策等能力都是先民们无法想象的。可见，从4万年前开始，决定人类心智发展的，主要是环境、社会制度与习惯、经济与技术水平等。如果说从4万年前开始，人类心智活动发生了"大转变"，思维呈现出"结构化"倾向，但是，这些只是为人类的思维活动提供了各种可能性，人类实际的思维活动还取决于环境、社会习惯与制度、技术与经济水平等。一直到公元前5世纪前后的"轴心时代"，世界各地才出现了"理性的突破"，人类发展出了抽象的概念—推理系统，如古希腊的民主制催生出了"论辩"，而论辩就要求概念明晰、推论符合逻辑，于是，就产生了苏格拉底—柏拉图的辩证法与亚里士多德的逻辑学；而同时代的中国则处于"春秋战国时代"，也是"百家争鸣"的时代，一

---

① 张光直：《中国青铜时代》，三联书店2013年第1版，第15—19页。

时间诸子百家蜂起，相互辩难，而这也要求概念明晰、判断和推理符合逻辑；而在印度，人们则发展出了"因明逻辑"。不过，即便如此，古希腊人的形式逻辑与中国的"《墨经》逻辑"、印度人的"因明逻辑"在表现形式上也各不相同。

从历史上看，人类的"理性突破"还是"知识大交流"的结果。如古希腊人的理性突破是环地中海世界各种文明之间知识交流的结果。而中国人的"百家争鸣"也是各种区域文化之间知识交流的结果。在"轴心时代"之后，人类还在公元13—15世纪经历了另一次"知识大交流"时代。从1260年起，蒙古人通过一系列的征伐活动，建立了从远东中国一直到欧洲匈牙利、波兰、俄罗斯的亚欧大帝国。在这一帝国中，不仅有人员与贸易交流，而且发生了空前的"知识大交流"现象，即，中国人的"四大发明"被传至西方，而且印度人发明的"阿拉伯数字"，阿拉伯人发明的"复式记账法"、代数学、医学等等，都被传播到西方世界。这对于后来出现的西方文艺复兴运动与近代科学革命，起到了直接的推动作用。到1615年前后，以伽利略为代表人物的"新科学"正式形成，后由笛卡尔在哲学上进行了形而上学的奠基。与此同时，耶稣会士也把这些新科学带到了明代的中国，而且，徐光启还在利玛窦的帮助下，把欧几里得的《几何学》翻译成了中文。更令人惊讶的是，在清朝康熙帝时，不仅康熙帝学习古希腊文、近代科学等，而且还下令编撰了《数理精蕴》一书，该书基本上涵盖了当时西方的数学知识。而且，耶稣会士还带给了康熙帝一件帕斯卡发明的计算器，它至今还保存在故宫博物院中。

这种"知识大交流"一直在东西方之间持续存在着。那么，为什么只有西方人在文艺复兴运动之后率先发展出了现代文明，而中国人、印度人却未能做到呢？这唯有从社会制度和文化精神两方面才能解释。以中国为例，在明清之际，耶稣会士传来的西方"新科学"只是在少数士大夫手中"把玩"，而未能"启蒙"整个社会与民众，转化成现实的生产力。其次，中国儒学传统，特别是宋明理学，成了封建专制的辩护士，也阻碍了现代科学的传播。①

总之，人类的生存不是简单地适应自然环境的变迁，而是通过创造性地改变环境来生存的，所以在研究人类的结构化心智时，我们应该更多地从主观创造性的方面来探究。而且，唯有人才有结构化的思维，可以询问存在的意义，用象征符号来表达存在的意义。

二、超越化的象征世界

如前所述，直到 4 万年前的"思维大转变"时期，人类才开始对"自我"和"他人"的心智活动有了明确的意识，对于自己，特别是他人的意愿、信念、偏好、欺骗、善意等能够判别与预测，并以此来调整自己的意图与行为。换言之，人类有了"自我意识"，即，对自己或他人的心智结构与功能有了明确的理解与意识。而且，这种意识本身就是象征活动。

在日常生活中，人不断地把"主观"对象化，并把对象"主观化"，即，我们在感知对象的同时，对象也在感知我们。这一双向过程其实都是"象征化"过程。因为我们就生活在一个早已象征化、符号化的世界里。当我们手握一块美玉时，美玉传递我们的是"温润"的手感，其内在肌理犹如雨后山林的水墨画。在此，"温润"的手感与"水墨画"的观感既是对象的主观化，也是象征化和符号化。因此，人与他人、物的交往，其实就是象征化和符号化的交流，也即主观的对象化和对象的主观化。通过这一象征化的交流过程，人就理解了自然对象的美或环境的险恶，明白了他人的意愿、信念、偏好，乃

① 从科学史上看，中国古代科学，特别是数学与天文学，在宋元时期达到高峰。但是，从明朝开始，它们却出现了"倒退"现象，有些数学理论甚至失传。参见陈美东主编的《简明中国科学技术史话》，中国青年出版社 2009 年版，第 447 页。

至欺骗与恶意，还会表现出仁爱、机智、幽默、自嘲，乃至想象出从未存在过的东西。

其实，从最原初的单细胞生命体开始，生命体就与周遭环境处于"共生结构"中，而且生命体的"新陈代谢"不仅是与环境之间的物质交换，而且是"信息交换"。到了"灵长类"阶段，这类信息交换就演化为了"有意识的行动"，如有意识的趋利避害。而"晚期智人"，也即"现代人"，更是发展出了"结构化"的思维。比如，在左手握住右手时，人也会感觉到同时是右手在握左手，这时，人会感觉到某种"匿名者"，超越了左手与右手，它既握、又被握。同样，当你握住别人的手时，你也会感觉到被别人握住自己的手，这时，你不仅会换位思考，还会产生异样的感觉，套用梅洛—庞蒂的说法，存在着某种穿越你与他人的"主体间性"或"身体间性"，它自身在握和被握。[①] 这个"匿名者"或"主体间性"就会逐渐被人们当作穿越人类与万物的"灵魂"，这不仅是"万物有灵论"的起源，也是人类美感、道德感与神圣感的基础。

这种感受犹如"灵魂出窍"。比如，我们在观看一幅画时，最原初的体验是，我是从画作的内部来看的，仿佛画作中的人或物也是从我内部来看我。我与画作处于原初的交错之中，好像存在某种"匿名者"或"身体间性"在自己看自己。于是，人类在形成"自我"观念的同时，又会产生"自身"与"他者"观念，发现自身总是逸出自我，成为自我的他者。

当然，想象力的超越化是与语言能力的出现与发展分不开的。与尼安德特人相比，晚期智人已经有了语言能力。维特根斯坦曾在《逻辑哲学论》中指出，语言是有界限的，凡是能够用语言逻辑说清楚的东西，都是在语言之内的，而无法用语言逻辑说清楚的东西，如逻辑

---

① Maurice Merleau-Ponty, *Eloge de la philosophie*, Paris, Gallimard, 1960, p.214.

形式本身、伦理、美学、神学等，都是在语言之外的，也即"超验的"。① 换言之，语言本身存在着悖论，一旦人类具有语言能力，就会有"意在言外"的超越化感受。不过，人类的历史表明，人类并没有像维特根斯坦所要求的那样，对于无法用语言逻辑说清楚的东西保持沉默，而是不断通过史诗、神话、形而上学等来言说它们。

从时间上看，人类在四五万年前进入晚期智人阶段后，心智结构发生了"大转变"，即具有了超越性的象征能力。具体说来，人的大脑神经系统具有了"镜像功能"和"整合功能"。前者不仅能够模仿和理解物质对象，并在内心中形成"印象"观念，而且能够模仿和理解别人的喜怒哀乐等情感表达，并形成"共感"。而后者则是把不同印象整合成"模式"的功能，如从对象中看出"三角形"等。不过，整合功能不仅于此，还包括把不相干的东西联系在一起，因此，它也是想象力、好奇心、创新、隐喻、误解、欺骗等的根源。

但是，这一切并不表明此后人类心智就是普遍一致的。因为人类心智是自然演化与文化演化相互作用的结果。即使从晚期智人至今，人类心智的生理基础基本未变，但是，人类的文化演化却日益加剧。由于环境、气候、食物和制度的不同，具有相同生理机制的人类在不同文明圈中却有着不同的心智表现。

因此，人的大脑不是预先设计好的，而是在与环境的共生与协调中不断演化出来的。保罗·麦克莱恩曾在1990年提出了"三重脑"模型，认为现代人的大脑是由脑干、哺乳动物脑和新皮质层构成的，② 其中，脑干最原始，其次出现的是哺乳动物脑，而新皮质层是最晚出现的。脑干既有好感的本能部分，也有暴力、愤怒、发狂的

---

① 维特根斯坦：《逻辑哲学论》，贺绍甲译，商务印书馆1996年版，第102—103页。
② 伯纳德·J.巴斯、尼科尔·M.盖奇主编：《认知、大脑与意识：认知神经科学引论》，王兆新等译，上海人民出版社2005年版，第433页。

本能部分。它们与哺乳动物脑、新皮质层等并未有效地统一起来。这也就为人类的创造性或疯狂等提供了各种可能性。不过，人脑中的脑干、边缘系统与新皮质层也是联动的与协同的，即使人类的价值选择源于人类的情感冲动，但是，由于人类的"镜像"神经元和"整合"神经元的作用，人类的情感表达一开始就有了好恶的分别，也即受制于人类初始的理性能力。

而且，在人类的演化过程中，随着人类思维的结构化，人类形成了"自我意识"。其特点就是人类具有了"反思能力"，也即对于自身所处的世界，包括自身与他人、万物、环境等的关系结构及其变化，有了整体的、自反的理解。换言之，人类不仅能够从生存背景中看出各种"图像"，而且能够"移步换景"。

在19、20世纪里，人们在西班牙、法国等地发现了一些洞穴壁画。其中，法国肖韦岩画的历史最早，大约出现在3万多年前。而且，许多壁画反映的是当时人们狩猎的场面，其中，不仅受伤的野兽被画得栩栩如生，痛苦的神态逼真，而且它们身上的"创伤口"也清晰可见（见图1与图2）。这不仅表明人类的"镜像神经元"和"模式化神经元"已经形成，而且说明人类已经具有了"符号象征"能力，换言之，人类不仅生活在现实世界中，而且开始在象征意义的世界里想象、漫游。

最初主导象征世界的是神灵世界。在这一框架下，人类建构出了有关道德、认知、审美与政治的象征世界。从现有的材料来看，这一框架成型于旧石器晚期与新石器早期，特别是在农业文明的形成时期。其代表就是巫术、传说、神话与原始宗教。

具体说来，主导这些象征世界的首先是各种分类规则，如对自然万物、人类群体与个体，及其相互关系的"命名"体系。不过，最初的命名活动是神秘的，因为人类的先民们不仅窥测他人的意图，而且还窥测自然力量和自身命运的走向。他们把主宰自然和自身命运的力

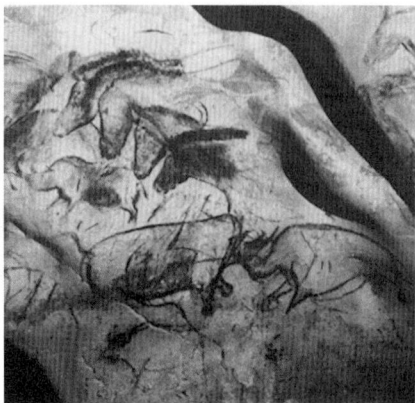

**图 1　法国肖韦（Chauvet）
洞穴的岩画**

（在这一岩画中，上端是一群奔跑的马，下端是两只顶角的犀牛，形象十分生动。该岩画距今大约 3 万年。图片来源：Andrew J. Lawson, Painted Caves, *Palaeolithic Rock Art in Western Europe*, Oxford University Press, 2012。）

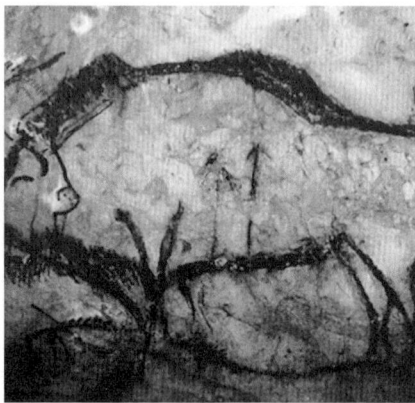

**图 2　法国尼奥（Niaux）
洞穴的岩画**

（在这只受伤的野兽身上，有着黑色与红色的箭头，创口清晰可见。该岩画距今大约 2 万年。图片来源：Andrew J. Lawson, Painted Caves, *Palaeolithic Rock Art in Western Europe*, Oxford University Press, 2012。）

量称为"神"。比如，汉语中的"神"字来源于"闪电"。[①] 可以说，初民们对于变幻莫测的周遭世界，一定非常困惑，特别是对狂风暴雨中的"闪电"所造成的巨大破坏，十分恐惧。于是，先民们就把它当作主宰世界和命运的"神"或"上帝"。

　　为了窥测神的意向，世界各地的先民们最初都使用巫术手段来"通神"。如希伯来人《旧约》中先知的预言，中国人的"占卜"，古希腊人的"神谕"，等等。无论是希伯来人的"先知"，还是中国的占卜者、古希腊德尔菲神庙中的祭司，都是"通灵"的巫师。以中国的"占卜"为例。中国人最初是用兽骨（如鹿骨、羊骨等）来占卜的，

---

① 于省吾主编：《甲骨文字诂林》，第二册，中华书局 1996 年版，第 1170—1171 页。

后来从东南地区传来"龟卜"（即用龟壳来占卜）。①最后，龟壳取代兽骨，成为占卜的用具。龟卜就是用火来烤龟壳，到了一定热度，龟壳就会出现裂纹（即"卜"字的来源）。在占卜者眼里，这些裂纹预示着未来的命运，即，神的意向。

除了骨卜、龟卜之外，还有"筮占"。筮占就是用筮草的茎或者小竹棍来占卜。骨卜、龟卜是把自然裂纹作为预示命运的"象征符号"，后来的筮占把这些自然裂纹抽象为"卦象"，并通过草茎或小竹棍的演算，来解释变幻无穷的神的意向。这就是《易经》的来源。

不过，从《易经》到《易传》，中国的初民们开始从巫术思维上升到抽象的哲学思维。即，用抽象的阴阳五行说来解释《易经》。这说明古代中国人从巫术的"感应"系统中发展出了抽象的"理性"系统。与古代中国一样，古希腊人也经历了从巫术—神话到哲学的转变。无论是泰勒斯等人的物质元素（始基），还是毕达哥拉斯的数学形式（数），都远离了荷马史诗中的神话系统，开启了用抽象概念来解释世界的路径。

总之，世上万物的存在只有在人与周遭世界进行物质、能量与信息的交换过程中才是有存在意义的。而且，这一存在是多义的，因为在这一交换过程中，任何存在者的存在是相对于其他对象而存在的，在不同的区分中具有不同的意义。因此，人类的生活世界是一个开放的象征系统，其中，所有符号相互指涉，形成多层次、多向度的意义系统。比如，在《诗经》第一首诗《关雎》中，鸟之间的对鸣指涉的是生物学层面的意义，而这整个场景同时又是一个更高层面的符号，作为能指，它又指向一个新的意义层，即，人伦关系——夫妇关系。这一新的能指—所指的关系结构又是新的符号。作为能指，它又指示整个礼教系统。而礼教又与中国文明息息相关。孔子就曾要求儿子伯

---

① 李零：《中国方术正考》，中华书局 2006 年版，第 44 页。

鱼首先阅读这一首诗，并把该诗置于整部《诗经》之首。

三、规范的超越化

如前所述，人总是生活在群体中的，人不可能独自具有意识活动。可以说，人的心智活动都是在周遭环境中，特别是在群体中展现的，因而带有集体的约定性，也即"规范性"。如果说"心态"（或心情、性格、态度等）与"处世方式"是同一个心智活动的不同"面相"，那么规范与制度（即"集体约定"）则是人类心智活动的特殊面相之一，如经济、政治、伦理、审美、宗教等规范。作为面相之一，它们也是心智活动象征化与符号化的结果。

从18世纪开始，西方学者已经注意到生命体的特殊性，即，生命体不像机械物质那样具有统一不变的形式，而是不断变化的，换言之，它在不同的情况下有着不同的形式。在某些情况下，它的形式是正常的，但是，在另一些情况下则是病态的、不正常的。"处于病态状态的生命体不是没有规范，而是具有其他规范"。[①] 可以说，任何生命体都是有各种形式和规范的；换言之，它们是规范化的。作为生命体之一的人类，也具有各种生命规范与社会规范。

具体说来，心智是人在世界上的生存能力，而其根本就是身体的生存运动，也即，身体自身的各器官、神经—骨骼—肌肉系统、基因结构与外在工具、环境之间的动态匹配。即使科学技术发达如今日世界，其根本仍是身体的生存运动，只不过"连接""嫁接"上许许多多其他技术系统。所以，训练人的身体生存运动能力，对于人的心智培养是至关重要的。比如，在电脑时代，训练孩子的书法能力、舞蹈能力、武术能力、绘画能力、计算能力等，非常有利于他们智力的发展。

从人类的演化过程来看，人的身体各器官（如神经—骨骼—肌肉

---

① Georges Canguilhem, *La connaissance de la vie*, J. Vrin, 1992, p.214.

系统等）、基因结构与工具、环境之间的互动，会导致脑容量增大，想象力也会不断丰富。这些促使人类从南方古猿不断演化成晚期智人。其间，各地也出现过不同的智人，但是，唯有更能适应环境的智人才生存下来。到了4万年前，人类的大脑发育得与现代人类无异，出现了"思维大转变"，即，心智的超越化与象征化。不过，由于人、工具与环境之间的互动方式在各地不同，其中任何一个因素的变化，都会导致"移步换景"的结果。所以，不仅在古埃及、两河流域、古印度和古中国出现不同的文明，而且，即使在古中国，各地的文化与思维方式也不尽相同。

因此，人类的生存活动是开放的。即使是动物，也是如此。动物为了生存，平时就喜欢进行各种躲避与进攻的游戏活动，以便提高自身的灵敏性。而人从小就喜欢玩玩具，其中，男孩喜欢玩枪械，女孩喜欢玩布娃娃等。不过，人的游戏活动不同于动物，因为人的游戏具有创造性，人会设计整个游戏过程，不仅利用自身身体的特点，利用地形地物，而且会创新出新的工具，使用各种"计策"，来实现自己的目的。可以说，这一游戏活动就是人类宗教、科学、技术、艺术（如舞蹈、戏剧、传说、史诗、神话、小说、诗歌等）的来源与基础。

可以说，动物的感知能力就是在动物的谋生活动与游戏活动中不断演化的。而作为万物之灵的人类，其自我意识也是在人的谋生活动与游戏活动中逐渐演化而成。如前所述，直立人源于三四百万年前的南方古猿，能够直立行走、制造石器等，而且在制造石器的过程中，演化出了"想象力"。不过，直立人的想象力仍然是有局限的。到了10万年前后的早期智人阶段，比如，尼安德特人已经具有了"灵魂不死"的观念。根据考古发现，尼安德特人已经有了墓葬仪式。不过，尼安德特人尚未演化出完全的语言能力及其生理机制，尚不能系统地解释世界。一直到4万年前左右，晚期智人才具有了完全的语言能力，能够用语言来讲述宇宙与人的来源与命运。这表明人的想象力达到了超越性的层面。

当人类思维结构化（也即"逻辑化"）与超越化之后，神灵观念逐渐形成。人类以为万事万物中渗透着超越的、神圣的力量。换言之，这一力量会显现在人类周遭的人与物之上。于是，人类的生存活动也就是应对神灵的过程。平时，人们会表演这一过程。于是，宗教仪式、规范等就这样产生了。

在人类思维结构化之后，结构悖论还使得人类兼有"超越感"与"现实感"。超越感是人类不断延伸自己想象力的结果，它总是在任何现实的界定或限制之外，因此是与人的现实感相对立的。不过，人的超越感又渗透在人的现实感之中。在日常生活中，人们为现实生活而奔忙，但是，冷不丁却会有"超越感"凸显出来，比如，人的"良知"呼唤。因此，超越感是人类神圣感、道德感、自由想象、艺术灵感等的基础。它能让人瞬间把过去、未来与现在连为一体，把左右、上下、前后等向度联系起来。不过，即使人类具有超越一切的"完形能力"，但是人类的现实感却是确定的和逻辑的。

因为在初民那里，人类面临严酷的生存压力，自然灾害常常让人类濒于灭绝。所以，初民们就把超越的对象与自然力量等同起来。在进入新石器时代（也即农耕时代）之后，巫术—宗教更是成为人类的制度，规范着人类的经济、政治与文化活动。但是，人类的现实感也在不断起作用，随着科技的发展，终于导致了以"理性的突破"为主导的"轴心时代"的出现。

但是，即使在现代科学昌明时代，人类的"超越感"仍然存在，时时会凸显出来。这种超越感也是人的存在的"神秘之处"。人不仅能够客观地分析对象，更可以把对象与自身的身体、世界联系起来，融为一体。前者具有清晰性与自明性，而后者却可能是模糊的，"似断若连"。比如，当观众在看电影中敌人的箭射向主人公时，随着镜头快速推进，箭头突然停止在主人公的胸前，观众的目光会不由自主地继续向前探看，有的人甚至会站了起来。可见，观众不仅把对象与自身、世界联系起来，而且还把过去、将来与现在一起联系起来，即把回忆、期望与当下的感受联系起来。可以说，时空的各个向度都会在这一原初的联系中呈现出来。这就是人的心智与存在的"神秘之处"。

而且，人类大脑的结构也不是先天统一的，而是处于不断的协调之中。来自脑干的原始情绪，如同情或暴怒，在极端情况下，会瞬间爆发，决定我们的行为。它们有时不受大脑皮质层的神经机制的控制。这些也是人的心智的神秘之处。有些艺术家为了获得灵感，喜欢用酒或其他东西，来激发这些原始情绪，让自己瞬间处于"入迷"状态，与天地神人相沟通。因为感受直观有一种让人瞬间穿透一切，与天地神人融为一体的能力。所以，人远不是完全理性的人，而只是有限理性的人。这样，在群体合作与交流中，人的心智就需要通过各种规范来约束。

心智的规范化是通过游戏表现出来的。从单细胞生命体到作为万物之灵的人类，都是为了适应自然环境而生存的。其中，存在着某种共同的生存结构，即，生命体与环境之间的交换或交往活动。如机体的"新陈代谢"、动物与人的猎食行为，等等。这一最基本的生存结构也就会表现为动物与人的"游戏"活动。不过，人类的镜像神经元和整合神经元等生理机制只是为人类提供了潜在的认知能力与规范能力。它们只有在人类的游戏活动中，才能实现为具体的语言能力、决策能力、设计或识别诡计的能力、审美能力与道德感、正义感等。

必须指出，不仅残酷的狩猎活动或战争活动是游戏，而且，平常的嬉戏也是游戏。这也正如英文"Game"一词的多义性所表明的，既是"博弈""搏斗"，也是"嬉戏"和"表演"等。由此，可以说，游戏不仅是人类最基本的生存方式，也是人类心智的生存论基础。一方面，游戏都是有规则的，但是，另一方面，它又允许差异存在，人们在游戏中可以创造出各种各样的"玩法"，出奇制胜。

而且，游戏有着各种形式。其中，有些是温和的，对抗性不强，但是，也有许多是竞争性和对抗性的。从孩子玩的"老鹰捉小鸡"的游戏，到各种体育比赛，乃至"兵不厌诈"的战争，都是有对抗性和竞争性的。这些游戏都是人类与环境之间的生存博弈的表现。从人们对于棋艺比赛、球类比赛等的热衷，我们就能发现这种人类与生俱来的生存情结。

人的心智就是从这类生存游戏中发展出来。比如，人们说话时是遵守语法规则的，但是又喜欢差异与变化，创造出各种新的表达方式。我们常常说，只有灵活地使用语法规则，表达出新的想法、用法，才算真正掌握了语言。因此，这种既遵守规则，又喜欢差异、创新与变化的能力，也是人的"意志力"，它让人在适应环境的同时，又用新方式来规范自身生存。而在这一过程中，人类的意志力会全面地协调自己的情绪、身体的倾向与力度、感觉与理性，在新的环境下更好地适应环境。

总之，人类是群体动物，需要通过相互依赖、合作与分工来生存。为此，人类就需要进行制度安排。制度安排包括约束人的意向、行为的规范系统，换言之，人的心智活动从一开始就受制于一定的社会规范，如人的感受直觉系统与理性推理系统都是按照一定的社会规范来运作的。可以说，从 4 万年前开始，人类的思维不仅象征化与规范化了，而且，其象征与规范还是超越性的。比如，人与人之间存在着同情，见到他人受难，人会表示安慰，这种情绪逐渐发展成了道德感，即"良心"。而且，在人际共处的社会生活中，除了人的良心之外，支撑和维系社会运转的还有"伦理"或"宗教"，① 它们是具体的

---

① 在不同文明体中，情况也不同，古代中国人把良心无限化，与天理相连，起到犹太—基督教文明中宗教的作用。

社会规范与习俗，构成了人类文明的基础。

根据莫斯的研究，文明的发展在于"交易"，即，各群体之间交换收获与成就。① 而早期最重要的交换物是作为巫术的或宗教的祭礼，即，献给神的"礼物"，以求获得神的保佑。它们是神圣的与无价的。② 在远古中国，除了玉之外，祭礼还有食物、海贝等。据说，中国最早的人文始祖伏羲就曾"取牺牲以充庖厨，故号曰庖牺"。③ 除此之外，早期群体之间还盛行"夸富宴"或"库拉"之类的礼物交换。值得注意的是，这些交换最初都是"完全供应"，即慷慨大方地拿出自己的一切供对方享用。④ 这些交换物中包括技术（工艺）、艺术品等等。其中，礼物附有神灵，它不断敦促受礼人还礼。

在礼物交换中，头领、酋长或"王"责任重大，负责礼物的收集与分配。比如在夸富宴或库拉中，代表群体的酋长如果没有能力收集到足够的礼物来花费它们，那么他就会丧失"名誉"，被称为有一张"腐烂的脸"。⑤ 而且，能够为群体成员分配更多物品（如食物等），还是竞选酋长或头人的主要条件。比如，在云南省内毗邻西藏的下察隅，居住着有着悠久历史的僜人，他们还保存着"杀牛选头人"的习俗。即，在头人竞选时，僜人以杀牛并分发给众人数量最多的候选人为头人。⑥

福山在《政治秩序的起源》中曾提到一个有趣的现象，即使在建立了现代代议民主制的帕布瓦新几内亚和所罗门群岛，土著选民们在

---

① Marcel Mauss, *Oeuvres*, vol.III, p.609.
② 至今，我们仍然有着"欠债还钱、天经地义"的信条，其神圣性就源于古代的巫术或宗教仪轨。
③ 《帝王世纪、世本、逸周书、古本竹书纪年》，齐鲁书社 2010 年版，第 2 页。
④ 马塞尔·莫斯：《社会学与人类学》，佘碧平译，上海译文出版社 2014 年版，第 181 页。
⑤ 同上书，第 235 页。
⑥ 《中国国家地理杂志》，2014 年第 10 期，第 347 页。

选举中支持各自的部落与头人，一旦这些头人进入议会，就会想尽各种办法把各种资源分配给自己的部落，以此作为回报。其中，就会出现许多腐败现象。①

从历史上看，人类的所有制度都源于巫术或宗教仪式与制度。从部落酋长制演变成王国或帝国后，王就会任命专人负责礼物交换或货物买卖。根据卡尔·波兰尼主编的《早期帝国的贸易与市场》，从事贸易的人最早可能是被任命的，或者依血统世袭（或学徒制）而来的，有着特殊的社会地位。他们的收入来自货物交易。不过，价格在很长时期内却是被行政管制，固定不变的，所以，最初人类的贸易也是"无风险的交易"。而价格随行就市是很晚才出现的现象。②

随着轴心时代的到来，理性开始绽现光芒，世俗化开始了。尽管礼物交换活动还是社会规范或习俗，如彩礼、"红白喜事"，甚至中原王朝与周边藩国之间的"朝贡制度"（汉文化圈的"天下体制"）等，但是，百姓更多关心的是交换中的利益了（当然，在远古的礼物交换中也逐利，但是以具有神圣性的慷慨大方为指向的），以"买"与"卖"为主的市场经济成为主导。这样，原来进行礼物交换的"夸富宴"就为"集市"所取代了。

不过，礼物经济与市场经济是长期共存的。一直到近代英国资本主义的崛起，市场经济才完全取代礼物经济。在思想史上，其起点是曼德维尔的《蜜蜂的寓言》。在该书中，曼德维尔公开提出了"人是自私的"观点。③对于今日以冷冰冰的契约精神为基础的市场经济来说，礼物交换可能就是"贿赂"或"寻租"现象，必须依法打击。

---

① Francis Fukuyama, *The Origins of Political Order, From Prehuman Times to the French Revolution*, Farrar, Straus and Giroux, New York, 2011, pp.xi—xii.

② *Trade and Market in the Early Empires*, Edited by Karl Polanyi, Conrad M. Arensberg and Harry W. Pearson, The Free Press, 1957, pp.19—20.

③ 马塞尔·莫斯：《社会学与人类学》，佘碧平译，上海译文出版社 2014 年版，第 303 页。

如前所述，最早的交换主要是向神灵献祭，以求神灵保佑作为回报。这种交易是神圣的，并成为社会生活中人际交往的普遍模式。比如，汉语中的"禮"的象形字是指"放在器皿中奉献给神的两串玉"。[①] 而且，与神灵的交易（献祭），其神圣性与契约性就成为了物质交易、市场交易的基础，并影响到人的良心、美感与真实感的形成。尽管黑猩猩也有"同情心"，但却仅限于自己所属的群体，不具有普遍性；而人却不同，由于演化到神灵观念形成时，后者就反过来促使人把同情心、通感普遍化，形成良心、美感与神圣感，如，"人情债大似天、没钱顶锅卖""滴水之恩当涌泉相报"等。总之，神灵观念的形成在人类的演化中十分重要，是人类与动物的主要分界线之一。

产品与财富的交换也是与社会结构分不开的。根据现有的材料，最早的产品与财富的交换是在氏族内部或氏族与相邻氏族（或部落）之间进行的。最著名的是在波利尼西亚土著中的"完全供应"体系与"完全回馈供应"体系。这类交换是纯粹的礼物交换，当然，表现也各不相同。在氏族内部，女婿对岳父母、妻舅要完全供应，即，献上自己的一切。同样，他的女婿也要对他供应一切。而在氏族之间，则是通过举办"库拉"或"夸富宴"来向其他氏族进行完全供应。[②]

有趣的是，至今在世界各地还存在着各种"沉默的交易"。比如在中国西部甘肃等地的交易市场上，商人们是在袖子里计价并达成交易的，而相互之间并不言语。这就是中国人常说的"羞于言钱"，其中就有着远古社会礼物交换的遗风。而且，物品交换的地点可以是节日、典礼、聚会等，以后又演化为"集市"。而作为价值尺度的"货贝"都是当时贵重之物，如宗教或巫术中的护身符、贝壳、贵金属等。

———————————

① 　徐中舒主编：《甲骨文字典》，四川辞书出版社 2014 年版，第 523 页。
② 　马塞尔·莫斯：《社会学与人类学》，佘碧平译，上海译文出版社 2014 年版，第 181—184 页。

因此，推动社会发展的不只是什么简单的物质生产，如解决人的衣食住行的物质资料，更是人们对这些物质资料的享受及其社会规范。即使是填饱肚子，也有讲究，要有品位，旨在获得社会承认。即使是在贫困的乡村，人们仍然追求家居整洁，过年力求给家人添置新衣服，甚至有人家在出门时在嘴上抹上猪油，以示家庭富足，因为在乡间，贫穷也是被人瞧不起的。至今，在上海夏日街头，仍能看到有些人穿着睡衣乘凉，或闲逛。因为上海曾是华洋杂处之地，很多人认为穿睡衣是有钱人的标志之一。

当然，推动社会发展的，不是个人对物质资料的享受与感受，而是集体的感受与规范。不过，令人难以置信的是，在历史上，往往是贵族或精英倡导的"奢侈时尚"导致技术、工具、生产、教育等发生变化、更新。只是到了 20 世纪 60 年代之后，随着大众消费时代的到来，普罗大众的品位才开始左右经济、教育与文化的再生产。

四、创造性

对于人类心智来说，超越性的根本就在于创造性。前面说过，人的心智能够先验地把自身与周遭相关者纳入某一结构之中，而且可以不断地重构出不同结构来，即"移步换景"。而且，这些相关者可以是邻近的，也可以是遥远的，既可以是同类的或熟识的，也可以是异类的或陌生的。正因为如此，人可以想象出"人头马面"之类的东西来。比如，在近代中西文化相遇时，竟然会出现身穿西服、头梳长辫的"假洋鬼子"这类新奇人物。又如，印度菩萨的原型是男性，而且是印度人的模样，但是，在传入中国后，却逐渐变为女性，而且面容也完全汉化了。

这种创造性的想象还体现在手工劳作、艺术创作等方面。古希腊人称之为"poiesis"（创作）。它是个性化与个别化的，无法抽象化与标准化。不过，由于个性化的感受与想象都是在社会背景下完成的，所以一个好的创意就会引起大家的"共鸣"，产生普遍化、超越化的美感、道德感或神圣感。

由于生活在群体中间，人需要与其他人合作与交流，为此，人也必须向他人证实或证明自己的感受及其看法的可靠性与准确性。这就需要使用推理理性。在《千年金融史》中，戈兹曼就指出，早在两河流域文明时期，人为了确保金融信贷的可靠性，也即借贷双方承诺的可靠性，不能仅仅停留在感受直觉上，还必须进行精确的计算，确保未来收益的可能性有多大。于是，数学就得到了长足的发展。①

当然，人们还会不断反思这些交易行为，总结成功与失败的教训，创造出新的感受方式与推理方式。可以说，人的感受直觉、理性推理与辩证反思是人的创造性想象的主要形式，也是人的心智的主要构件，即感受系统、理性系统与见识系统。

正如前面所指出的，人类社会是从大猩猩等灵长类动物组织中不断"变异"而发展出来的。其中，生理结构、群体组织结构与周遭环境之间是"共同演化"的，换言之，周遭环境变迁及其提供的食物、群体组织及其活动等都会影响到人类生理结构的变异，如火的发明使得人类能够烹饪食物，极大地改变了人类的体质，特别是人类的大脑。反过来，人类生理结构的变异，如大脑皮层的发达，又使得人类心智进一步发达，并影响到人类的群体组织及其活动。

到了4万年前左右，这一共同演化活动导致了"思维大转变"，即，人类的思维超越化和象征符号化了。这不仅使得人具有了自我意识，而且，人类从主观性的角度来构想、甚至虚构对象，利用周遭的一切来实现自己的目的。这一创造性就意味着"可能性高于现实性"。具体而言，对于非人的动物来说，生存就是适应自然环境，一切都是

---

① 威廉·戈兹曼：《千年金融史》，张亚光等译，中信出版社2017年版，第5—6页。

周而复始的现实性，没有新的可能性。换言之，非人的动物是没有主观创造性的。

尤其是，从4万前开始，人类的"镜像神经元"与"模式化神经元"已经发达起来，可以预测对象的意图及其处境，并识别出危险或有益的东西，产生同情或厌恶的情绪。心理学家沃尔肯和托马塞洛曾设计过一个实验，看看幼儿是否自发地帮助他人。为此，这两位学者让一些母亲带着自己的幼儿待在一间房子里。然后让一个成年人抱着许多东西进入房间，很费力地想打开柜子。这时并没有人示意让别人帮忙打开柜子，但是，有一大半的幼儿会过来帮这个成年人打开柜子。① 所以，孟子所说的人有"恻隐之心""不忍人之心"等，是有生理基础的，但是，这些基于生理基础的本能冲动还不是道德意义上的"善"，后者还取决于人的理性、以及在人类的社会活动中逐渐形成的规范。无论如何，人类由此而形成的道德理性与意志却能让人跨越地域、物种的界限，追求普遍与超越的善与公正。这亦是人的创造性的表现之一。

而且，人一出生，就与周遭世界之间存在着缄默的象征意义交流。由于人是万物之灵，唯有人会追问生存的意义，人从哪里来，现在如何，将来又怎样？因此，人会主动地、创造性地谋划自己的未来，激发起与周遭世界的博弈，随着不断的"移步换景"，人生的处境也会起起落落。可以说，没有人的主动作为，就不会有人生的意义，但是，决定人的命运的却不是人的主观意图，而是人与周遭互动的态势与走向。因为人与周遭世界的意义交流既是开放的，也是协同的，如同我握住他人的手，也是他人在握我的手，换言之，我既是主动的，也是被动的，似乎存在着某个"匿名者"——握手本身，它掌握着我和他人。与此同时，人亦会发现自己的创造性其实是有限的。

---

① 保罗·布卢姆：《善恶之源》，青涂译，浙江人民出版社2015年版，第8页。

可以想见，在从 4 万年前开始，晚期智人（即"现代人"）一定对于自身的有限性有所体验和感受。而且，对于自然环境的严峻压力，晚期智人也一时无力抵抗，往往会把自己对这一匿名者的神秘体验与这些严峻的自然力量联系和等同起来。比如，西太平洋上土著人的"玛纳"，还有"萨满教"中的"萨满"，就是这类贯穿万物和人类、又超越其外的流动的神秘力量。而且，从我们所能收集到的世界各主要神话中，我们发现，许多主神都与"雷电"有关。如，汉字"神"源于"申"，而"申"的原型就是"闪电"。①在古希腊神话中，"宙斯"亦是"雷神"。可见，对于先民们来说，"打雷闪电"之类的自然现象是最为可怕、最强大的神秘力量，亦是自己常常感受到的"流动所指"。而且，他们认为人可以通过灵魂出窍来与神来往。比如，世界各地的原始神话大都有着神抟土吹气造人的说法。其中，"气"是神灵与人的灵魂共通的东西。在中文中，我们称人的精神为"精气神"；而在希伯来文、古希腊文、拉丁文、英文、法文等中，"精神"的词根也是"气"。

从古人类学的研究来看，晚期智人不仅有神圣感，还有祭神仪式。可以说，神灵崇拜是晚期智人共处的制度安排。到了新石器时代，更是如此。控制人神沟通的巫师往往成为统治者，如"王"。不过，随着技术的发展，人类对于自然与人的认识不断进步。到了公元前 5 世纪左右，世界进入"轴心时代"。古希腊、中国和印度等地都爆发了"理性的突破"。人类又开始了新一轮的制度布局。

我们知道，人类社会源于动物组织，也是相互依赖和合作的。而相互依赖和合作就需要制度安排。其实，在大猩猩群体中，也有其独特的组织结构与规范，如拉帮结派，即使表达同情或愤怒，也有一定

---

① 于省吾主编：《甲骨文字诂林》，第二册，中华书局 1996 年版，有关"申"字的解释。

的规范。当然，人类的制度安排远非大猩猩可比，因为人类的思维已经结构化和象征化，能够按照自己的主观期望来创造性地改造自然和社会。

不过，人类的命运不是由人类的主观期望单方面决定的，而是人的期望、制度、环境和生理机制等共同演化的结果。其中，不仅人的期望和制度是开放的，而且环境和人的生理机制也是开放的。就拿调控人的心智的大脑来说，它是脑干、哺乳动物大脑和皮质层这三部分构成的，其中，脑干是原始大脑，不仅人的喜好、同情等本能情感源出于此，而且，厌恶、愤怒和暴力等本能情感也出于此。而新皮质层是最后演化出来的神经系统，它并未与脑干等系统形成协调一致的大脑系统。换言之，人的大脑也是开放的。因此，纵然有好的制度安排和人的理性思考，有些人在某些情况下仍然难以抑制"怒见不平、拔刀相助"的本能冲动。即使孔子希望在"仁心"之上进行礼仪教化，也不能完全杜绝恶事的发生。

第三节　自我意识

在与周遭交换物质、能量、信息的过程中，生命体会形成自反式的知觉。但是，现代人的不同之处在于，人的心智具有超越化的特点。具体说来，人的灵魂是对人与周遭环境之间物质、能量、信息与意义的交换过程的自反意识。它从一开始就是来回穿越自身内外的。因此，人类从有了自反意识之后，就会产生"泛灵论"与巫术，以后又在此基础上发展出了神话与宗教。而且，这种来回穿越自身内外的自反意识更是"天人合一"的集体意识。所以，原始人是没有现代人的自我概念或个体概念的。换言之，自我意识是从自反意识中缓慢产生出来的。可以说，人类的自反意识的演化过程就是从"人"到"个人"的过程。

不过，人与周遭互动的方式（如政治、经济等）的不同，会导致人的自我意识的方式不同。从巫术意识到今日的科技意识，莫不如此。而且，各个文明体的人，其思维方式也因此各不相同，而且在大脑中的神经回路也各不相同。

由于人的想象力的飞速发展，人类在物质环境之外，还建构起了精神世界与规范—制度世界。因此，周遭环境（或者"生活世界"）包括物质环境、精神环境与制度环境。可以说，人无时无刻不在与物质环境、精神环境与制度环境进行物质、能量、信息与意义的交换，即使在前意识或无意识状态下，亦是如此。比如，在深度睡眠中，人并没有完全停止与周遭环境的物质、能量、信息与意义的交换活动，也没有停止由此而来的自反意识，而且，人可以随时醒来。因此，无论是在意识状态下，还是在无意识状态下，人不仅影响并受制于物质环境，而且也影响并受制于精神环境与制度环境。比如，在古代中国社会，人们的自我意识曾受到"男女授受不亲"的影响与塑造。甚至，这种影响还深入人的无意识状态之中。

一、自我意识的出现

人的大脑具有数以亿计的神经元，它们复制对象与情景并保存在记忆中，而且，更重要的是，这些复制还相互"竞争"，让人产生多重猜测、联想。[1] 当然，作为生命体，人是有生命规范性的，即"意志"，它力图赋予人的存在以意义与价值。因此，面对这些猜测与联想，人的意志会整合它们，赋予它们以合理的意义。不过，由于生存的开放性，这些猜测与联想也可能是无限的和超越的（或者说是"发散性的"）。

人的意志力的生理机制位于人脑的前额叶神经区域。人可以通过

---

[1]　威廉·卡尔文：《大脑如何思维》，杨雄里等译，上海科学技术出版社2012年版，第145—152页。

意念影响和调节大脑神经组织的布局与连接，甚至重塑大脑。这种意志力的作用正是生命体的规范性长期演化的结果，换言之，人的意志力是生命的规范性的升级换代。当然，人的意志力也会受到社会环境的影响，社会压力过大，会压抑人，破坏大脑中已有的神经回路，导致精神疾病。所以，激发人的意志力，重新追求生存的意义，就能激活神经组织，形成激发人快乐、奋发向上的新的神经回路，慢慢就会治愈某些精神疾病。

由此可见，生命体都是通过规范调整自身的行为，以适应自然的变化，从而得以生存下去的。只不过，唯有人在演化过程中发展出了自身意识，能够追问自身存在的意义，通过各种规范与制度来调整自身的行为，适应自然的演化。而人的意志力是目前已知的最高形式的生命规范。根据神经科学的研究，每天人脑中都会产生新的神经元，也会有神经元凋谢。理查德·戴维森就发现，印度禅修者的"正念减压法"有助于新的神经元通路的产生，从而调整情绪、增强专注力与提升社交直觉等。[1]

大致说来，人的大脑是由两个重要的神经回路组成（见图3）。一是从丘脑到杏仁核的神经回路，其中，杏仁核是人的情绪区域，而丘脑对它起到调控作用。这一神经回路比较原始，处于人脑的下部。另一个是从前额叶到杏仁核的神经回路，其中前额叶是人脑的意志区域，不仅有理性分辨能力，而且能够预测他人的心理动机以及自己行为的结果。从演化的角度来看，这一神经回路出现很晚。在具体决策时，面对较近的情况，特别是突然发生的情况，前一个神经回路首先激活，是直觉—情感反应；而面对长远规划时，后一个神经回路会激活，属于理性的反应。不过，在具体决策时，这两种神经回路都会激

---

[1] 理查德·戴维森、沙伦·贝格利：《大脑的情绪生活》，王萌译，孙涤校，格致出版社 2015 年版，第 236、259 页。

活，前者着眼当下，而后者目标长远。所以，人会左右为难。

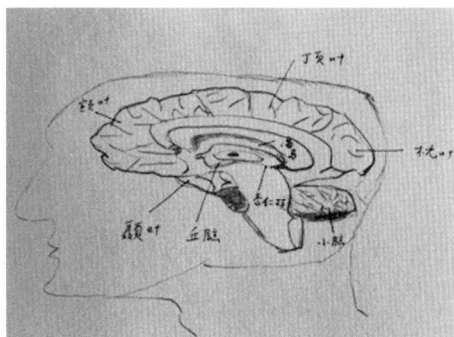

图3　大脑左侧面示意图（佘碧平绘制）

从结构上看，人脑的新皮质层分为枕叶（主管视觉系统）、颞叶（主管听觉系统）、顶叶（主管身体的触觉系统）和额叶（整体调控系统）。而人的认知过程是从初级感觉系统传递到联合皮质层的感觉系统，再由前额叶系统来作出预测与决定。额叶不仅是理性调控的区域，更是预测、决定与道德的所在地。具体说来，前者是脑干通过脊髓与身体的迷走神经、肠胃神经连为一体的，它反应极为快速。换言之，大脑与身体是一体的。可以说，人与周遭进行物质、能量、信息与意义的交换活动，这一自反的过程会印刻在人体之中，并起作用，让人的身体行为具有了根据情况与周遭匹配的"自结构"能力。这种身体行为的图式构成了人与周遭互动的自反性意识与认知的基础。

其中，感觉系统调控的是人的体感，即躯体感觉，包括触觉、味觉、嗅觉、听觉与视觉等；而前额叶系统则是有关人的心智中理性与超越性的东西。根据安东尼·朗的考证，荷马就多少意识到这一点。在《荷马史诗》中，荷马认为人是心—身一体（psychosomatic whole）的。对于"心灵"，荷马使用的古希腊词包括"psyche"（呼吸—气息）、"nous"（荷马的希腊文拼写是 noos）、"thumos"（呼气）、"phren"（肺部）、"stethos"（胸部）、"kradie"（心脏）、"etor"（心脏）

等。① 由此可见，荷马已经意识到了"身体的呼吸和心脏部位是一个人思想和感受的所在"，② 换言之，人的心灵是与身体的欲望、情感冲动（"气"）密不可分的。

而且，安东尼·朗还发现，在《奥德赛》（20.17）中，奥德修斯还会对自己的"心灵"说话："奥德修斯捶打胸膛，自责其心"；"我的心，你坚持住，比这更糟的事情你都忍受过"。显然，在"心气"之外，还存在着对自我意识经验的"反思"。③ 后来，柏拉图把这种"反思"能力视为"理性"。不仅如此，这种"反思"还可以与"心气"分离，在《奥德赛》（11.601-2）中，奥德修斯"看到了力量无穷的赫拉克勒斯的魂灵（eidolon）。可是他本人却正与不朽的诸神同享佳宴，开怀不已"。后来，新柏拉图主义者普罗丁认为荷马已经区分出了"心—身一体"的"心气—魂灵"和不朽的神性本质（即"超越性"）。④

同样，在古代中国思想中，古人也是通过"身体感受"（也即"体感"）来界定"精神"的内在性与超越性的。在《黄帝内经》中，有这么一段话："生之来谓之精，两精相搏谓之神，随神往来者谓之魂，并精而出入者谓之魄。所以任物者谓之心，心有所忆谓之意，意之所存谓之志，因志而存变谓之思，因思而远慕谓之虑，因虑而处物谓之智"。⑤ 另外，在《难经》中，作者又说："藏者，人之神气所舍藏也。故肝藏魂，肺藏魄，心藏神，脾藏意与智，肾藏精与志也"。⑥

① 安东尼·朗：《心灵与自我的希腊模式》，何博超译，北京大学出版社 2015 年版，第 18—19 页。
② 同上书，第 26 页。
③ 同上书，第 28、30 页。
④ 同上书，第 14 页。
⑤ 《黄帝内经灵枢译释》，"本神第八"，孟景春、王新华主编，上海科学技术出版社 2011 年版，第 88 页。
⑥ 《难经译释》，苏颖、李霞主编，"第三十四难"，上海科学技术出版社 2016 年版，第 127 页。

其中，精是生命的基本物质，人就是从"精"生长、发育而来。而气则生于精，神则是精气的表现与功能，所以，中国人常常说"精气神"，以此来指"精神"。精气充实，则神旺，反之，则神衰。可以说，"精气神"就是人的生命的物质基础、动力与自主意识。

中国古人还用"魂魄"来指"精气神"（灵魂）。其中，"魄"是指人的"形体"，而"魂"则是"魄"的外在表现与自主意识。在《左传》中，子产曾说过："人生始化曰魄，既生魄，阳曰魂，用物精多则魂魄强，是以有精爽，至于神明"。[1] 这一说法与《皇帝内经》大体一致，都是主张"心—身一体"的。这与戈斯坦在《机体论》中的说法一致。

而且，在古文中，"神"还有另一个来源。即，"神"来源于"申"，而"申"的象形文是"闪电"。[2] 而"示"是指"祭台"。因此，"神"亦是对"闪电"的祭祀。换言之，古人把恐怖的闪电拟人化了，认为它有着远高于人类的灵魂与意志，并视其为人类的来源。

由此可见，人类的直觉感受不仅是"心—身一体"的，还是"万物一体"的，即，是对于包括人在内的周遭世界的直觉感受。换言之，它不是主客分立的"静观"，而是"天人合一"的意识。也可以说，人的直觉感受是穿行在人与周遭世界"之间"的，即"共感"。可以想见，最初人类的直觉感受就是从这种"之间"的感受，也即"万物有灵"发展而来的。以至于今天，人类的直觉感受亦是如此。如李白的诗句："相看两不厌、唯有敬亭山"。塞尚在山间行走时，感到山林亦在看他。另外，庄子的"坐忘"与禅宗的"禅意"亦是如此。这种穿越人与周遭世界的"之间"感受就具有了时空的超越性，

---

[1]　李梦生撰：《左传译注》下册，上海古籍出版社 2004 年版，"昭公七年"，第990 页。

[2]　于省吾主编：《甲骨文字诂林》，第二册，中华书局 1996 年版，有关"申"字的解释。

即刘勰所说的"思接千载""视通万里"。① 可以说，人的自我意识就是这样不断建构起来的。

具体来说，人的情感与欲望通过气与力让躯体与周遭互动，让意识分布、穿越在躯体与周遭"之间"。中国武术的精神就说明了这一点。比如，形意拳主张"意"与"气"合、"气"与"力"合，以及意、气、力与周遭合一，这样就能"打人如拔草"。

又如，在《枯树赋》中，庾信把"树"灵化、人格化，从而展现出了人的自反意识中这一"之间"的结构意识。为此，他极尽可能地描述了各类树木因为移植、风霜摧残与人为攀折，由繁茂而凋零，并联想到自己出使北朝而羁旅不归、屈节事敌的生平遭遇，感同身受，沉痛不已。最后，他用桓温的慨叹点出了自己的感悟："昔日种柳，依依江南；今看摇落，凄怆江潭。树犹如此，人何以堪？"② 这种"身世浮沉雨打萍"的自白，道尽了人如无根浮萍，不能主宰自己命运的悲哀！

因此，人的直觉意识是对这一"之间"的结构意识。首先，这一"之间"是体验场，其中，我对各个周遭相关者的意向与各个周遭相关者对于我的意向相互交错，形成多重的意向网。正如卞之琳的诗所描绘的场景："你站在桥上看风景，看风景的人在楼上看你，明月装饰了你的窗子，你装饰了别人的梦"。③ 在这一巨大无匹的、开放的体验场中，你对风景（周遭相关者）的意向、看风景的人对你的意向、明月对于你与窗子的意向，等等，相互交织、区分，并在这些交织与区分中，激发、呈现出各自的意义，并随着各个相关者的"移步

---

① 刘勰：《文心雕龙》，王志彬译注，中华书局 2012 年版，第 320 页。
② 见（北周）庾信撰：《庾子山集》上册，（清）倪璠注，许逸民校点，中华书局 1980 年版，第 46—53 页。
③ 卞之琳："断章"，载《卞之琳代表作》，姜诗元编选，华夏出版社 1998 年版，第 73 页。

换景"，又呈现出新的意义来。而且，人的情感与欲望也会"有感而发"，推动着这一体验场不断生成变化，如"托物寄情"等，进行类比、联想等，形成"结构意识"。

不过，这一"结构意识"只是类比、联想，不一定是外在事物内在固有的客观的因果必然性。即使是科学家，他最初的意识活动也是这种直觉意识，进行类比与联想。只是随后，他要对这种直觉体验进行"理性反思"，反复比较、分析，提出假说，并通过可重复的试验来验证它。最后，得到验证的假说就成为了科学结论，被视为对客观因果必然性的科学解释。不过，这一科学结论仍然有着解释范围的问题。随着新的反例的出现，科学家又会"移步换景"，"有感而发"，从更深层、更广阔的场域里进行类比、联想，提出新的假说。可以说，科学家也是从情感直觉体验到类比—联想的结构意识，然后再到"理性反思"与"实验验证"的阶段。

从演化史来看，人类在与周遭世界交换物质、能量、信息与意义的长期博弈活动中，形成了自组织的、动态的有机平衡感与秩序感。人在感知对象时，会立即把对象与周遭纳入某种有机秩序之中，即"模式识别"（如图4"兔或鸭"）。当然，人也会有模式错觉，如"穆勒错觉"（见图5）。换言之，人的直觉是结构导向的。比如，幼儿在学习语言时会主动地进行"结构组合"。科学家发现，幼儿主动掌握语言的过程是从"混沌"模式向语法模式的过渡。最初，幼儿只会说些

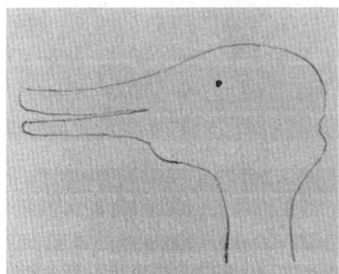

图 4　兔或鸭（佘碧平绘制）　　图 5　穆勒错觉（佘碧平绘制）

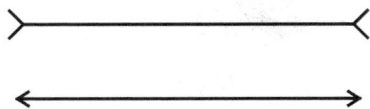

"dada、mama"等单词，尽量用这些单词来组合，表达自己的想法，其中，某些单词可能表示许多意思，听者不得不根据具体情况来猜测。后来，幼儿开始区分主词与谓词，从单词句过渡到双词句，一直到复杂的句子，最终形成语法意识。可以说，人的自组织的有机秩序感就是最原初的语法。它不断会纠错。因此，它是人的直觉意识的基础。

有机秩序感是人把整个世界都纳入某种秩序之中的动力。对于初民来说，整个世界是有机统一的。随着万物有灵论的产生，这种秩序与数量关系也被神化。由于对神的畏惧，所以人认为整个世界的秩序是有等级制的。要维护这一等级制，就要有一套规范与制度。在远古中国，神的形象是用"圆规"与"尺子"来"规天矩地"的（因为"天圆地方"）。1964年，在新疆吐鲁番县阿斯塔那出土的"伏羲女娲图"（见图6）中，伏羲手持"矩"（尺子），女娲则高举"规"（圆规）。在双方看来，天是圆的，要用圆规来画出，而地是方的，要用尺子来丈量。这是神用规与矩让宇宙从混沌中变得有秩序。

后来，在出土的汉代"四神规矩镜"（见图7）中，这一宇宙秩序

图 6　伏羲女娲图

（图片来源：《新疆出土文物》，文物出版社 1975 年版。）

图 7　四神规矩镜

（图片来源：《中国文明："古代中国陈列"文明精萃》，中国国家博物馆编，中国社会科学出版社 2010年版，第 292 页。）

就呈现出来了。"匚"代表"矩","入"代表"规","丁"代表支柱，四方神分别是"青龙"（东方）、"白虎"（西方）、"朱雀"（南方）、"玄武"（北方）。根据天人合一的说法，人的居住环境也要对应于这一宇宙秩序，即左青龙、右白虎，南面朱雀、北靠玄武。而且，左高右低，背高而俯视南方，这样就可以"聚风得水"。

贡布里希说得好，游戏活动有助生物在掌握具体技巧之后形成内在机体的有机秩序感与平衡感，以及机体与周遭之间的有机平衡感与秩序感。[①] 而且，生物在此基础上，还会在游戏中玩出各种新的花样。这样，就会出现各种新陈代谢的时尚潮。换言之，人天性就喜欢玩游戏。所有的人类活动都可以说是游戏活动。

不过，只有在墓葬仪式出现之后，人类的演化才进入了"自我意识"的阶段，即，当人们梦见死去的人时，人们不禁会问："死去的人的灵魂去了哪儿呢？"中国人把人来的地方称为"神"（"神"同"申"，即"来自于"），而把人死后的归宿称为"鬼"（"鬼"同"归"）。[②] 可以说，这个时候，人类开始有了自我意识（即"灵魂"）观念，并追问人生的来源与归宿等生存意义的问题。可以说，这些都是最原初的哲学问题。

目前的发现表明，除人类之外，只有黑猩猩对于自身有所意识，它们在镜子面前会若有所思。但是，它们都未达到自反性与超越性的意识。而人类也只是在四五万年前，才有了超越性的自反意义，开始把灵魂泛化，以为万物皆有灵魂，而且灵魂不死。这一点在早期的原始巫术与宗教、史诗与神话中表现出来。

从我们收集到的材料来看，在远古中国，人们的灵魂意识可以追溯到 3 万年前旧石器时代晚期。比如，山顶洞人在埋葬死者时，会在

---

① E.H. 贡布里希：《秩序感：装饰艺术的心理学研究》，杨思梁等译，广西美术出版社 2015 年版，第 14—17 页。
② 许慎：《说文解字》，徐铉校定，中华书局 2013 年版，第 2、186 页。

死者身边撒上赤铁矿粉末，摆上各种石器和装饰品。这表明他们已经有了"原始信仰的萌芽"。[①] 而后到了新石器时代之后，中国人的灵魂意识逐渐复杂化，上升为神话与宗教。在 1973 年出土的"马王堆汉墓"文物中，有一件"T 形帛画"（见图 8），它揭示了人死后的灵魂如何从阴间回到人间，并被引导到天府的。这表明，在秦汉时期，中国人已经有了关于阴间、人间与天府的完整神话系统。

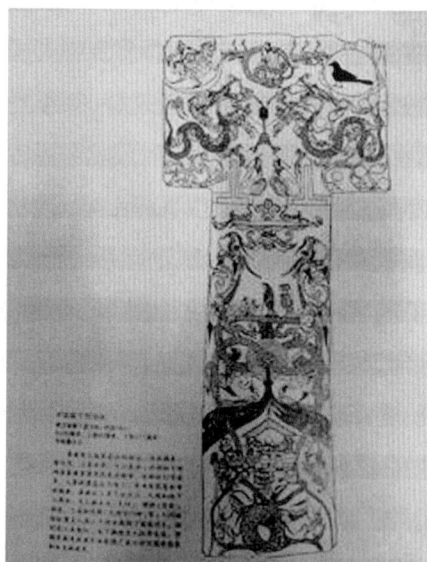

图 8　马王堆汉墓辛追墓 T 形帛画

（图片来源：《长沙马王堆汉墓陈列》，湖南博物馆编，中华书局 2017 年版。）

总之，人类与环境的博弈是一个不断正常化的过程。在人的各组织（或器官）与工具、观念、他人、他物等的开放链接中，其中任一要素或多个要素出现变化，而且超出了人类的控制范围，打破了人类与自身、环境之间博弈的均衡状态，那么，反常现象就出现了。于是，人类就需要通过各种新的博弈，确立新的制度与规范，实现新的

① 《中华文明史："古代中国陈列"文物精粹》，中国国家博物馆编，中国社会科学出版社 2010 年版，第 30 页。

正常化。比如，在经过启蒙运动与法国大革命之后，特别是在 19 世纪上半叶欧洲社会进入工业革命时期，理性主义成为主流，并导致整个社会"祛魅化"、世俗化和大众化。支配欧洲社会上千年的神学传统、贵族精英传统等开始坍塌，人类社会如何规范自身？这成为了 19 世纪下半叶以降欧洲社会面临的根本问题。一方面，科学技术高歌猛进，西欧社会进入了"美好的时代"；但是，另一方面，传统的沦丧而新规范又未能确立，欧洲社会陷入了精神危机与社会危机之中，悲观主义、民族主义、种族主义盛行。这正是"失范"状态。经过两次世界大战，人类不断反思，不再把科学技术视作"怪物"，而是把它们纳入新的规范范围之内，于是，寻求人类与环境之间新的博弈均衡，成为生态环保思想的主题。

不过，在达到博弈均衡状态后，人们会发觉科技理性并不与自己的感受格格不入，而是相互激发。套用梅洛—庞蒂有关"生理的身体"与"我自己的身体"（le corps propre）的区分，人的身体各组织或器官不是"机械并置的"（extra par extra），与周遭环境中的他人、他物处于"静观状态"之中。换言之，人意向到的对象不是与对象静态地一一对应的观念，而是动态的"我能"，[1] 如"杯子"这一观念是我在解决口渴时的各种可能性，我既可以拿碗来喝水，也可以用双手捧水来喝。换言之，观念是在人生存活动的语境中呈现出来的，其中，我的身体与周遭之间是开放的、互动的链接系统。

二、自我意识的三重性

综上所述，自我意识具有三重性，即"超越性""意向相关性"与"二元性"。如果心智仅限于自身之内，那么自我意识就是"有我"，或

---

[1]　Maurice Merleau-Ponty, *Phénoménologie de la perception*, Editions Gallimard, 1945, p.111.

者如笛卡尔所说的与"客体"相对立的"主体"。这是自我意识的"二元性"向度。如果心智活动是有目的的，总是指向自身之外的某个意向对象的，那么自我意识就具有自我与他者的相关结构。这是自我意识的意向性向度。如果心智是穿越自身内外而分布、投射的，那么自我意识就是贯穿自我与周遭世界的"泛灵"，既在自我与周遭世界之内，又超越它们之外。这就是自我意识的"超越性"向度。

根据近来神经科学的研究，在大脑中确实存在笛卡尔所说的调节"主体"（自我）与"客体"（对象）意识的神经机制。如"自我"意识的生理机制是内侧前额皮质神经区（即内侧 PFC）与内侧顶叶皮质神经区（即内侧 PAC），而"身体"意识的生理机制是外侧前额皮质神经区（即外侧 PFC）与外侧顶叶皮质神经区（即外侧 PAC）。至于超越性意识（如神灵意识），其生理机制也与内侧 PAC（即内侧顶叶皮质）有关。①

如果说"二元性"向度是"意向性"向度的特例，那么"意向性"向度也是"超越性"向度的特例。换言之，"自身"中就包含着或交错着"他者"。人类的喜怒哀乐，乃至思想斗争，都是这一交错的表现。而且，这一交错是多样性的，包含着对立、同一、妥协、交织等。从可能性上说，心智之中"自身"与"他者"的交错有着无以数计的视域、向度、层面等，这也是人可以自由想象的根据。当然，这一自由想象还会通过结构化及其"移步换景"来展现。这就是人理解的"逻各斯"或"道"。

在自由想象时，人会把种种相同的、类似的或对立的东西联系起来，进行类比、分类，不过，并不完全遵循同一律、矛盾律和排中律，而是容许矛盾与对立，视情况作出妥协。这样，人常常会突发奇

---

① 这些实验成果转引自《下一步是什么——未来科学报告》，马克斯 布鲁克曼 编，王文浩译，湖南科技出版社，2011 年版，第 77—78 页。

想，突破既有概念框架与思维定势，产生创造性的念头。

其实，从单细胞的生命体到万物之灵的人类，都处于与周遭环境进行物质、能量、信息与意义的交换活动之中。长此以往，这种交换的自反结构就会内化为生命体的感受或意识体验。因此，人的意识体验是人的意识与周遭对象之间开放的结构化的关联场，由于这一关联场是自反的，所以，人们常常会感到自己的意识体验是以"圆形"展开的。①

这种关联场还内含着人与周遭对象之间的"亲密性"。这一亲密性表明人与周遭对象是相互开放与交织的，人的本性或存在意义是动态地分布在自身与周遭对象之间的；换言之，人并不独自地拥有自己的本性或存在的意义，相反，有时候，自己的家人、朋友、同事、邻人比自己更好地了解自己。因此，人要了解自身的意义，就要通过与周遭对象的交往来不断地"占有"它。在英语、法语与德语中，"占有"（appropriation/l'approriation/Ereignis）就是"据为己有"。此外，人要实现自己，也必须以让他人、事物得以实现自身为前提，或者，更确切地说，互为前提。这也就是为什么《中庸》中说"天下至诚"的缘故。因为"诚"就是"成己成物"，人要以坦诚待人、接物。用佛家的话来说，就是"慈悲为怀"。地藏菩萨曾立誓：不渡尽地狱中所有人，就决不成佛。这类似于基督教中所说的上帝对世人的爱。这种爱是单向的，不求回报的，神为了拯救（实现）世人，不惜肉身化为人子耶稣，并最后牺牲自己来拯救世人。

而要实现这一点，就必须有制度创新。人类从最初的血亲偏好制度到封建制度，再到民主自由制，就是旨在更好地实现"天下至诚"，即"成己成物"。不过，自由民主制并不是终点。人类还走在不断占有自身意义的途中。

---

① 参见加斯东·巴什拉：《空间的诗学》，张逸婧译，上海译文出版社 2009 年版，第 254—255 页。

当然，在这一关联场中，人也常常会对周遭对象产生"疏离感"。从现代人开始，人类不仅用类比的象征方式来解释宇宙与人类的起源及其因果关系，而且还能够用抽象的数量符号与几何符号来客观地描述物理对象。后者就源于现代人心智的另一个特性——"二元性"，即，主体对于客体的"静观"。虽然在"轴心时代"之前，这一"二元性"的特征一直被巫术与宗教的神秘性所包容与压制，但是，它一直在发挥作用，比如古代巴比伦文明、埃及文明与中国文明就发展出了惊人的数学、几何、天文、建筑等知识。

三、自我认同

正如前面所说，人类最早对于自身的意识源于对自身与周遭环境进行物质、能量、信息与意义的交换活动的自反感受。其实，这一交换活动就是人的生活方式或生存方式。由于这一交换活动是跨越人的身体内外的，所以人从一开始就有着对包括自身在内的周遭世界的整体感受，也即对"天地神人"的整体感受。比如，古代中国人就认为"天人合一"、"万物一体"，人可以"参天地之化育"。因此，人最初是没有独立的个体意识的。而真正独立的个体意识（即"自我"概念）最初出现在文艺复兴之后的拉丁西方世界。

在远古社会，人类最初是"民神杂糅"的。随后，人类又过渡到"民神相分"的阶段。据《国语》记载，在颛顼统治时期，"民事"与"神事"是分开处理的。有关通灵与通神的事务是专由部落中的"智者"（如巫师）掌管的，[1] 而一般人只是关注自己的日常生活。只是这些"智者"的传人，如"士"，到了春秋时期，下降为平民，把各种学问，如"通神"的学说，即"道术"，带到民间。这就出现了庄子

---

[1] 《国语》，"楚语下"（观射夫论绝地天通），陈桐生译注，中华书局 2013 年版，第 621—623 页。

所说的"道术将为天下裂"的现象。可以说，这一时期就是中国人的"自我意识"或"个体意识"的第一次觉醒。其中，作为中国古代文化主流的儒家从周公和孔子开始，着力把原来旨在"通神"的"道术"转化为道德理性的学说，强调从天子一直到庶民都要"修身"，培养独立人格。而且，每个人都有着成为具有完美道德的"圣人"的可能性。不过，无论是程朱理学所说的"得君行道"，还是王阳明所倡导的"觉民行道"，儒家强调的只是道德人格上的"人人平等"，而不是法权意义上的独立与平等，特别是私有财产权的神圣不可侵犯性。

1."面具"：以神为导向的自我认同

如前所述，在 4 万年前的"思维大转变"之后，人的心智的超越化引发了人对神灵的崇拜，并以神作为人的来源或创造者。在拉丁文中，"人"（persona）是指"面具"，即，通过面具发出的声音。而面具是画着神的形象的东西，远古人带着它，跳着舞蹈，和着音乐来"悦神"的。从现今的材料来看，世界各地还保留着这类风俗。比如在中国江西、安徽、贵州等地，还保存着戴着面具来表演人与神故事的"傩舞"或"傩戏"，它是中国戏剧的始祖。具体说来，傩舞或傩戏是通过请神、送神活动来驱除疫鬼。当戴上神的面具时，人就有如神灵附体一般，具有强大的神力，可以驱除一切疫鬼。

在汉语中，"神"源于"申"，最初的形象是"闪电"，[1] 可能古人觉得"闪电"这一自然力量很可怕，就把它作为崇拜的对象。而且，"申"也是引申的意思，也即"来自它"，换言之，世界上万物，包括人类，都是源于它的。而"鬼"字是"归"的意思，[2] 也即人类死后去的地方。总之，人类来源神，终归于鬼。可见，远古时代的人类是

---

① 于省吾主编：《甲骨文字诂林》，第二册，中华书局 1996 年版，第 1170—1171 页，有关"申"字的解释。

② 《说文解字》，（汉）许慎撰，（宋）徐铉校定，中华书局 2013 年版，第 2、186 页。

处于神秘的鬼神主导的社会的。

在这一巫术—神话—宗教时期，人生存的意义是"通神"。换言之，人神关系构成了人与周遭之间生存关系的根本。而通神的技艺是巫术，而且只有通过奥义传授才能获得。如在汉语中，"真"字最初的意思就是通神，① 而求真就是获得通神的技艺或本事。

2. 人：以人类为导向的自我认同

即使在轴心时代之后，古希腊、中国与印度等地都发生了"人的觉醒"。但是，这时"人"的概念却是"集体人"概念。比如在古希腊，人是城邦里的人，而在城邦之外，只有野兽。人是不能独自生活的，必须生活在集体里。苏格拉底就说自己受到神的指派，像牛虻一样来质询、提醒雅典人"关心自己"、"认识自己"。而在《阿尔西比亚德篇》中，苏格拉底教导阿尔西比亚德如何关心自己与他人，目的旨在最后统治城邦。换言之，人只有成为高贵的人（贵族），才能统治他人。② 可以说，在西方世界，这一贵族体系在法国大革命之前，一直统治着西方。

而在古代中国，"家"是最基本的单位，而人首先属于"家"。然后是以家为基础的"家国天下"体系。孔子倡导"仁爱"精神，即"仁者爱人"。③ 而爱人是指推己及人，己所不欲、勿施于人。后来，《大学》更是把这种仁爱精神推广到整个天下，即"修身、齐家、治国、平天下"。而且，儒家强调君子与小人之分。"君"古义为"手执权杖、发号施令的人"。而"群"的古义则是"由君领导的群体"。④

---

① 许慎在《说文解字》中把"真"解释为"僊人变形而登天也"。参见《说文解字》，（汉）许慎撰，（宋）徐铉校定，中华书局 2013 年版，第 166 页。
② Plato, *Complete Works*, edited by John M. Cooper, Hackett Publishing Company, 1997, pp.557—595.
③ 参见《论语·颜渊第十二》，其中，"樊迟问仁，子曰：爱人"。
④ 参见徐中舒主编：《甲骨文字典》，四川辞书出版社 2014 年版，第 286 页，有关"尹"的解释；第 89 页，有关"君"的解释。

儒家的理想就是由君子（帝王成为君子，或者君子辅佐帝王）来统治。而在县以下的乡村社会，则是由乡绅来领导的自治社会，其中，乡绅亦是君子。

3. 个人：以个体权益为导向的自我认同

个人概念的出现很晚。从理性角度来看，个人概念最早出现在笛卡尔的《谈谈方法》一书中。在该书的第一部分，作者一开始就说"良知（即理性）是世上分配最均匀的东西"。[1] 换言之，在理性方面，每个人都是平等的和独立的。可以说，理性的个人概念就源于此。

如果从经济角度来说，个人概念源于 18 世纪曼德维尔的《蜜蜂的寓言》。作者认为，个人利益是正当的。[2] 后来，亚当·斯密在此基础上，以"理性人"假说奠定了古典经济学的基础。而如果从政治与法律的角度来看，那么个人权利概念源于美国的"独立宣言"与法国大革命的"人权宣言"，也即，人生而平等，拥有相同的权利。由此可见，人对自身的意识也是一个不断规范化的过程。根据梅因的说法，这就是从身份到契约的过程。

值得注意的是，从上世纪 80 年代以来的信息技术，不仅重组了整个社会，而且也改变了人的身份认同，引发了"虚拟自我"的概念。但是，虚拟自我只是现代自我概念的最新表现形式而已。换言之，它是人与周遭之间交换活动的自反意识的延伸。其实，从 4 万年前的"思维大转变"开始，人类就不断地追寻超越性的自我、集体自我与个体自我，只是不同的文明体有着不同的表现方式。比如，基尔特·霍夫斯特德（Geert Hofstede）在 1980 年对 IBM 公司在世界各地的雇员进行了有关集体主义与个人主义的工作精神调查。结果发现属

---

[1] 笛卡尔：《谈谈方法》，王太庆译，商务印书馆 2000 年版，第 3 页。
[2] 马塞尔·莫斯：《社会学与人类学》，佘碧平译，上海译文出版社 2014 年版，第 303 页。

于英联邦国家的雇员最强调个人主义，处于东亚与拉丁美洲等地的雇员却比较重视集体主义，而欧洲大陆的雇员则居于两者之间。[1]

不过，从19世纪下半叶以来，以理性主义、实证主义与功利主义为导向的"个人"概念开始受到质疑。许多西方哲学家面对世俗化与"祛魅化"带来的文化危机，开始意识到人的精神生活的完整性受到现代科技文明的侵害。人格主义、精神分析、现象学、存在主义等从各个方面揭示人的精神生活的深度与广度，贡献良多。

从人的精神生活的完整性来看，人的心智不仅包括理性，还有比理性更原始、更深层的情感直观，即理解力。当然，人的心智的完整性亦是开放的。换言之，人的心智仍然是一个未完成的作品。因为人的存在就是通过与周遭交换物质、能量、信息与意义来实现自身的价值，其意义分布在自身、他人与周遭世界之中。随着人的活动范围（也即生活世界）的不断扩大与深化，人的自我认同也会不断变化。

---

[1] 参见 Thomas Gilovich, Dacher Keltner, Serena Chen, Richard E. Nisbett,《社会心理学》（第三版），侯玉波等译，中国轻工业出版社2016年版，第28—30页。

第二章
心智与存在

前面我们已经说过，人的心智或自我意识其实是人与周遭世界进行物质、能量、信息与意义的交换活动的自反意识。如果说这一交换活动就是人在周遭世界中的存在方式，那么人的心智是与这一存在方式"一体两面"的。换言之，人的心智活动就是一种精神生活。中国人常常说"相由心生"，以及要了解一个人的爱好与习性，就必须了解他的"为人处事"①，其意义就在于此。这是因为我们的心思同时就是通过我们的身体行为向周遭的开放与分布，也即在周遭世界中与他人、事物交往的行为方式。

第一节　共感场

人与周遭世界进行物质、能量、信息与意义的交换活动的自反意识也是一种共感方式。人是通过不断提升想象力而逐渐与其他动物区分开来的。一旦人的想象力达到超越化的程度，人就把世界拟人化了，也即灵化了。这样，人可以与周遭世界的他人、事物相互感受、理解对方。这就是"共感"现象。比如，塞尚曾奇怪地发现，当他

①　同样，在西方语言中，Disposition/la disposition/Befindlichkeit 有着与汉语"为人处世"相似的意义，既是人的处世方式，也是人的性情、心态与能力等。对此，我们将在第三章"感受"中作进一步分析。

在山间漫步时，感觉到山也在看他。这种共感现象也被李白描述过，"相看两不厌，唯有敬亭山"。而在人际之间，则有"会心一笑""心有灵犀一点通"等说法。可以说，正是这种共感方式构成了人的生活世界。

具体说来，共感（l'empathie/Empathie/Empathy）是人感知、理解他人行为意图与情感的能力。因此，共感亦是"共情"。不过，与"同情"不同，它是人换位思考与感受的能力。共感让人可以理解对方行事的立场、观看的角度等，包括周遭、他人的空间分布、再生产的能力。1992 年，意大利帕尔玛大学里佐拉蒂等人在恒河猴大脑额叶的 F5 运动区发现了"镜像神经元"，这种神经元与灵长类的行为及其意图、情感有关。"这种神经元在实验者抓起放在平台上的花生的时候响应，同时也在猴子抓起花生的时候响应；当花生放在平台上时或实验者使用工具抓住花生时，同一神经元并不响应"。[①] 后来，马科·亚科博尼等人通过实验进一步确认额叶与顶叶是镜像神经元活动的中心，而且，后者的作用就是人感知与理解他人行为的意图与情感。[②] 可以说，镜像神经元的发现是人类继 DNA 之后最重要的科学发现之一。它是人与周遭、他人的共感方式的生理机制，人就是据此来想象、识别与模仿对方的动作、意图与情感。正是它把人们联系起来，相互交流、理解对方。

人与周遭、他人的共感方式也是一种相互交错的方式，我的存在意义并不完全在我自身之内，而是分布在周遭、他人之中。反之亦然。所以，要成为一个完全的我，或者，要实现或占有我的存在的全部意义，周遭、他人的存在是至关紧要的。换言之，人不仅无法脱离他人存在，而且，他人、周遭的存在其实就包含了我的存在意义的一

---

① 伯纳德·J.巴斯等主编：《认知、大脑和意识：认知神经科学引论》，王兆新等译，上海人民出版社 2015 年版，第 466 页。

② 同上书，第 469—470 页。

部分。因此，对自己生命存在负责，隐含着对他人、周遭存在的负责。为此，人对他人的伤害，亦是对自身的伤害。在这一方面，存在论与伦理学也是统一的，换言之，伦理学亦是第一哲学的应有之义。

从生存论意义上说，人与周遭世界的共感活动所构成的"共感场"要比存在更为根本，与其说人有共感，不如说"共感场"掌握着人。换言之，人与周遭世界的存在是在共感场中显现出来的。而且，人的想象无法超越人与世界之间的共感场。因此，人对他人与世界的想象，无论是人文社会科学，还是自然科学，都只是把对象想象成"象"什么，后者并非对象本身。因此，不仅"人心隔肚皮"，而且，人与世界之间的共感也是有差异的、间隔的，即使是自然科学，各种科学理论也只是解释模型，与实在世界仍有间隔。

人与周遭世界之间的共感方式也是多种多样的。首先，不仅对象是人的意向对象，而且人也是自己的意向对象的意向对象。其次，人的意向活动不仅指向外在对象，还指向人的内在心理活动。第三，人的意向活动不仅仅是情感直觉的意向活动，还包括理性推理的意向活动。此外，人对他人意图的预测也是多回合的动态博弈过程，而且，这种预测最多可以达到5步之多。即，"我以为他认为我会认为他会如何如何"。

一、存在的意义是在共感场中显现出来的

人与周遭的交换活动，亦是在共感场中相互显现的过程。这一显现过程首先是以"场"的方式展现的。人有结构化的能力（即完形能力），从背景场中看出图景（如印象、概念等）来。其中，场是混沌的、多元的、无限的与超越性的。其次，显现是一个共感与博弈的过程。第三，理解与解释是不断"移步换景"的过程，也即完形图景不断"变形"的过程。

因此，显现场是指人与周遭进行物质、能量、信息与意义的交换

活动的自反性意识的自身显现场，它无边无垠，具有无限多的叠加态，并且自身在不断生成、变化着。其中，每个东西（包括物体与人）都不只是纯粹的物自体，而是具有意义的事实。而且，这些事实都是完整的事实，显现出人的生存世界方方面面的意义。特别需要指出的是，这些事实所显现的意义不是人的生存世界方方面面的意义的简单相加，而总是逸出其整体之外，具有流动性与超越性。

根据格式塔理论，人的心智具有完形的能力，即，从显现场中感知到各种结构化图景。这些图景犹如从显现场中凸显出来的形象，并且，随着角度的不同或情境的改变，会重新凸显出新的图景来，犹如"移步换景"。在此，显现场与图景之间的关系如同理解与解释的关系，其中，各种概念及其系统是从显现场中凸显出来的概念意象及其系统，随着情境（即人与周遭交换活动的方式）的改变，概念意象及其系统也会发生改变、重构。

这里，我们要防止传统实体主义倾向。在西方哲学史上，从亚里士多德开始，人们就认为存在着某种不变的实体，它具有各种属性。在《形而上学》与《范畴篇》中，亚里士多德提出"十大范畴"来解释世界的实在结构。其实，从亚里士多德至今，各代哲人提出的实体论只是解释，即从各自角度或情境出发，对显现场中凸显出的图景进行描述与把握。可以说，一部西方哲学史就是一部实体概念史。换言之，它是显现场不断凸显的图景史。

为此，我们一方面必须弄清楚每个概念的历史内涵及其历史变迁，另一方面更要把这些概念重新置入显现场之中，指出这些概念与其背景场的潜在关系，它们的隐喻意义及其踪迹。这也就是苏轼所说的"雪泥鸿爪"。具体而言，凸显的图景与显现场的其他要素的关系可以是机械的并置关系，也可以是有机的统一与交融关系；而且，后者会让人置入"入迷"或"着魔"的状态，如诗、戏剧、绘画等。这种交融还具有比整体结构更多的"剩余"。这个剩余犹如流动的能指，穿越一切可能实在的叠加态。

在中国历史上，有些著名诗作展现了这一"入迷"的境界。如王籍的诗句"蝉噪林愈静，鸟鸣山更幽"①勾勒出了"自然天籁"的意境，其禅意是超越一切的剩余。又如韦应物的诗句"春潮带雨晚来急，野渡无人舟自横"，②勾勒出了蕴含无数可能事件的叠加态境界。这一剩余是静穆的叠加态，尚未成为什么具体的事实，而是在孕育着、生成着、尚未成形，即在诞生着，一切皆有可能，一切也皆无可能。即使绽现出来，其显现场亦是"移步换景"，有如王维所描述的"心随境转"："行至水穷处，坐看云起时"。③

不过，任何凸显同时也是"遮蔽"。因此，要揭示存在意义的显现，就要不断"去蔽"，即重现存在的显现场，让人们说出新凸显的图景，发现显现场中不同要素或概念之间的"奇妙关系"及其魔性。套用梅洛—庞蒂的说法，人与周遭世界共同构成了身体间性，即物体、人体、机构等相互连接成身体间性，也即现象场。④它贯穿了所有的物体、人体、机构等。换言之，所有物体、人体、机构等只是现象场上的不同"扭结"。因此，人与人、物体、机构之间可以相互理解、交流。而且，人可以与各地、过去与未来的人进行交流。不过，把人与周遭世界连接成"身体间性"或"肉身"的，正是人的共感能力。换言之，人与周遭世界之间的共感与交流构成了生活世界，并不断扩大生活世界。不过，这一生活世界并不等于实在世界，而只是身

---

① 《入若耶溪》，载《先秦汉魏晋南北朝诗》，下册，逯钦立辑校，中华书局1983年版，第1853—1854页。

② 《滁州西涧》，载《全唐诗》（增订本），第三册，卷193，韦应物八，中华书局1999年版，第1999页。

③ 《终南别业》，载《王维集校注》，第一册，陈铁民校注，中华书局1997年版，第191页。

④ 参见拙著：《梅罗—庞蒂历史现象学研究》，复旦大学出版社2007年版，第89页。

处实在世界之中的人与周遭互动所开辟出来的，也可以说是呈现出来的现象世界与象征世界。

换言之，整个生活世界是现象场自身实现的过程，而构成整个现象场的所有物体、人体与机构等都是现象场自身实现的中介与表达，这些中介与表达都是间接的，并不等同于现象场本身，因为现象场不断通过各种各样的中介来实现自身与表达自身，而且，每一次表达都会激发新的意义表达，这样永无止境。

前文说过，从 4 万年前的"思维大转变"之后，人的心智不再碎片化，而是结构化了。因此，人形成了超越性的思维能力，可以从整体上来思考世界与人自身的意义。于是，无论是从现实层面看，还是从潜在层面看，万事万物具有了双重特性：一是对象性，二是象征性，也即，它是有意味的，具有意义与价值。即使尚未进入人类视野之内的自然世界，只要人类继续生存下去，那么这一未知的自然世界在潜在的意义上，也会最终具有象征性。此外，人创造的东西更是如此，如工具、用品、制度等。即使是人的主观观念亦有潜在的对象性与象征性，如数学观念、鬼神观念等。

人类所感受到的世界其实就是现象世界，它包括三种存在类型：1. 自然现象，2. 意象，3. 人工现象。以上三种存在形式分别代表自然世界、观念世界与人工世界，并相互交织成人类的生活世界。因为在与周遭世界进行物质、能量、信息与意义的交换活动中，人的心智是这一交换活动的自反性意识。它分布在人与周遭环境之间，一方面，人承受着既有的环境与制度；另一方面，人的意识不是碎片化的，而是结构化的，它会创造性地想象并介入到周遭环境与制度之中，塑造既有的环境与制度。因此，人是参与到生活世界的变化之中的。

存在的意义是一种双向的再现过程，即，主观的客观化（即意识向世界的开放与分布）与客观的主观化（即把对象想"象"成什么），都是"超越想象力的概括"。身处其中的个人，会形成某种结构化的心态与行为模式，即习性。由于具有想象力，人会移步换景，"心随境转"，形成新的习性。

总之，存在是作为呈现给我们的所与现象而展开的。换言之，人的心智把对象的存在"想象"成"表象"。由于人的心智具有三重加工系统，因此，人的想象也分为直觉想象、理性推理与元认知（即见识）。这是人的心智最原初的结构。不过，其在历史上却有不同的表现。比如从"轴心时代"开始，人类实现了"理性的突破"。其中，古希腊的传统与古代中国的传统有所不同。在古希腊，柏拉图与亚里士多德发展出了两种不同的范式。柏拉图把"具象"与抽象完全区分开来，即表象世界与形式世界的区分。他认为，形式世界是先天的与永恒的，而表象世界是不确定的与虚幻的。不过，亚里士多德则反对老师的这一截然二分的范式。他认为，形式或本质作为目的、动力，就在表象或经验之中。

尽管两者有不同之处，但是，把具象与抽象、表象与本质区分开来，并在现象中发现本质的方式，却成了西方哲学与科学的主要传统。其实，这一方式并非心智的原初结构与运思方式。因为存在的意义是以三种方式呈现出来的：一是意向关联结构的代入方式；二是物我二元分立的静观方式；三是超越性的反思方式。它们分别对应着人的心智结构中的感受直观系统、理性推理系统与见识系统（或辩证思维系统）。不过，在存在的呈现过程中，人的超越想象力最为根本，也是人的心智活动的根本特征。因为在经历了"思维大转变"之后，现代人的心智已是超越化了。即使超越想象力被压抑或边缘化，它仍然顽强地存在着，作为隐喻或原型起作用，有如草蛇灰线或雪泥鸿爪。

二、显现亦是象征化

人在把周遭世界拟人化或灵化的同时，也把世界"象征符号化"

了。这就是把客观对象主观化，也即人把对象想"象"成什么。在古希腊文中，"phantasia"（想象）就是"显现"。换言之，人的感知就是把对象显现出来，"像……"。在英语、法语等语言中，"imagination/l'imagination"就是把对象呈现为"像什么"。这在中文中，亦是如此：如"对象""印象""意象""影像"等都已经"象征化"了。即使是自然对象，它不仅是物质存在，还是有意义、有意味的。因此，这一想象过程也是解释过程，即意味着什么，而且，这一想象与解释不只是模仿或写实，更是创造，即超越想象力的概括与虚构。比如，中国古人在造字过程中，就是"因形赋义"。所以，汉字有如"抽象画"，通过抽象线条的灵动与变形，展现象征的意义，比如，"旦"，象征着"从地平线升起的太阳"。

具体来说，象征过程就是超越想象力的概括与虚构，它也有三重方式，一是感受直观的象征方式，二是推理理性的象征方式，三是元认知的象征方式。即，超越想象力用整体的感受直觉从既有的材料中归纳出条理来；然后，再仔细地进行理性分析，达致合理的解释。最后，人的想象力还可以对直觉的概括与理性的分析进行再评估与批评，即批判性的解释，涉及人的生存意义与价值。它可以进一步深化直觉概括与理性分析。可以说，这三种解释是相互激发的。

从人类心智演化的历史来看，感受直观的出现早于理性推理。比如归纳法就源于人对于周遭的感受直观。在英文中，"induction"（归纳）就兼有"感应"的含义。而假言推理亦是如此。随着人的想象力的发达，人总会预想各种可能结果，于是就出现了"如果……那么"的假言推理。不过，各种根据假言推理得出的想法不一定是一致的，人际之间也会发生争论或争吵，于是就有必要进行可重复的理性论证，并通过实验或实践来验证。

如前所述，人主要是通过制造工具与人际交流而逐渐从动物界脱离出来的。无论是制造工具，还是人际交流，它们都是人与周遭之间的共生、协同、共感与交流。在这种交流中，人们最初是用叫声、手势、刻痕、结绳、舞蹈、音乐等象征来表达的。可以说，人类的科学、人文与艺术等都是来源于这些象征表达。换言之，它们是同源的，只是表达的方式不同而已。比如在汉字系统出现之前，伏羲就"仰则观象于天，俯则观法于地，观鸟兽之文与地之宜，近取诸身，远取诸物，于是始作八卦，以通神明之德，以类万物之情"。[①] 当时的中国人就根据"八卦"及其重卦（六十四卦）来象征万事万物，并根据卦象来解释自然现象与人类事务的意义。可以说，古代中国的科学、艺术与人文学都是源于这些象征系统。

只是后来随着分工的加剧，科学技术与人文艺术不断分化成不同的专业或职业，彼此也逐渐相互独立开来。其中，人文艺术强调"代入式"地感受世界，也即先验地把自身与周遭相关者纳入某一内在的亲密结构之中，并从这一整体之内来看待自身与世界。而科学技术则是以"静观方式"看待世界，并采取形式化的理性推理来证明自己的发现。

不过，在伽利略与笛卡尔之后，人类开始进入"现代世界"。现代世界的一个重要特点就是，科学技术的静观方式成为人类思维的主导力量，而人文艺术的代入式思维却日益边缘化。可以说，人类的思维方式从最初的整体思维，经过漫长的复合思维，有着朝向单一化的静观思维发展的趋势。

毫无疑问，这种发展趋势有违人的心智本性。因为在 4 万年前的"思维大转变"之后，现代人（也即晚期智人）的心智已经形成"三重加工"结构，即由下而上的感受直观的表征活动、由上而下的理性推理的加工活动与协调前两者的辩证加工活动。也就是说，人的心智

---

① 黄寿祺、张善文：《周易译注》，"系辞下传"，上海古籍出版社 2004 年版，第 533 页。

运作首先是参与式的，即，人会先验地把自身与周遭相关者纳入某一结构之中，也即"代入感"。然后，为了向他人或群体证实自己感受直观的可靠性，会采取形式化的理性推理来证明，进而还会不断反思与超越自己的理性证明与感受直观。因此，重新强调人的心智活动的整体性与协同性，恢复人文艺术应有的地位，攸关人类的命运。

三、思想博弈与规范化

在人与周遭进行物质、能量、信息与意义的交换活动中，存在着猜忌、冲突、合作或对抗，而作为这一交换活动的自反性意识，人的心智生活中也有着和谐、竞争或对抗的方面。不过，反复的博弈却会产生出规范来。而且，存在的显现场还会向人发出超越的呼唤，也即"第三者"意识。它会通过人的真实感、美感、良知与神圣感而表现出来。

具体说来，人总是在群体中生活的。在长期的合作与共处中，人会形成"共享意识"。它不仅是一套共享的象征体系，还是共享的规范体系，约束人们的言行。可以说，这种共享意识构成了集体意识的基础。

不过，人的个体意识是可塑的。因为每个人的经历各不相同，所以个体意识并不等同于以共享意识为基础的集体意识。换言之，集体意识并非"铁板一块"。在集体意识中，存在着各种潜在的冲突与变化的可能性。

因此，在共感场中，任何东西的显现都是有规范的。即使在现代科学昌明的时代，自然科学的探究也是有规范的。爱因斯坦在"自述"中说过，科学家的发现即使在得到证实之后，也只有得到科学界大多数人的接受，才能成为真理。[1] 而在社会生活中，更是如此。莫

---

[1] 《爱因斯坦文集》(增补本)，第 1 卷，商务印书馆 2009 年版，第 4 页。

斯曾在《论礼物》中对古代社会中的"礼物交换"进行过深入的研究，发现其中存在着具有神圣约束力的机制。即，礼物是有"精灵"的，它不断敦促受礼人尽快还礼。[①]

综上所述，人的身体与其他东西的不同之处在于，它具有结构化的自反意识。即，对人与周遭的物质、能量、信息与意义的交换过程具有自反意识。而且，这种自反意识还是"共感"意识，亦是结构化的，即，把自身的身体、他人、物、观念世界，乃至超越的神灵连为一体，形成共感场。它具有三层内涵：

1.感同身受。前面说过，包括人类在内的灵长类动物，都有着"镜像神经元"，它们使得人具有理解对方行为意图与情感的能力，也为人们进行交流、达成共识，乃至创建共同体提供了可能性。

2.意义互现。共感场也是交流场。自身的意义通过他者的意义才能完全展现出来。这一点可以追溯到婴儿与母亲之间的"目光交流"或"肢体交流"。通过它们，婴儿逐渐理解了周遭事物与事件的象征意义。

3.思想博弈。这一共感场域充满了博弈，既有猜忌与冲突，亦有共谋关系，还有规范与制度的约束。除了欲望与利益之争外，还会有普遍的、无利害的美感，以及归因感与归咎感。这些都会在自身的身体、他人、物体上体现出来，如古代的建筑、装饰等。当然，在共感场中，感同身受的情感也会被有心人利用与操纵，造成非理性的群体冲动。因此，在共感场中，彼此会以赞同、妥协或反对的方式展开，一旦彼此达成共识，那么就会形成社会规范。

可以说，共感场亦是博弈场与规范场。正是在这一博弈活动中，人的感受直观系统与推理理性系统要相互协调，因为仅有感受直观是

---

① 马塞尔·莫斯：《社会学与人类学》，佘碧平译，上海译文出版社 2014 年版，第 186—188 页。

不够的，还要向他人证实自己想法的可靠性，需要使用分析与综合等假设—演绎的方法。不过，这种理解与解释也有规范与权力机制。比如，厂家在介绍自己的产品时，总会在末尾加上一句："本品的解释权属于厂家"。而且在古代，普通中国人是不能随便解释山川河流的，特别是像泰山之类的名山大川，否则会被视为大不敬。直到今天，谁要非议"长城"与"黄河"，那是要被众人责骂的。

　　人与周遭世界之间的共感与交流还是多重意向的较量与交锋。在日常生活中，我们常常听到某人"心机很深"的说法。这都是博弈活动的结果。可以说，人是社会动物，需要了解他人的意图，用象征符号与他人交流思想与意图，影响或改变他人的意图，通过合作或对抗，实现自己或团体的目的。因此，人的心机会在交流中展现出来，而人际交流如同博弈活动一样，如在乔治·德·拉图尔的画作《玩牌的作弊者》（见图 9）中，画中人物在牌局中的目光交流就很形象地展现了人的心机。

图 9 《玩牌的作弊者》
（图片来源：《卢浮宫指南》，Musée du Louvre Editions, Paris, 2005。）

　　具体来说，人的心机就是心智运作的机制，它因为时间、地点、事件和人物的不同而不同。有时，人会有"路径依赖"，常常根据习惯来作决定。有时也会受制于自己的情感，冲动而为。当然，很多时候，人是"三思而后行"的，通过理性分析，作出决定。不过，这些分类也过于简单，因为人们在实际交流和博弈中，往往是同时或交替使用习惯、情感和理性的，并设想各种可能的情况，为下几步的博弈留有余地，所以，意向中套着意向，换言之，计中有计。

当然，心智的各种状态是与人的生理结构息息相关的。不过，这种关联是人类在适应环境和创造环境的过程中不断演化出来的。比如，人的语言能力是在喉部、声带、面部等生理结构的交错变化中耦合的结果。不过，心智的各种状态与人的生理结构的关系并不是简单的一一对应的机械关系。比如，同样是性生活，动物之间的性生活更多只是出于本能，[①] 而人类却在性生活方面发展出了独特的"色情"（如勾引、调情、嬉戏等）和美感。虽然这种色情与美感在不同的社会和历史条件下各不相同，但是，其中所包含的意义系统却是超越地域、时间和族群的。比如，来自不同族群的男女依然会"一见钟情"，在嬉戏中享受着美的喜悦。不仅如此，人类在喜、怒、哀、乐等基本情感方面都发展出了不同于其他动物的意义系统。而这些正是人类生存论意义上的意义系统。

根据托马塞洛的研究，儿童从 9 个月大开始，就能够辨识他人的意图。[②] 这一能力是从儿童一出生开始，通过自己的注意与他人的注意的"连接"与"交错"，反复试错，才学会辨识出他人对于对象的态度与意向。如婴儿在看到新出现的东西时，会回头看母亲，看母亲是什么态度，如果母亲面露微笑，或点头，那么孩子就会高兴地去触

---

① 德瓦尔在长期研究中发现，大猩猩也有着"同情心"。不过，这种同情心无法跨越种群。当然，这类研究具有积极的意义，表明人类与大猩猩在同情心等方面有着演化的连续性。但是，人类的种属独特性也是无可置疑的。
② 迈克尔·托马塞洛：《人类认知的文化起源》，张敦敏译，中国社会科学出版社 2011 年版，第 56 页。

碰这个东西；如果母亲面露担忧或不悦，那么孩子就会避开它。①

因此，人的心智机制是通过与周遭其他人（如母亲、父亲、伙伴等）的"联合注意"而逐渐形成的。一旦人的心智成熟后，它是通过交流机制表现出来的。从哲学史上看，苏格拉底认为人要认识自己，必须通过"对话的艺术"，即"辩证法"。它包括逻辑与修辞。可以说，辩证法（逻辑与修辞）就是人的心智机制。苏格拉底是述而不作的，不过，柏拉图的对话录，特别是其早期的"苏格拉底对话录"，可以作为分析人的心智机制的案例。

其实，这一注意的连接与交错就是交流。儿童在成长过程中，不仅与父母交流，而且与身边的其他人，甚至周遭世界（如自然风景等）交流。正是在这一交流中，儿童学会了人类长期以来的知识积累，学会了有关世界与人自身的分类体系，既有实然存在的范畴体系，亦有应然价值的概念体系。而这一分类体系也是人进行模式识别的基础。比如，在这些交流中，人力图辨识各种因果关系。其中，对于终极因果关系的追问，就会产生神圣感。那么，人如何辨识其中的因果关系呢？一是进行"分类"，把自己感知到的各种要素纳入不同的范畴之中，如想象的或虚拟的存在与实在的或现实的存在，等等。二是提出"假说"，说明这些要素之间的因果关系。然后，通过进一步的博弈来证实、修改或推翻这一假说。

此外，在人与周遭进行物质、能量、信息与意义的交换过程中，存在着众多意向之间的较量与博弈。其中，反复的博弈会出现合作及其规范与秩序。同时，人的情绪也会流露出来，如嬉笑怒骂、嘲讽、玩笑、调侃等。与此同时，人也会对此进行反思，于是出现了花样翻新的游戏形式，如宗教仪式、戏剧表演等。

总之，人类的心智是在人类与环境的反复"博弈"活动中逐渐被

---

① 迈克尔·托马塞洛：《人类认知的文化起源》，第 115—119 页。

规范化的。在《合作的进化》中，阿克塞尔罗德（Robert Axelrod）就成功地揭示了自私的个体或群体之间会出现互惠性的合作。而这一合作中就有某种利他因素，并表现出不同程度的理性、冷静和包容性。在合作中，人们会以德报德，而对于背叛者，则会以牙还牙。[1] 因为人们会发现，在博弈活动中，任何一方的选择都受到其他各方的选择的影响，而自己即将作出的选择又会对其他各方的下一步选择产生影响，如此往复。因此，在博弈活动中，完全利己或任性的决策往往导致糟糕的结果，而采取合作和"互惠策略"，往往会有较优的结局，即每个人无法单方面改变局面，而必须让出一部分利益给对方或让对方也有利可图，才能达成自己的目的。当然，在这种互惠性中，各方的关系不总是对等的，每一方总是想通过让利来获得最大的回报或利润。

因此，为了避免奥尔森所说的"集体行动的困境"（在合作中，参与者只想搭便车而不提供公共服务），那么人们就会奠定制度，或是以寡头为中心的等级制，或是以较平等的相互依存制，以此来监督各方提供公共服务，否则予以惩罚。总之，合作与互惠的博弈活动是一种有约束的理性选择，而有约束性就是指在博弈活动中遵守博弈规则，若任性或背叛，那么就会受到惩罚。于是，时间一长，博弈规则就构成了人类制度的基础。换言之，人类心智的演化过程其实是一个制度化的过程。

人类的历史也说明了这一点。在刚脱离灵长类动物界后，人类仍然延续着"基因偏好"，即在人类最初的组织形式——"游群"——中，人们都喜欢推选亲属来管理自己。而无亲缘关系的外来人，则被排除在外，也即，"亲疏有别"。以后，由于联姻或战争的需要，游群又

---

[1] 罗伯特·阿克塞尔罗德：《合作的进化》（修订版），吴坚忠译，上海人民出版社 2017 年版，第 13—15 页。

扩大为"氏族"。在游群与氏族中，慢慢形成了"家长制"和"世袭制"。但是，随着频繁的交往，自己人与外来人之间会建立"联盟"，于是，人们就有了"友情偏好"，也会推选盟友来管理或参与管理群体。比如，部落是氏族联盟，其管理更加复杂化。不同的管理部门都是由部落酋长通过部落会议指定某个氏族掌管，而且是世袭的，如在远古中国的尧时代，鲧氏是专管治水的，共工氏专管冶炼业。

不过，到了春秋时期，由于"礼乐崩坏"，许多"士"就没落为平民，把知识传播到民间。在春秋争霸战中，各国君主都争先恐后地延揽这些士子为官，甚至贵为相国。而到了隋唐时期，科举制更是成了选拔官吏的主要途径。于是，在人类历史上，官员的选拔开始超越了"亲情偏好""友情偏好"，转为"中立的理性选拔"。当然，人类的"亲情偏好"与"友情偏好"仍然会时时作祟。如，即使在隋唐以及以后的各朝各代，宦官和外戚的常常扰乱朝政，甚至导致王朝覆没。

由此，我们可以发现，随着人际交往的发展，人类会在亲情与友情等情感系统之外，发展出"较理性的制度系统"。比如在跨区域和跨群体的交往中，普遍的道德和理性就产生出来了。最初的道德只是地方风俗，起着原始法律的作用，具有很强的惩罚性，如，"血亲报复""乱伦禁忌"等。但是，随着人际交往超越地域、人群，特别是各个文明体的局限，人类就会形成普世的道德意志，即，康德所说的普遍的道德意志。虽然德瓦尔发现黑猩猩之间也有同情心，如看到别的黑猩猩受伤了，会去抚慰它，给它挦挦毛。但是，这种同情心决不是人类的道德意识，因为经过漫长的演化，人类已经形成了普遍的道德意识，它不再局限在种群与地域之内。

第二节 "第三者"意识：内在的与超越的召唤

由于存在的意义是在共感场中显现出来的，所以共感场要比存在更为根本，可以说，共感场是存在与非存在、自身与他者、有限与无限、内与外相互交织、相互召唤的场。而且，在共感场中，人会产生"第三者"意识。它是游移的、超越的，既在我与周遭之内，又逸出其外，似乎是不可见的"匿名者"。其实，它就是人与周遭之间的"第三者"意识，时时会通过人的真实感、美感、良知与神圣感来"召唤"人。对于这一点，从亚里士多德、笛卡尔、康德到海德格尔、梅洛—庞蒂，许多哲学家从不同角度意识到了。亚里士多德在存在论之外，还提出了神学，因为神是存在的根据与推动者，它是存在与他者的统一体。而在笛卡尔那里，神是无穷（认知层面）与无限（体验与意志层面）的统一。

不过，这并不神秘。在人际之间的合作与交流中，必然会出现"第三者"意识。首先，为了向他人证实自己感受直观到的观念与想法，人不得不用形式化的普遍理性来推理与论证，并用可重复的实验来证实。于是，人的理性推理系统在感受直观系统之后逐渐演化出来。斯塔尼斯拉·德安等人通过实验发现，人天生就有"数感"以及因果递归推理能力。[1] 而在递归推理中，为了避免逻辑上的无穷倒退，必然会产生作为万物与世界之根源的"第一推动者""道"或"神"的观念。

在合作与交流中，群体还会对背叛者或搭便车者进行惩罚。这一惩罚也会内化为人内心的羞耻感，并生发出对集体与他人的责任感。进而，这种良知还会上升到神圣的地位，受到"神灵"的保护。此外，在合作与交流中，人们还会分享各自的感受，使得人的感受拥有了普遍性的向度，即"美感"。

可以说，正是在长期的合作与交流过程中，人类演化出了真实

---

[1] *Space*, *Time and Number in the Brain*, Searching for the foundations of mathematical thought, edited by Stanislas Dehaene and Elizabeth M. Brannon, Academic Press, 2011, p.ix.

感、美感、道德感与神圣感，它们都是"第三者"意识的不同化身，并且构成了人的自由意志的基础。换言之，人是有自由意志的，对于真、善、美与神圣性有着直观的感受与判断。

正如前面所分析的，人类的心智活动，也即精神活动，是在人与周遭世界进行物质、能量、信息与意义的交换过程中，逐渐演化出来对于这一交换过程的整体的与根本的"自反意识"。可以说，人类内心的心理活动与人所打交道的外在的物、人、规范与制度等，是"一体两面"的；换言之，心智与存在是一体两面的。

在智人时期，人类已经有了意识活动，但是，尚未形成完整的自我意识。当时，智人的想象力非常有限，与人生存的现实世界交织、杂糅在一起。可以说，从智人到晚期智人，是人类想象力逐渐超越现实界的过程，实现了自我意识。渐渐地，人们有了虚拟的想象世界，最后形成了灵魂及其世界。与此相伴随的是"巫术"的产生，它是沟通想象世界与现实世界的手段。比如，根据列维—布留尔的描述，有个原始部落的苏人"在看见一个画素描的研究者之后，说了这样两句话：我知道，这个人把我们好多的野牛弄到他的书里，当时我在场。自那以后我们就没有野牛了"。① 由此可见，原始人的想象界是与现实界杂糅在一起的，而且通过巫术是可以来往的，比如画什么就可以拥有什么。因此，我们可以设想，三四万年前西班牙与法国南部的原始洞穴绘画，其中的狩猎场景与猎物，极可能就是一种通灵的巫术手段，借此希望在现实的狩猎活动中成功。此外，像舞蹈、音乐等，在当时也具有通灵的功能。

虽然后来经过"绝地天通"和"理性的突破"，人类终于发展出了"理性推理逻辑"。但是，人的想象与现实的杂糅与交织，也即心智与存在的杂糅与交织，仍然潜藏在人类心智的深处，也是多重意向的背景

---

① 阿尔诺德·豪泽尔：《艺术社会学》，黄燎宇译，商务印书馆 2015 年版，第 3 页。

与"视域"。比如，我们常常说"心有多大，世界就有多大"。心智与存在的杂糅与交织既是多重意向交织的背景与视域，也是从背景中呈现的"图景"或"意向对象"，如物、人的存在。而且，它还包括过去、现在、未来等时间向度，以及前后、左右、上下、深浅等空间向度。

由此，人类的心智呈现出三重性，即超越性、意向相关性与二元性。首先，人往往会执着于"自我"，即"有我"，从自我出发静观对象。不过，人的心智也是自反意识，它会超越自身，即"去执"，也即"无我"，超越、穿越于自身内外，让意识分布、投射在自身与周遭之间。当然，这种分布与投射是多重展现的。换言之，仍然有着无以数计的意识分布的侧面或区域，有待我们去发掘、解释。最近神经科学的研究表明，人脑中存在着"默认神经网络"，即，社会情景认知的神经网络。它引导着人对自己与周遭环境、他人的关系的下意识的体验。它主要位于大脑的内侧，或者中线部位。[①]

这种"无我"或"去执"并非否定自我，而是把自我纳入分布在自身与周遭之间的意识体验的结构之中。换言之，自我其实就是人对这种开放的结构的自反意识，其自身就包含、交织或渗透着他者。这就是为什么我们常常觉得周遭的朋友、家人、同事比自己更好地认识到我自己的原因。这也就是为什么对于周遭遭遇不幸的亲人、朋友或同事，我们会感同身受，感到难过的原因。所以，孔子会说"己所不欲、勿施于人"。同样，《圣经》中上帝要人"爱你的邻人"。总之，在人类演化过程中，随着人际交往与想象力的发达，真实感、美感、良知与神圣感最终会出现在人的心智结构中。

可以说，自我与他人的存在都是在这一"去执"的共感场域中呈现出来的。不过，这一呈现是多层面、多角度、多重地呈现的。首

---

① 马修·利伯曼：《社交天性：人类社交的三大驱动力》，贾拥民译，浙江人民出版社 2016 年版，第 28 页。

先，人是通过身体生活在周遭世界之中的。我们通过触觉、听觉、视觉、嗅觉、味觉及其相互协同来感受自己的身体结构与周遭世界的。这种直觉感受穿越人的身体，向周遭世界分布、投射，在这一分布场域中，不仅有我在感受周遭对象，还有周遭对象在感受我。从潜在性上说，这些相互交织的意向投射是无以数计的。不过，在特定时间与地点里，人会立即以特定方式让自身与周遭世界纳入某种直觉结构之中，比如在"兔或鸭"的图形中，在人的当下直觉中，它只能以一种结构方式呈现出来，要么是兔，要么是鸭。

而且，这种当下直觉结构不是固定不变的。随着"移步换景"，人的身体又与周遭世界形成新的感受场域，其中，我的意向投射与周遭对象的意向投射之间的交织也发生了重组。这就是为什么人在不同的时间里对相同周遭对象，会有不同的心情与看法。

一旦我们对人的意识体验的投射与分布进行反思，那么就会发现，它至少包括三个可能的向度：一是"有我"的向度，这会导致"主客分立"的二元论，这种思维方式在各个文明体中都存在，只是在近代经过笛卡尔的强调与发挥，成为近现代科学的主流思维方式。二是"自我"与"他者"交织的意向性向度。它涉及"普遍存在"的形而上学领域。三是穿越"普遍存在"内外的"超越性"向度。由于意识体验向自身与周遭世界的投射与分布的场域是开放的，所以人们总是会追问穿越于这一场域内外的那个"东西"是什么？犹太教、基督教与伊斯兰教称之为"神"，而中国人称之为"道"，西太平洋的毛利人称之为"玛纳"。

在中西文明体中，人们都认识到了这三种向度，只是表现各异。在第一个向度上，唐易元等人的研究已经指出中西方人使用数学理性时在神经回路与规范路径方面的差异。① 而在第二个向度上，特别是

---

① *Proceedings of the National Academy of Science*, June 27, 2006.

第三个向度上，中西方人的运思方式差异更大。犹太—基督教是把此岸世界与彼岸世界区分开来的。当然，在这一方面，犹太教与基督教又有所不同，前者主张神根本外在于人，超越于人类世界之外，后者虽然主张"三位一体"的学说，认为耶稣是肉身化的上帝，是维系人与神的通道，但是，这只是上帝拯救人的"爱"的表现，一旦"最后的审判"过后，此岸世界是要消失的。换言之，神也是"非存在"。而且，人对神的理解与沟通却十分不易，也是不对等的，因为人对神的爱与神对人的爱是不对等的，只有神的爱才是绝对的与永恒的，不求回报的，而人对神的爱却受限于肉体，是有限的。换言之，人是有原罪的。人通过自身的努力是无法完全得到拯救的，根本上还要依靠上帝的爱。但是，在中国文化中，"人皆可以为尧舜"，而且，人通过与道合一，成为"神"或"圣"。只要努力，人就可以"求仁得仁""求道得道"。

在人际交往的处境中，自己、他人和周遭事物都是有意味的，也就是具有象征意义的。在李白的"相看两不厌，唯有敬亭山"的诗句中，敬亭山是与李白相处融洽的对象，彼此的意向及其意义相互交织，相得益彰，犹如相交多年的好友或情人般。这种处境、语境和心境在陶渊明、王维等人的诗中也有深刻的表现。

不过，人与自然、他人相处并非都是诗情画意的，彼此的意向及其意义往往充满着矛盾、冲突、压制、同谋、狡诈、诱导、说服等不谐和音。可以说，人与自然、他人相处不是固定不变的，而是不断演化的事件，其间的人与事也在不断地"移步换景"，彼时的相得益彰，到了此时可能已是针尖对麦芒。朋友、情人如此，革命同志亦会如此。

从以上分析中，我们不难发现，在人与自然、他人相处时，人自身（或自我）的意图及其意义不是自足的，而是分布在自身、自然和他人之上。我并不完全拥有自身的意图及其意义，他人亦是如此。而且，随着处境的变化，彼此的意图及其意义还会发生变化。所以，自身（或自我）和他者都是游移不定的。由于人的思维是结构化的，所以在自身与他者的互动中，就会体验到一种贯穿自身、他人和自然的"匿名者"，在历史上，它先后被称为"玛纳"（Mana）、"神"、"道"和"他者"等。

必须指出，这种体验是人对存在的超验感受，与人情感系统中的一般喜怒哀乐等经验感受不同。它是人在当下有限的情境下对于无限性和超越性的感悟与喟叹。比如，陈子昂的"登幽州台歌"不仅是感叹自己有力无处使的当下处境，更是对无限的、超越的命运的追问。不过，"天意从来高难问"！

从屈原的《天问》到张元幹的《贺新郎》，中国人对于自然的变化之道的追问一直没有停止。老子断言道不可言，强调"大象无形、大音希声"。而孔子却认为道是可以追求到的，并可以在人间实行的。即使惶惶如丧家狗，他也未放弃过。孔子的这一理想一直为儒家所继承。张载所说的"为天地立心"就是对这一理想的最好概括。

第三节　共感形而上学

正如前面说过，人类的自反性意识可以追溯到单细胞生命体对于自身与周遭环境互动的感受性。以后，从爬行动物、哺乳动物到灵长类，这类感受性的神经中枢逐渐转移、集中到脑部。不过，在"思维大转变"之前，这类感受性都是碎片化的，而唯有现代人（也即晚期智人以来的人类）才有了结构化与超越性的自反意识，也即"自我"概念。这一对人与周遭环境交换物质、能量、信息与意义的活动的自反性意识，既是无限的、多向度的显现场，有着超越性，又具有静观意识以及意向性意识。

那么，如何来把握与解释这一结构化与超越性的精神生活呢？单就西方哲学史来看，西方人至少提供了三种形而上学的解释模式：一是亚里士多德的经典形而上学，二是笛卡尔的形而上学，三是海德格尔的基础存在论。

一、亚里士多德的经典形而上学

从时间上看，形而上学最早可以追溯到亚里士多德。亚里士多德最早在《形而上学》第4、6卷中，提出了经典的形而上学解释模式，即，"存在论—神学—逻辑"（Onto-the-ology）。在第4卷中，亚里士多德首先指出，"有一门学科，它研究存在本身及其本质属性"。[①] 而其他学科，如数学，都只是把存在切下某一片段来研究。尽管亚里士多德没有用过"存在论"（Ontology）一词，但是，这门学科无疑就是"存在论"。后来，在第六卷中，他又把这门学科与神学一起归属于"第一哲学"。[②] 其中，神学是有关第一存在（原因或根据）的学科，因为神是永恒不动的第一存在者（原因或根据），它推动了宇宙的运动。[③]

亚里士多德还认为，存在都是实体的存在，而实体同时也是主体与主词，对其属性（如性质、数量、关系等九大范畴）的描述都是"述谓"，[④] 于是，主词与述谓的连接就是判断与命题，而不同命题按照一定方式连接起来就是推理。换言之，世界的存在结构是逻辑结构，人是可以认识与理解它的。这就是用日常语言的逻辑来解释存在及其结构。

具体说来，日常语言逻辑包括概念（范畴）、判断与推理三部分。概念有十大范畴之分，包括实体、数量、质量、关系、地点、时间、位置、装备、主动与被动。判断则包括单称判断与全称判断。推理分

[①]　*The Complete Works of Aristotle*, edited by Jonathan Barnes, Vol. 2, Princeton University Press, 1984, p.1584.
[②]　Ibid., p.1620.
[③]　Ibid., p.1696.
[④]　Ibid., vol. 1, pp. 3—5.

为归纳推理与演绎推理，前者是指从单称判断上升到全称判断，而后者则是从全称判断过渡到单称判断。而且，归纳推理只具有或然性，唯有演绎推理才具有普遍必然性，其推理遵循三段论的模式，如"所有人都是要死的，苏格拉底是人，所以，苏格拉底也是要死的。"而根据这种语言逻辑进行推理所得出的结论就反映了世界的存在结构。

二、笛卡尔的形而上学

到了 17 世纪初，笛卡尔率先发起了近代哲学革命，提出了一种新的形而上学，即，"存在论—神学—数学逻辑"的解释模式。与亚里士多德不同，笛卡尔认为，除上帝之外，存在着两种相互分立的实体，即"我思"与物质。他强调自然世界的存在结构是一种数学结构，而人遵循的是理性直觉与演绎的逻辑，并能够解释存在的数学结构。根据笛卡尔的说法，这一切都是因为上帝在创世的时候，在给自然世界置入数学规律的同时，又把数学规律以天赋观念的方式置入人的灵魂之中。[①] 笛卡尔的这一解释模式一直是近现代世界的主导者，帕斯卡、莱布尼茨等人都有建立统一的计算语言的思想。不过，一直到 20 世纪初的逻辑经验主义，如罗素等人，才实现了从日常语言的主谓逻辑到数理逻辑的转换。

奇怪的是，笛卡尔特别强调"人"的存在。一方面，人是身心复合体，其中，我思是与肉体紧密地联系在一起的。而且，人的理性可以直观到物质世界的本质规律（即数学规律）。但是，人的存在却不是独立的、不可二分的实体，而是身心复合体。另一方面，人的灵魂中还有"完满性的上帝"观念，换言之，人可以"体验"到上帝的存在。所以，人是勾连思想、物质与神这三种实体的纽结。换言之，人是有限性与无限性、此在性与超越性的连接体。

---

① 笛卡尔：《谈谈方法》，王太庆译，商务印书馆 2000 年版，第 34 页。

在"第一答辩"中，笛卡尔特别区分了"无穷"与"无限"，前者只是认知场面上的，而后者才是存在论与神学层面上的，也即形而上学层面上的。他说："我在这里把无穷（indéfini）和无限（infini）做了区别。没有什么东西是我真正称之为无限的，除非在它里边我什么地方都看不到有限制，在这种意义上只有上帝是无限的。"①

而在 1630 年 5 月 6 日致麦尔塞纳神父的信中，笛卡尔还特别强调上帝才是世界与人的灵魂中永恒的数学真理的创造者，它是形而上学意义上的超越根据与来源。② 而且，"神的力量超出了人的理智的范围"。③ 正是因为人无法直接认识上帝，所以人要爱上帝。在 1647 年致法国驻瑞典宫廷大使夏努（Chanut）的信中，笛卡尔就详细阐释了对上帝的爱。④

可以说，笛卡尔给亚里士多德的形而上学模式进行了扩容，即，在先验性问题（存在论）之外，增加了超越性问题。因为亚里士多德理解的"神"不是创世者，而只是第一推动者；换言之，世界是永恒存在的。而笛卡尔所理解的"神"却带有基督教神学的痕迹，即，神还是创世者。因此，在亚里士多德那里，神是内在于世界之中的第一原因与根据，属于"内在超越"；而笛卡尔的"神"却不仅作为完满性观念存在于我们的灵魂内，更是超越于灵魂与世界之外的"无限"。

三、海德格尔的基础存在论

不过，笛卡尔的这一解释模式却遭到了胡塞尔与海德格尔等人的严重挑战。首先，胡塞尔反对笛卡尔的主客分立的二元论模式，要求

---

① 笛卡尔：《第一哲学沉思集》，庞景仁译，商务印书馆 1986 年版，第 121 页。
② René Descartes, Correspondence, vol.1, in *Oeuvres complètes VIII*, Gallimard, Paris, 2013, p.75.
③ Ibid., p.76.
④ René Descartes, Correspondence, vol.2, in *Oeuvres complètes VIII*, Gallimard, Paris, 2013, pp.676—687.

回到生活世界，也即人感受直观到的世界；而人的感受中存在着先验的意向性结构与范畴直观。换言之，自然世界不是作为与主体相对立的客体，而是在人的感受中，也即在先验的意向结构与范畴直观中显现出来的现象。

后来，海德格尔在《存在与时间》中，把胡塞尔的"现象"转化为存在的意义显现，提出了"存在论—解释学"的解释模式。即，用生存论解释学来说明存在的结构。首先，海德格尔认为，人的存在是所有存在者中最特殊的，即，人会追问、理解与解释在人的在世活动中所显现的存在之意义。① 其次，人在世界中的存在活动是不断占有周遭并化为自身一部分的活动，并且通过时间性这一视域来展开的。其中，将来、过去与现在是以三位一体的方式展现的，即，先于存在的"向死而在"（将来）、来到世上（过去）与当面存在（现在）。其中，将来这一向度最为根本，因为人总是向未来投射自身的，这是人的存在的最根本的特性。第三，人在占有周遭并化为自身一部分时，是出于自己的目的，并为自身所掌控，那么，这一存在活动才是本真本己的，反之，就是非本真本己的，即"沉沦"。最后，这一占有周遭并化为自身一部分的过程也是理解与解释的过程。所以，在海德格尔那里，基础存在论同时是解释学。

不过，海德格尔的基础存在论与解释学有着严重的缺陷。因为人的本真本己的生存活动不可能脱离群体生活。所以，每个人在占有、理解与解释周遭并化为自己一部分时，一定会与周遭他人发生交错、交流与博弈。无论是求同存异，还是针锋相对，都是人的生存方式、理解方式与解释方式之一。不过，在人际之间的生存博弈中，每个人都无法独立拥有自身全部的生存意义，因为自身生存的意义还散布在

---

① 海德格尔：《存在与时间》（修订译本），陈嘉映、王庆节合译，熊伟校，陈嘉映修订，三联书店 2006 年版，第 9 页。

周遭、他人之中。因此,人要完全实现自身存在意义,还必须以实现他人、物的存在意义为前提。换言之,"成物"才能最终"成己"。而这正是海德格尔哲学所欠缺的伦理学。

毫无疑问,海德格尔的基础存在论提供了一种对于存在的崭新理解,迥异于亚里士多德的经典形而上学、笛卡尔的身心二元论。其崭新之处就在于,它是通过人的存在来追问存在的意义。不过,海德格尔亦有盲点。即,尽管不能把人的存在还原到物理—化学的层面,但是,人的存在却是从自然世界中逐渐演化出来的。人的存在兼有生理学向度与生存论向度。换言之,人既是物体,又是主体;他(或她)不仅与周遭世界进行物质、能量与信息的交换活动,而且与周遭世界进行"意义"的交换活动。而且,人不仅能够内在于周遭世界之中感受与体验世界,还能抽象地静观世界。

为此,我们必须回到人的心智活动本身,也即苏格拉底所说的"认识你自己"。因为人对于存在的意义的追问,是人对自己在世界中存在的意义的追问,也即对自身的意识。如前所述,人对自身的意识就是人与周遭交换物质、能量、信息与意义的活动的自反性意识,其基础就是共感场。即使海德格尔所说的"存在",其意义也是在共感场中显现出来的。根据皮亚杰对完形心理学的重新解读,"客体""空间"等都是人在与周遭的互动过程中生成与建构出来的。而且,在最初的直觉思维基础上,随着人的活动的不断延伸,逐渐形成超越当下境况的抽象性与客观性,形成自我极与对象极,它们是推理理性的基础。[①] 现代神经科学的研究已经表明,人的心智活动在代入式的感受直观加工之外,还有主客分立的静观式的理性推理。当然,这不是在笛卡尔实体主义的意义上,而是人的心智生成与建构的结果。换言

---

① 让·皮亚杰:《智力心理学》,严和来等译,商务印书馆 2015 年版,第 132—141 页。

之，主客分立式的静观方式也是人的心智的根本向度之一。

正如前面所述，存在与非存在都是在人与周遭的共感活动中通过象征化方式显现出意义的。而象征化的方式主要有三种，一是感受直观的象征（如艺术），二是推理理性的象征（如科学），三是辩证思维的象征（如反讽、机智等）。其中，推理理性的象征是可以定义与证明的，而感受直观的象征是无法定义与证明，只能描述与显示。辩证思维的象征是协调感受直观与推理理性的审慎的智慧。

毫无疑问，西方人的思维方式从近代以来一直受制于科学理性，过于强调理性推理与证明的作用，反过来抑制了人类最原初的生命体验，即，感受直观经验。像海德格尔、后期维特根斯坦与梅洛—庞蒂等人对于这一思维惯性的批评，无非是要"去执"，让所有生命存在都实现、展现自身存在的多样性意义。因为人的心智生活具有多重向度，而且，感受直观所获得的表征经验是无限丰富、用之不竭的，而理性推理与辩证思维都只是对它的再加工，一旦抑制它，就会失去鲜活的体验来源。因此，我们对于心智活动的理解与解释也应该是多重的，而且，这种理解与解释不同于以往亚里士多德、笛卡尔与海德格尔等人的形而上学模式，可以称之为"共感形而上学"，它包括"共感场论"与"交流逻辑"两大部分。

四、共感场论

根据存在的三种呈现方式，形而上学不仅涉及心智与存在的一体两面的结构本身，还触及该结构的超越性方面。因为共感场最为根本，它是人与周遭进行物质、能量、信息与意义的交换活动的自反性意识，包括主观的对象化与对象的主观化。

具体说来，共感场具有三个特点：1. 它是自反性的，即人与周遭之间协同、共生与交流的自反性意识；2. 它让人说出并追问自身存在的意义；3. 人的言说与追问有着三种方式，即感受直观、理性推理与超越性反思。这三种追问方式是相互制衡的，理性可以抵制感受直观中潜在的神秘倾向，而感受的多样性可以抵制理性的独断。

这些都反映了人具有超越感和发散性的思维，能够突破既有思维框架与定势，通过移步换景或换位思考，展现出新的世界图景。而这源于人的心智具有的超越想象力的概括与虚构能力。它是一种"假设—检验"的方式，即，人是通过"如果……那么"的想象方式来与自然互动，通过反复假设与检验，让自然显现真容。具体来说，这种超越想象力是通过代入式的感受直观、静观式的理性推理与辩证式的反思批判来展开的。而其展开过程就是时空本身。换言之，人的时空感就是共感场的显现。可以说，时空就是共感场本身。其中，过去、现在与将来、人与周遭、此在与他者相互连接、交错，"你中有我，我中有你"。这犹如两个如胶似漆的恋人，过去、现在与将来已经交融，此地与彼处并无分别。又有如陶渊明笔下的"桃花源"，那里的人们安居乐业，彼此和谐相处，"不知有汉、无论魏晋"。不过，这只是处于"叠加态"的共感场，一旦发生猜忌或冲突，那么"彼"与"此"顿显，时间立即会被精确地分割成过去、现在与将来。换言之，在博弈活动中，为了证实自己的感受与看法，人们会用静观式的时空概念来度量与计算。一旦涉及时空的界限悖论时，又会用辩证式的反思来分辨其中可能的逻辑意义。

可以说，时空正是在共感场中绽现出来的，但是，其凸显出来的具体时空图景又各不相同，不仅不同文明体之间不同，而且还受制于社会规范与制度。比如在中国古代，每个皇帝都有自己的年号。可以说，人的时空感既可以分割与定量，也可以超越一切，达致永恒。在古代，中国人就是通过人的身体与周遭对象的互动，如太阳、月亮与人所处的地球位置之间的相互运动，形成了时辰、节气等时间概念。当然，人的时间意识也具有超越性与永恒性。如普鲁斯特在《追忆逝水年华》中，通过回忆把经历过的人与事等勾连起来，加以完形，营造出了永恒的时空感。

总之，时空感是在人的身体与周遭环境的协调共存中开放、默示与表达出来的。作为这一协调共存的自反性意识，人的心智是一个开放的显现场。按照格式塔理论，我们的时空概念就是身处这一显现场中的人所把握到的完形意识；而且，它们也是在这一开放的显现场中凸显出来的，并随着人与周遭的进一步互动，又会在变动了的显现场中凸显出新的形式与结构，即"移步换景"。

从结构上看，人的心智结构是由感受直观、理性推理与辩证反思构成的。而且，前者总是率先出场，后两者则是后出现的。可以说，感受直观最接近原初的显现场。但是，最原初的显现场并非只是由个人与周遭的互动构成的，而是由无数时代、各地的人们与周遭的互动构成的。所以，它是"互文性"的。要探寻最原初的实体、时空、质、量、度、模态等的意义，我们就要看它们是如何在最原初的共感显现场中显现出来的，分析每个概念的直观意义、推理意义与超越性意义，以及它们在每个文明体中的不同意义及其历史传承。

比如，古代中国人对于时空的认识是从人与周遭环境之间的"协同"与"交流"出发的，并把它们神秘化为"天人合一"与"天人感应"。"天人合一"是指人可以参与天地之化育，而"天人感应"是指上天会警示与干预人事，而且人也可以感动上天。不过，其中也包含着一定的实证性的理性推理。比如古人是通过天体的运行来测算时间的。如为了观测太阳光的变化，古人开始是在地上立根木杆来观察日影的变化，即"土圭"（后来发展为"日晷"），以此来计时。

而且，在古代中国人看来，天象还是与人事相关的。人间的空间建构必须与天上众星的分布结构一致。因此，大到皇宫、城池的规划与建设，小到平民百姓的居家，都要如此。为此，国人特别讲究"风水"，即"藏风得水"。无论是阳宅，还是阴宅，应该选址在近水而靠山的"高山"（即高陵）上，背北面南，北面的山峦（即"玄武"）要高过自己，以作靠山，东面的山峦（即"青龙"）要高过西边的山峦（即"白虎"），而且，房前最好是一片开阔的平原，并有河流蜿蜒流过。这样的环境一方面藏得住风，另一方面又有象征财富的"河流"。虽然这种风水术（即堪舆学）带有神秘主义色彩，但是也包含了具有一定实证性的环境心理学的知识。

可以说，超越想象力的概括与虚构是人与周遭世界共感方式的根本与条件。它不仅能够分辨出前后左右、上个月与下个月等时空度量，还能够把它们抽象出来，并加以客观化。甚至，人的大脑还可以协调不同官能（如听觉、视觉等）的时间快慢感。

除了时空之外，显现场中还会显现出各要素的质、量、度与模态等各种形式图景。一方面，我们可以通过静观意识，对显现的质、量、度、模态进行客观的测量与描绘；另一方面，我们还可以通过意向性意识与超越性意识来把对象拟人化、理想化或神圣化，提升自己的境界。

如前所说，人的心智就是对于存在及其结构的直觉理解与理性分析。从一开始，人类的心智就包含着直觉理解与理性分析这两个相互交错的向度。其中，直觉理解坚持的是"天人合一""万物一体"的代入式取向，而理性分析采取的是"主客分立"的静观式取向。而且，前者强调的是"目的论"，而后者却反对目的论，只承认世界是由普遍必然的规律支配的。在"轴心时代"之前，人类尚未发展出系统的抽象理性，流行的是巫术、神话、史诗与宗教。不过，即使在轴心时代之后，"天人合一"的目的论与"主客分立"的理性分析也是相互交错的。即使是在近代科学革命之后，西方科学家们在如何调和自然目的论与自然必然性理论方面，亦是争论不休。

时至今日，人类发展出的各种形而上学体系可以分为两类：一是或多或少可以归纳为"天人合一"的目的论，二是以主客分立为主导的非目的论。从西方世界来看，虽然在中世纪，亚里士多德有关"现实世界是永恒的世界"的论点与基督教的教义相反对，但是，亚里士多德的思想仍然是以自然合目的论为基础的。只有到了伽利略、笛卡尔之后，以主客分立为主导的理性世界是必然性的世界，受自然规律的支配，无目的，也无善有善报、恶有恶报。于是，这一科学理性的世界观就一直与神创论或自然目的论相冲突。帕斯卡、马勒伯朗士、莱布尼茨、洛克、伏尔泰等人都力图调和它们。其中，最著名的要数康德，他要求限制知识，以道德理性为目的，让科学理性服从于道德理性。

从巫术—神话的天人合一论到康德的自然合目的论，这一"天人合一"只是人类的生活世界。即，人类与周遭世界交换物质、能量、信息与意义的活动所构成的生活世界。但是，毫无疑问，在这一生活世界之内与之外，存在着已知与未知的自然世界，这是近代主客分立的自然科学执着探寻的对象。不过，自然科学所探究的世界同时也会不断地被纳入人类的生活世界之中，并且澄清我们原先的世界观。

因此，人的存在是连接这两类形而上学的桥梁。因为人的存在既属于自然世界，服从自然的必然规律，又属于人类社会，具有目的、价值与意义。换言之，这一双重的形而上学就是人的形而上学，也即"共感形而上学"。它包括"二元性"向度、"意向相关性"向度与"超越性"向度。这样，人既可以科学地静观世界，让主观符合客观，也能够感受世界，理解自己当下的处境，即，意向活动与周遭世界的关联结构，并在这一"背景"下感知（如看、听、嗅、触、尝）到各种各样的"图景"。而且，随着人的身体的"移步换景"，又从这一广大、深奥的背景中发现更多新的图景。时间一长，人们会感到这一关联结构中存在着某种"流动的力量"，它贯穿一切，又没有任何界限。换言之，它既在世界之中，又逸出其外。而这就是人的心智中超越性的向度。因此，我们用不着感到奇怪，正是由于这一超越性的向度，原始人类会把当时无法解释的自然力量说成是"神"。而且，也正是由于这一超越性的向度，即使在科技高度发达的今天，我们人类仍然保持着神圣感，让自己身处躁动不安的世俗社会里，仍有安身立命之处。

其实，在"思维大转变"之后，人类的心智就有了这三种向度。不过，最初占统治地位的是"超越性向度"，然后，经过"轴心时代""意向性向度"与"二元性向度"取而代之。而从笛卡尔开始的近现代社会，主客分立的二元性向度占据主导地位。

无论是直觉，还是理性，它们都是共感的表现形式，其实质在于主观化与客观化这一双重活动。即把对象想象成概念符号，然后用各种概念符号构成假说（或猜测），一旦证实，就构成实在的本质结构。以后，随着研究的深入，不断出现反例，人们又会重新构想新的假说。这一主观化与客观化是一体两面的，共同构成了生活世界与人本身。

当然，心智的根本在于"创造性"，即对于自身存在之意义的超越性概括与虚构。人类心智的运作及其象征活动就是一个创造或创作的过程。无论中外，人们都不喜欢僵死、抽象的象征表达，而对任何展现创造性的作品，却会赞美有加。其实，这一心智的创造性就是辩证式的思维逻辑，即具有自身生成能力的概念逻辑。其中，感受的逻辑与推理的逻辑不是绝对对立的，而是相互协调的，前者需要后者的证实，并推动着后者不断生成出新的概念逻辑。比如像诗、音乐、神话与传说等，都会不断激发人们想象出新的"假言推理"，来说明与解释实在世界的逻辑结构。

前面说过，心智与存在是一体两面的东西，是人与周遭之间交换物质、能量、信息与意义的过程的"自反性"意识的不同面相。这种自反性意识掌握着我们、穿越我们，把我们每个人与周遭联系起来，形成了一个共感场。它无边无垠，似断若连，深不可测。不过，这个共感场是随着人与周遭的交换活动的变化而变化的，其中，任何要素都是象征符号，都有意义，而且都是共感场的创造性表达。小到每个人的言谈举止、身边物事，大到群体的仪式、规范、制度，都是如此。而且，这种表达最初是一种情感直觉，具有范畴直观形式，其结构化具有韵律。在先民们那里，它最早是通过歌舞、岩画来表达的，而后转化为神话、史诗、巫术、宗教、科学等表达形式。

总之，人的心智是一种存在方式或生活方式，也可以称之为"心智生活"。从其内涵来看，它涉及情感直观、抽象理性、良知、美感与信仰等世俗的与超越的方面。以苏轼为例，其入世为儒者、士子、官员，出世则为居士、画家与诗人。其实，我们每个人都在入世与出世之间迂回、往返。在中国乡间生活中，百姓日常为生计奔忙，但是，他们亦有节日、庙会或集市，期间，他们唱大戏、拜神灵，放飞自己超越性的想象。因此，人的心智生活是多重面向的，既是心有所思，亦是生活方式；既是表达，亦是决策。而且，心有所思就体现在其用法与功能之中，如表达与决策之中。

五、交流逻辑

综上所述，我们应该从人与周遭之间物质、能量、信息与意义的交换活动的自反性入手，也即从人与周遭之间自反性的"共感场"出发，重新建构新的形而上学。可以说，人在世界之中存在，就是在共感场中存在，以实现自身生命（或生活）的意义。而这种存在方式是通过时间性来展现的，即，人是背负着过去投向未来的，其中，过去、现在与未来是三位一体式地展现的。正如海德格尔所说的，人是世界上唯一能够理解、解释并追问存在意义的存在者。因此，基本存在论同时也是解释学与语言哲学。

但是，如前所述，在海德格尔的基础存在论中也存在"盲点"，因为人不是独自地实现自身存在的意义的，而是与他人一起在群体中实现自身存在的意义的。因此，每个人在实现自身存在意义的同时，一定会与周遭、他人发生交错、交锋与较量。因此，如何在人际之间实现公正，也是人实现自身存在意义的前提条件。为此，存在论不仅仅是解释学与语言哲学，更是道德哲学与政治哲学。

正如前面所指出的，在长期的演化中，生命体的感受性，也即，调控生命体与周遭环境之间的共生环路的神经中枢系统，慢慢转移到人类的大脑，并形成新的皮层。于是，人的感受性也变得复杂起来，过去的感觉、情感或印象会不断留存下来，形成回忆，并成为对未来想象的基础与来源。这样长此以往，在回忆与想象之间，就会形成自我意识。换言之，人的自我意识是人与周遭之间交换物质、能量、信息与意义的活动的自反性意识，其运思活动遵循的是创造性地协调人与周遭之间交换活动的逻辑，也即协同与交流的逻辑。

如果深究人类心智活动得以可能的先验条件，那么我们对心智活动进行结构还原，就会发现它包含着"结构悖论"，即心智结构既在结构之中，也在结构之外。换言之，人类的心智不仅有着用逻辑结构来分析与把握对象的能力，也有着超出逻辑结构来想象的能力。如果前者是约束性思维，那么后者则是发散性思维。不过，两者是"背景"与"图景"之间的关系，也可以说是"混沌"与"秩序"之间的关系。换言之，人类心智活动作为人、工具与环境之间交织的互动过程，其实是自组织的过程。即，心智活动自组织地不断在"混沌"（或背景）与"秩序"（或图景）之间来回运动。

不过，人的心智活动也是有层次的。首先是感受层面的初级加工，它是双通道的，即颞叶的腹侧通道与顶叶的背侧通道。前者负责内容加工，即对认知对象进行识别与分类。而后者则是进行方式加工，即对认知对象的大小、形状、朝向以及与观察者的距离等信息进行加工处理。[①] 相比较而言，后者更为初级。不过，两者都属于心智的初级加工层面。其次是理性层面的高级抽象的加工，它位于前额

---

① 格雷戈里·希科克:《神秘的镜像神经元》，浙江人民出版社 2016 年版，第 162 页。

叶。最后是元认知层面的加工。它是一个缄默的神经网络，协调感受、理性与周遭的关系。

因此，交流逻辑是多重的逻辑，至少包含感受的逻辑、理性推理的逻辑与辩证思维方式。具体来说，共感是一种交流、理解与分享。它首先是对对方行为的意图与情感的理解与分享，如通过"实指"来理解其意义。这种理解遵循"感受的逻辑"，把人与周遭连接成可逆的感受场与交流场。其次，一旦要向对方证明与解释其中的意义时，人就会用可检验的形式化推理，相互辩难与质疑，达成共识或存疑。其中，人既遵循先验的理性推理，如归纳法与演绎法，还使用辩证思维方法，指出理性推理本身所蕴含的悖论或局限。

这一交流逻辑还是人的实践逻辑。因为人的实践活动就是实现自身生命意义的过程。它同时就是与周遭进行物质、能量、信息与意义的交换活动。不过，人要实现或占有自身生命的全部意义，单靠自己是不行的，因为人的生命意义撒布在人与周遭之间，换言之，人的生命意义还部分地为周遭、特别是他人所拥有。当然，人际之间不仅有友爱或亲情，还会有猜忌、矛盾，乃至冲突与对抗。为此，人要最终实现自己的生存意义，也必须让周遭的人与物实现他们自身的意义。可以说，这是交流逻辑中的正义原则。

换言之，要达到实现自身的全部意义，人就要"占有"撒布在自己与周遭之间的交流场中的意义，并化为己有。为此，人要得到周遭、群体或他人的"认同"。不过，要得到认同，人就要与周遭"合作"，而要保证合作的有效进行，人就要遵守含有惩罚措施的习俗、规定等"游戏规则"，不能"搭便车"或背叛。因此，得到周遭、群体与他人的认同与推崇，是人的生存的要义之一。

但是，人的生存处境，也即与周遭的交流场，是不断变化的。而且，人又总是追问自身的生存意义，希望不断有所创新。换言之，人是有"差异化"情结的。人总想在技艺、审美、规则等方面有所创新与超越，带来新的时尚、品位与价值。而一旦这些新的"异类"为周遭或群体接受，那么它们就成为了新的游戏规则。

当然，新旧规则之间，或者说，认同与差异之间，存在着对抗与冲突。但是，这正是人的生存悖论或实践悖论。而人的生存实践就是不断克服或超越这一悖论。可以说，在群体中，人际之间既有共同的价值目标，亦是"各怀心事"。在认同之外，亦有差异。

从人的生存角度来说，人的生存活动本身是有目的的，即实现自身的欲望与情感，因此，人的生存活动是一种目的论的理解活动。在此过程中，人的直觉理解也是有逻辑的，也即感受逻辑，它是概率性的与随机性的。后来，为了应对生存的复杂性，人的心智又演化出了推理理性，其生理机制就位于人脑的前额叶区域。不过，在人的心智中，目的论解释与因果论解释不是绝对冲突的，尽管感受直觉活动会先于理性推理系统运作，但是，人脑却具有延迟与协调两者运作的机制。因此，人的心智活动所遵循的交流逻辑其实是感受直觉与理性推理、目的论解释与因果论解释如何联动的逻辑。这可以在中国漫长的史学传统中体现出来。

俗话说得好，人给历史做注脚，而历史也会给人做注脚。因为历史本身就是活生生的"故事"，它既是"发生过的事情"，也是"被讲述的事情"，如文本、制度、名物等。比如，在中国，古代历史就活在"经史子集"之中。古代中国人心智中的欲望、情感、理性与神圣感，都表达在其中。我们可以通过这些表达来理解古人的所思所想，以及其目的论的理解层面与因果论的解释层面。对此，清朝朴学的代表人物戴震就总结出了一套独特的"解释学"理论。他在致段玉裁的书信中这样说：

> 仆自十七岁时，有志闻道，谓非求之六经、孔、孟不得，非从事于字义、制度、名物无由以通其语言。为之三十余年，灼然

知古今治乱之源在是。古人曰理解者，即寻其腠理而析之也。曰天理者，如庄周言，依乎天理，即所谓彼节者有间也。古贤人、圣人，以体民之情、遂民之欲为得理，今人以己之意见不出于私为理，是以意见杀人，咸自信为理矣。此犹舍字义、制度、名物，去语言、训诂，而欲得圣人之道于遗经也。①

穷其一生，戴震通过语文学的考证，整理了大量的古籍，范围从儒家经典一直到天文历法、典章制度、地理沿革、音律算学等等，最后又上升到"义理之学"，在《孟子字义疏证》等著作中，对"圣人之道"进行了新的解释。可以说，戴震提出的是一种"双重解释学"。即，第一重是从字义考证出发，读解出儒家经典文本的字面含义；第二重是不以个人的意见为准绳，而是认为民众的情欲之理才是道之所在，以此来理解儒家经典所表达的"圣人之道"。可以想见，戴震已经意识到了人的心智中的感受直观与理性推理、目的论解释与因果论解释的联动关系，因为仅凭因果论的解释路径或目的论的解释路径，是难以穷尽历史的真实意义的。

当然，人类的交流逻辑远比戴震的"双重解释学"复杂得多，因为感受直观与理性推理、目的论解释与因果论解释之间的联动性，不仅是理论与方法的问题，更是"见识"或"智慧"的问题。唐代刘知几就曾慨叹，"史识"之难在于无一定之规（"鉴无定识"）。② 不过，从历史经验来看，这一困难并非不可克服，而且，它唯有在人际交流与共享中才能得以解决。换言之，人正是在人际交流与共享实践中才学会如何创造性地交流的。③

---

① 《戴震集》，上海古籍出版社 2009 年版，第 480 页。
② 刘知几：《史通》，"内篇"，"鉴识第二十六"，白云译注，中华书局 2014 年版，第 345 页。
③ 对此，请参见本书第五章"见识"。

第二部分

心智的结构

第三章
感　受

　　1983 年，美国心理学家利贝特（Benjamin Libet）在实验中发现，人脑在有意识地作出判断之前数百毫秒，就已经有了直接的自主反应。[①] 换言之，在感知过程中首先出场的是感受直观，然后才是推理理性。其中，情感是通过身体的感受表现出来的，也即通过视觉、听觉、触觉、味觉和嗅觉及其协调等表现出来。而推理理性则是由大脑前额叶等神经系统来表现。这也是人类长期演化的结果，因为产生情感的神经机制处于丘脑附近，制约推理理性的神经机制则位于新皮层，而在人脑中，新皮层是最晚才演化出来的。

　　从人类的演化过程来看，人的心智结构中的感受直观系统与理性推理系统的先后出现，是通过人的手工劳作与人际交流实现的，其中，人的想象力起着重要作用。可以说，人的感受直观尚处于前反思意识的直观状态，而推理理性系统则属于完全反思状态。不过，人的"感受直观系统"与"推理理性系统"虽然都会受到历史条件的制约，但是，感受直观系统要活跃的多，不断会冲击与改变既定的观念。

　　其实，人是生来就有"数感"与"空间定向"能力的。比如

---

① Libet B., Gleason, C.A., Wright, E.W., and Pearl, D.K., "Time of conscious intention to act in relation to onset of cerebral activity（readiness-potential）: the unconscious initiation of a freely voluntary act", in *Brain 106（pt 3）*, pp.623—642.

2014 年获得诺贝尔生理学奖的三位科学家，就发现人的空间定向能力的神经机制位于海马区。不过，人对于世界的感觉却不只是本能，而是有象征意味和意义的。从 300 万—400 万年前的南方古猿直立行走开始，人类就生活在自己营造的意义世界中了。即使是人在感觉时所生发的情绪，也不再是动物式的本能，而是有意味和意义的。比如，唐朝李白的"举头望明月、低头思故乡"，[①] 就极好地表达了中国人对故乡的"乡愁"。"乡愁"这种情绪就包含了古代中国人"安土重迁"的生存意义。即便像"月是故乡明"这样带有明显偏好情绪的诗句，中国人也都爱接受，其中的深意不言自明。

最初，人是把感觉到的意义保存在"记忆"中。即使到了今天，人在决策时"跟着感觉走"，其实是跟着"记忆"走，因为记忆保存着过去感觉到的意义、身体运动和情绪体验等，它成为人当下决策的习惯模式。不过，由于人类活动的日益复杂化，人类就有了保存记忆的需要，于是，口头传说和书写记录就出现了。而且，由于人类的记忆有递减现象，所以要反复学习，深化理解。不过，必须指出，人大概可以记忆 5 万—10 万单词。这庞大的记忆量让人具有丰富联想并创造新观念的能力。

而且，人类的记忆也是一个社会化过程，即，对于人感觉到的意义、身体运动和情绪体验（情感），会进行社会化的命名与界定，即"概念系统"。如果说人的感觉系统是当下直接的（即直观的）表达，那么，概念系统就是间接的、延迟的反思。

从现有神话与宗教材料来看，人类的推理理性系统源于对人所感知到的世界——也即记忆——的分类与界定，也即对"意义世界"的分类与界定。而这一界定系统一旦确定下来，就会成为人们普遍接受

---

① 出自《静夜思》，载《李太白全集》（上），（清）王琦注，中华书局 2011 年版，第 300 页。

的思考与行为模式，即"概念"系统。不过，随着人类活动范围的扩大和深入，人类的感觉形式与内容也会不断变化，其意义也会不断生成变化，这就会与相对稳定的概念系统发生冲突，并最终引发观念变革。从人类的历史来看，从300万—400万年前的南方古猿开始，人类发展出的情感直观系统包括视觉、听觉、触觉、嗅觉、味觉等五种基本感觉，以及美感、真实感、道德感（良心）、神圣感等，而概念系统则涵盖了目前所知的从1万年前新石器时代开始的巫术—宗教观念、理性观念、道德观念、审美观念、法律观念等。

这里必须指出，最初人类所感知的世界是一个拟人化的泛灵世界，也即"天人合一"的世界。其中，每个物体都是类似于人的灵魂。比如，在中国远古，"理"原指"对玉的治理"，①即打磨玉石，理出其纹路。后来，"理"就引申为"物理""天理""道理"等，即贯穿于物体与人事的条理与规范。它既是巫术—宗教的（天理），又是自然的、道德的、审美的和公正的。而把理论理性（存在）、实践理性（应当）等区分开来，则是很晚的事情了。

由此可见，人类在打磨石器的过程中，慢慢了解到物体的内在肌理和纹路，然后给它们命名，即"符号化"或"象征化"，其"所指"就是作为"意义"的概念，逐渐积淀下来，成为人类命名系统或概念系统的一部分。像数学中的"一""二""三"等数字，原来是中国古人为了记事而划下来的"痕迹"，如在地上或岩壁上划出的"印记"。即使到今天，中国人还是喜欢划"正"字来计票数。

还有，人类在打磨石器的过程中，手会感觉出锥形、圆形、方形、三角形等图形。于是，人们就给这些图形命名和象征化，这样就有了几何图形的概念。而且，人们对于自身内心的感受也会命名和象征化，即使是各种情绪与欲望，也要进行命名与符号化。如，

---

① 许慎：《说文解字》，（宋）徐铉校定，中华书局2013年版，第6页。

"疼""痛""快乐"等。

当然，命名与象征化并不一定都是价值化。在早期巫术—宗教化时期，一切命名系统都"灵化"了。在当时人的心智活动中，推理理性系统还屈从于感受直观系统；换言之，主客分立的推理模式被包容在天人合一的感受模式之中。随着"轴心时代"的到来，推理理性系统开始独立出来。有些命名与象征开始中立化与客观化，如古希腊阿基米德对机械力学的研究与欧几里得对几何学的研究。这一传统到了文艺复兴晚期被伽利略发展成为了"新科学"。其模式就是把对自然的命名与象征系统中立化与客观化，用数学来进行演绎式的定量化研究，并让可重复的实验来证实或证伪。而有关人类自身的人文科学与社会科学，由于无法客观化，就划归"应当"的领域，即"价值领域"。

从人类演化进程来看，感受直观能力是最早出现的。后来，为了生存与合作的需要，人需要控制情感冲动与向他人证实自己的想法，于是，理性推理能力、意志规范能力等先后出现。不过，无论是情绪，还是理性，以及自由意志、良知、信仰，都是人类出于自身生存与发展的需要而发展出来的。

根据进化心理学的研究，早期人类遇到捕食者时，危险感让他们首先产生恐慌感，并夺路而逃。这种首先出现的危险感至今仍在我们身上不断上演。当遇到危险时，人们的第一反应仍是恐慌与逃避。①不过，这类事情经历多了，人们也会总结经验，进行分类、比较，从中汲取教训，优化自己的行为。比如在矿难时，矿工们会立即恐慌地奔向出口，导致出口堵塞，最后只有少数人逃出生天。后来，经过总结经验后，人们发现，如果在矿难发生时，人们暂时克服恐慌情绪，

---

① D.M. 巴斯：《进化心理学》，熊哲宏等译，华东师范大学出版社 2007 年版，第 108—110 页。

冷静地思考自己的处境，有序地走出出口，那么大多数矿工就有可能获救。而这类"三思而后行"就需要理性推理能力。

前面我们已经考证过，在各个文明体中，"精神"一词都来源于"气"。换言之，人的"精气神"是人的身体发出的情绪，因为气是人的情绪之表现，如"火气""客气""神气""灵气"等。不过，情感直观系统中并非没有道理可寻，只是没有抽象的推理理性。其实，情感直观系统中具有原逻辑，即能够自身生成变化的道理。比如，审美既有感受（如崇高感、优美感等），亦有韵律。

此外，猿猴就已经有了一定的抽象能力，在它们的神经系统中已有与之对应的皮质层。而人类在与猿类分别之后，其抽象能力有了很大提高，但是，真正的巨变可能源自人的神灵崇拜与人际交流。随着无限的和超越的神的观念的出现，人的抽象能力发达起来，这对于人类形成普遍的概念、范畴、判断和推理，以及由共感上升到普遍的良知、美感，起到了直接的促进作用。

关于感受与理性，在法文中，前者称为"sentir"或"le sens"（感受），而后者称为"le bon sens"（理性）；在英文中，也是如此，即前者是"sense"（感觉），而后者是"common sense"或"good sense"（理性）。可以说，前者揭示的是感受的世界，而后者展现的是理性的世界。不过，虽然一般来说前者先于后者发动，但是人却会协调两者一起运作与决策，这就是人的元认知的能力。即使神秘如宗教感受，也会有理性判断系统来让宗教感受条理化、程式化、仪式化，比如，古代祭司就起这个作用。就个人而言，随着年龄和阅历的增加，感受直观系统愈来愈被理性判断系统所控制。但是，这并不表明人的感受直观系统消失了，它仍然会反制理性的僭越。

因此，人类是在这两个层面感知和思考世界的。人类最初的感知活动主要是情感直觉判断，其中也有一定的认知因素等，而后经过长期的演化，人类逐渐发展出了抽象理性能力。于是，在原初的感受世界中，又发展出了科学世界（源于巫术中的认知因素）、文化世界（审美、道德与信仰世界）和社会世界（伦理与法律世界）。

从实践上看，人类是依靠并协调感受和推理这两种方式来把握周遭世界的。不过，人类的感受和抽象化却是历史的。正如哈特莱所说的，"过去是外国，那里的人行事迥异"，[①] 换言之，过去人们的感受方式与推理方式也与当今人们不同。而且，不同文明体中的人，其感受方式与推理方式也各不相同。因此，考察人类感受与推理的基本要素，就必须把它们置入历史变迁之中。比如，"宽容"概念在西方世界直到法国大革命之后才真正形成；而人是自利的观念，也直到18世纪初曼德维尔发表《蜜蜂的寓言》之后才登大雅之堂，为随后亚当·斯密的《国富论》和市场经济理论铺平了道路。

不过，人的心智活动首先是感受直观活动。这一直观意识是对周遭世界的感悟，也是对天、地、神、人的感悟，兼有意图、共感、同情、信念等多种向度。中国的禅宗就意识到这一点。其源头可以追溯到庄子的"坐忘"。即，物我相忘、浑然一体的感悟。它是氛围或周遭世界本身在生生不息地呈现着、变形着。这种"去执"，也即超越一切分别的感悟与直觉，也就是把一切对立的、相似的或陌生的、邻近的或遥远的东西联系起来的感悟与直觉。它就是自由想象，或庄子所说的"逍遥游"。不过，先民常常把它"神秘化"，以为感悟到了这一点，人就"通神"了，也即中国道家所说的"真人"。东汉许慎在《说文解字》中就把"真"解释为"迁人变形而登天也"，[②] 也即羽化登仙的意思。

总之，人的感受是多重向度的。首先，它具有实用目的的一面，即满足人的欲望与情绪的表达。其次，它还有超越实用目的的、纯属

---

① L.P. Hartley, *The Go-Between*, Hamish Hamilton, 1953; republished by The New York Review of Books, 2002, p.17.

② 许慎：《说文解字》，（宋）徐铉校定，中华书局2013年版，第166页。

游戏的审美趣味的向度。第三，它具有归因与归咎的向度，如求真感（探求主导事件发生的因果关系）、正义感（或道德感）与超越感（如灵感、神圣感）。对此，古代中国人已经体认到。在中文中，感受就是人的生命感受，即带有情感的"生气"与"气质"（生命力），如"俗气"（追逐本能欲望及其情绪的表达）、"脾气""力气""雅气""英气""秀气"（超越实用目的的美感）、"义气"（道德感）、"灵气"（理解力与灵感）、"神气"（超越感）等。其中，这些"气"作为人的生命力，是"身心一体"的。而且，"气"与"风"是相关的，如"风气""风骨""风韵""风采""风貌""风度""风情"等，也是体现人的生命力与精神面貌的。它们还会通过诗歌等作品表现出来，所以古时君主会派人到各地"采风"，了解民情，《诗经》就源于此。

第一节　欲望与情绪

生命具有实现自身意义的内在冲动。作为源始生命力的表现，人的欲望与情绪具有不顾一切、破坏一切规范的冲撞性。不过，人却是在与周遭世界交换物质、能量、信息与意义的过程中，实现自身生命的意义的，所以，人无法摆脱周遭世界的纠缠与约束。而且，在长期演化过程中，人在与周遭世界的共生过程中形成了"共感"现象。因此，人不仅具有肉欲冲动，也有"共通"的真实感、美感、道德感与神圣感。

从根本上说，人在世界上生存的动力来自人实现自身生命及其意义的欲望与情绪。为了实现自身的生命及其意义，人与周遭世界不断交换物质、能量、信息与意义。为此，人逐渐演化出了对周遭世界的直觉意识，而且，这种直觉意识超越了个体自身的局限，它是处于人与周遭世界之间的"氛围感"。这种"氛围感"具有开放的结构。处于同一氛围之中的各人，尽管具有"共感"，但是，个人的直觉也不尽相同，每个人都有着自身的风格与习惯。而且这种直觉总是伴随着人的情感，即情感直观。

中国古人就说过，人有"七情六欲"。根据《礼记》"礼运"篇的说法，"七情"就是"人情"，包括喜、怒、哀、惧、爱、恶、欲，它们是人的自然秉性。① 而"六欲"的说法出自《吕氏春秋》的"贵生"篇，即"所谓全生者，六欲皆得其宜也"。东汉高绣在注解时认为"六欲"是指"生、死、耳、目、口、鼻"等方面的欲望。② 总之，无论主动与否，人都会"有感而发"。即，在具体环境下，人会自然地表露自己的情感，并推动自己利用工具、材料与技术建构出各种"作品"，如艺术创作、科技发明、社会制度与规范等。当然，每个时代的情感是不同的，所以人的创造都是时代精神的产物。

不过，欲望与情感并不总是协调一致的。它们有时会相互增强，而有时却会彼此对抗与抑制。比如，自尊这种情感就会抑制求食的欲望，不愿吃嗟来之食。因此，仅仅用欲望偏好来解释人的动机与行为，是不全面的，还必须考虑到人的情感偏好。

尽管人为实现自身的生命需求，会表现出"自私心"，但是，作为生命体之一，人与周遭世界之间的长久互动，也让人演化出了"共感"。这就成为了真实感、美感与道德感的基础。此外，由于人的情感直觉是对人与周遭世界"之间"这一开放结构的意识，因此，这一意识是超越人自身的，分布、穿越在人所处的周遭世界之中，让人产生"空灵感"。长久以往，它就成为人的神圣感的基础。当然，"共感""共情"与"神圣感"反过来也会以不同方式规范与制约人的心智活动。

如前所述，人具有自我实现的本性。换言之，这种本性就是实现

---

① 《礼记·礼运第九》，见《礼记译注》，杨天宇撰，上海古籍出版社 2004 年版，第 275 页。
② 《吕氏春秋》：（汉）高绣注，（清）毕沅校，余翔标点，上海古籍出版社 1996 年版，第 31 页。

自身需求的满足感。后来，马斯洛在此基础上，把人的需求分为五类：生理需求、安全需求、归属与爱的需求、自尊的需求和自我实现的需求。① 不过，最近有关社会脑的研究表明，人的社会需求比生理需求更为根本，因此，马斯洛的需求排序应该倒过来。换言之，人的生理需求是在社会需求的背景下展现出来，并得到实现的。在追求这些需求方面，人获得的不仅是生理满足，更是由此而带来的享受与乐趣。而且，在共感场中，人的享受与乐趣还有着"比较"的意义。中国人常说，"人比人气死人"，就是这个道理。而这种比较是无止境的，也是推动人类文明前行的动力之一。

细究起来，人类的满足感包括三个方面：

一是生理层面的获得感。为了生存与繁衍，人既有衣食住行方面的获得感，也有满足性需求的获得感。孔子曾说过："饮食男女，人之大欲存焉"。② 不过，这方面的需求也是在共感场中呈现出来的，讲究美感、礼仪等。比如在食的方面，不只是"果腹"，还要讲究"色香味"。而在穿的方面，即使是大年夜四处躲债的穷人杨白劳，也会给女儿喜儿买根红头绳，打扮一下。而且，在这方面，人们还要遵守"礼仪规范"。孔子曾说"斋必变食，居必迁坐。食不厌精，脍不厌细"。③

同样，人的性需求不仅仅是本能冲动，更是"性爱"，也即，有着爱情的性满足，才是美好的享受。所以，性爱的前提是"两情相悦""心有灵犀一点通"。

二是认知与情感层面的真相获得感。它旨在满足人的求知欲望。因为人在生存活动中总是不断地猜测、探究与分辨周遭世界的真相，

---

① 亚伯拉罕·马斯洛：《动机与人格》，许金声等译，中国人民大学出版社 2007年版，第 18—29 页。
② 《礼记译注》，杨天宇撰，"礼运第九"，上海古籍出版社 2004 年版，第 275 页。
③ 《论语·乡党第十》。

特别是他人行为的意图与情感。不过，正如在古希腊文中，"真相"是一个不断呈现与遮蔽的过程。所以，人的心智总是处于信念与怀疑之中。而且，求真感包括经验的与超验的层面。人的求真过程也是移情过程，即把对象想象成"类似于什么东西"；而且，如前所述，人是以三种方式来想象世界的，一是感受直观的方式，另一个是抽象推理的方式，第三则是辩证思考的方式。第一种方式的代表是艺术，第二种方式的代表是科学，而第三种方式的代表则是有关智慧的学说——哲学。

三是人际层面的被承认感。这与人的权力欲有关，换言之，一个人在社会上获得的尊重取决于他获得的承认或权力。

早在4万年前，史前岩画就表现出了这三方面的欲望："食色"、求真与领地。而这三种欲望只有在社会群体中才能得到满足。而且，它们在多大程度上得到满足，也跟人在社会中的地位与权力有关。因此，在远古时代，权力越大的人，往往占有更多的女人、食物以及与神沟通的机会。

总之，人的满足感（即对欲望与情感的满足）首先是社会性的。换言之，人的欲望冲动或情感冲动是在一定的社会情境与约束下发生的。对此，我们从三个方面来论述。

一、自我实现与社会承认

其实，每个人心里都有一个成为王子或公主的梦想与欲望。这就是为什么女孩会喜欢阅读白雪公主的故事，男孩为英雄故事所激动的原因。即，人的自我实现是与社会承认相关的。比如，"人来疯"现象就很好地说明了人渴望得到他人承认的欲望，即，人的社会性。很多年前，我曾经拜访过一位朋友的家庭。这是一个三口之家。当我的朋友介绍到他的儿子时，这个只有7岁大的男孩对我很热情，不断地向我"展示"他的本领与成绩，比如，他擅长打弹子，赢过许多同伴，还会游泳，在学校里得过比赛第一名；这时候，他母亲却插话道："这孩子是人来疯，你怎么不说说自己的缺点呢？在学校里，上课讲话、做小动作，把前排女生的辫子绑在椅子上，是不是你做的？"我赶紧说道，"是男孩的都干过这些，我看这孩子很有出息，长大了一定能干大事"。话音刚落，孩子高兴地对他母亲高声说道，"你看，叔叔都说我好！"，而且神色中对我很是感激。

这个"人来疯"的例子很能说明问题。即，在社会中，人与人相识，都想得到他人的承认，也即对他的言行的认可和赞誉，而且，一旦得到承认，不仅高兴，还会对他人充满感激之情，并把这种承认当作个人的责任，规范自己以后的行为。在法语中，"reconnaître"兼有三重含义：认识、承认与感激。它恰好说明了，社会或他人的承认对于人的成长与身份认同是至关重要的。

在古代社会与今日民间社会，在商品交换之外，还存在着大量的礼物交换，它们维系、并再生产着社会关系网络。其中，送礼人是慷慨大方的，一旦对方收下礼物，还非常感谢对方。因为这意味着其社会身份受到承认。如在中国乡村社会，每逢"婚丧"等大事，各家都会出"份子钱"；如果有哪家拒绝送礼，那么，它以后就会被排斥在当地社会圈之外，得不到社会或他人的承认。

不过，社会承认也是有比较的，因为有比较才能表现出品格的高下。《晏子春秋》中记载的故事"二桃杀三士"就形象地说明了欲望与荣誉感之间的冲突。故事说的是齐景公手下有三位勇士公孙接、田开疆、古冶子。他们瞧不起晏子，有次见了晏子也不以礼相待。后来，晏子就向齐王说，这三个不讲礼仪的勇士对国家只是祸害，不如除掉他们。齐王感到为难，因为他们力大无穷，难以杀掉。于是，晏子就建议齐王送两个桃子给这三个勇士，让他们计算功劳大小来分桃。公孙接与田开疆先后认为自己功劳大，各拿走了一个桃，这让古冶子很不服，古冶子说自己曾与齐王渡黄河时与河中的大鳖大战，并杀了它，这种功劳难道不该享用一个桃吗？于是，他拔剑要决斗。公孙接与田开疆闻言感到很羞耻，自己只知争功，而不知谦让，实在不是勇士应有的样子。随后退还了桃子，自杀而死。古冶子见状，也感到很羞愧，如今公孙接、田开疆已死，如果自己不自杀，那就是不仁不义了。于是，古冶子也刎颈自尽。①

可以说，一开始，三位勇士都是欲望冲动在先，随后在功劳比较中，又都感到羞耻，荣誉感战胜了欲望偏好，先后自杀成仁。这一故事说明了人是在社会规范的背景下实现自己的生命欲望的。

还有一个例子是"嗟来之食"。该典故出自《礼记》"檀公下"，说的是有个叫黔敖的人在齐国发生大饥荒的时候，在路边向饥饿者提供食物。有位饥饿者用袖子蒙着面，拖着鞋，摇摇晃晃地走过来。黔敖见状就左手捧着食物，右手拿碗水，说道"喂，来吃吧！"那位饥饿者听到后，抬起眼来看着黔敖，回答道"我饿成这样，就是因为不吃别人叫我'喂，来食'的食物"。黔敖立即向他道歉，但是，那位饥饿者就是不吃，最后饿死了。② 这一故事表明人不仅有欲望偏好，更有"情感偏好"。为了"自尊"这种情感偏好，有些人甚至会抑制欲望偏好，绝食而死。

当然，情感偏好的范围很广，还包括美感。如前所述，在80年代的上海，有一则有关"白丽"香皂的广告——"今年二十、明年十八"。经过反复宣传，白丽香皂一时大卖。原因很简单，这一广告"击中"了许多女性的"软肋"，迎合并操控了她们的爱美心理，让她们的情感偏好盖过了真实偏好（从生理学上说，今年二十，明年只能是二十一）。

从历史上看，人们对生活品位与质量的追求亦是推动社会发展的

---

① 参见卢守助撰：《晏子春秋译注》，上海古籍出版社2006年版，第78—79页。

② 杨天宇撰：《礼记译注》，上海古籍出版社2004年版，第133页。

主要动力之一。比如，哥伦布的地理大发现与达伽马的环球航行都是源于西方人长久以来对东方生活品位与质量的羡慕与追求，以为东方世界有着巨大财富，如黄金与香料。而且，还有学者在哥伦布的日记中发现，哥伦布还有一个理想，即通过发现通往东方的航道，获得东方的财富，然后再发起新的十字军东征，重占被阿拉伯人占领的耶路撒冷圣地。①

二、欲望与权力

如前所述，人的欲望是通过社会共同体所赋予的权力得以实现的。所以，人的欲望往往表现为权力欲。不过，根据达契尔·克特纳的社会心理学研究，人的权力不是靠攫取而来，而是通过为集体与他人谋福利而被集体赋予的。而损害集体与他人利益的，将会名誉扫地，失去权力。而且，滥用权力，或者靠阴谋手段，都无法长期掌权。唯有关注集体与他人的需求，尊重他人并自谦的人，才能长期维护自己的权力。②

最近加拿大神经科学家奥伯黑等人的研究也表明，身居高位的人习惯于发号施令，在人际交流中处于强势的一方，往往不顾及他人的感受。长此以往，这会损害大脑中的镜像神经元组织，使得自己从他人角度思考问题的能力减弱或丧失。③

在这一方面，克特纳曾做过著名的"甜饼怪"实验。在该实验中，他把志愿者分成三人一组，并且从三人中任意指定一人为领导。这位领导要评估另两人的表现，给他们打分。而且，克特纳给他们布

---

① Carol Delaney, *Columbus and the Quest for Jerusalem*, *how religion drove the voyages that led to America*, Free Press, 2011, p.VII.

② 达契尔·克特纳：《权力的悖论》，胡晓姣等译，中信出版社 2016 年版，第 34 页。

③ Sukhvinder Obhi, "Power changes how the brain respondes to others," in *Journal of Experimental Psychology*, 2014, vol.143, No.2, pp.755—762.

置的都是一些繁琐而枯燥的工作，很容易让人不耐烦。为了安抚志愿者的情绪，克特纳给他们送来零食，如五块巧克力饼干。不过，当剩下最后一块巧克力饼干时，小组的领导往往会毫不在意另两位成员的看法，把它拿走吃掉。① 从这一实验的结果来看，有权力的人往往容易高估自己，不在乎他人的看法，甚至会滥用权力。

但是，克特纳等人并未讨论如何在制度上防止滥用权力的现象。阿克顿勋爵曾说过，"权力导致腐败，绝对的权力导致绝对的腐败"。② 当然，并非所有的当权者都会腐败。但是，毫无疑问，权力具有"腐蚀性"。而且，拥有绝对权力的人往往容易任性而为。所以，人们为了更好地合作与交流，就有必要对掌权者进行约束与制衡。这一约束与制衡机制不仅在政治层面，而且要在人类生活的所有层面确立起来。这就要明确人的自由权利与责任。这一自由权利的前提就是社会秩序要向所有人均等地开放。换言之，在这一社会秩序中，所有人都有着同等的权力自由地追求自己的各种欲望。

在《暴力与社会秩序》一书中，美国学者道格拉斯·诺斯等人认为人类历史经历了三种社会秩序：觅食秩序、权利限制秩序与权利开放秩序。③ 其中，觅食秩序大致属于史前社会。权利限制秩序属于"自然国家"。在自然国家中，精英群体垄断了权利。而权利开放秩序则属于现代公民社会。在权利开放秩序中，"人们被允许自由地进入更多的市场并参与竞争，物品与个人在空间和时间上自由流动，允许创建组织以追逐经济机会，产权的保护，禁止使用暴力来获取资源和物品，禁止强迫他人"。④ 换言之，在现代公民社会，人不是凭借自

① 《环球科学》，2018 年 6 月号，总第 150 期，第 80 页。
② 约翰·埃默里克·爱德华·达尔伯格—阿克顿：《自由与权力》，侯建等译，译林出版社 2014 年版，第 294 页。
③ 道格拉斯·诺斯等：《暴力与社会秩序》，杭行、王亮译，格致出版社 2013 年版，第 2 页。
④ 同上书，第 3 页。

己的身份获得或垄断权利的，而是权利均等。套用梅因的说法，从权利限制秩序向权利开放秩序的过渡，就是从身份社会向契约社会的过渡。①

从目前国际情势来看，权利限制秩序与权利开放秩序是并存的。真正具有权利开放秩序的国家只占少数，而且只是针对本国公民才是权利开放的。在今日经济全球化的浪潮之下，开放与限制之争就不可避免，"逆全球化"的现象也会如影附随。其实，这种悖论并不奇怪。因为人类历史就是不断与"陌生人"建构新的共同体的历史。而最初制定的规范与制度往往会与各地人们的传统习惯与制度有一个磨合期，也即需要"地方化"。在这一过程中，不断会有各种摩擦与冲突，乃至倒退。但是，这些摩擦与冲突也是不同制度与规范之间的竞争。唯有那些更具包容性的权利开放秩序才更能让人们实现自己的欲望与追求。

当然，欲望的满足并一定就会让人感到幸福。换言之，幸福感不仅取决于食物、性与权力的满足，更取决于个人是否得到普遍价值的承认与推崇，更在于来自"共情"（如真实感、美感、良知与神圣感等）方面的满足感。

第二节　共　情

如果说人的欲望与情感是在一定的社会情景下发生的，那么这种感受是在与周遭、他人的共感场中展现出来的。因此，人对于周遭的直觉不是纯客观的，而是有着自身的动机或内驱力，即，欲望与情感。换言之，人的直觉同时也是感受。感受是我们存在于世界上的方式，是我们与周遭世界相互配置、协调、互动（或对立、或一致、或中立、或疏离）的方式。其中，就有制约的机制。而概念及其体系

---

① 梅因：《古代法》，沈景一译，商务印书馆 1959 年版，第 196 页。

就是人们对这种制约机制的意识。换言之，感受具有一套规定我们思考、欲望、审美和行事的信码结构，并随着时空的转变而改变。

具体说来，在人的感知过程中，会有情感宣泄，所以，人的感知最初不是中性的和客观的，而是"感受"活动。情感固然会干扰人的认知、乃至理性、审美、良知和信仰等活动，但是，有时亦会有助于人的感知、理性等活动，比如它会增强人的毅力与勇气。《说文解字》中说："情，人之阴气有欲者"，① 换言之，情绪或情感是人内心有所欲求的隐形动力。可以说，人在感知时是有欲求与情感意向的。即，欲望与情感是生命体实现自身的最原初的动力与目的。不过，在人的生存演化中，人的直觉与理解具有了超越性，即贯穿整个时空内外，涵盖了"天、地、神、人"。于是，人的直觉不仅仅是在具体的事件之内来看，更是从整个宇宙内外来看。这样，人在实现自身欲望的过程中，不仅仅受自身欲望的驱动，表现出自私的情感，还会产生"共情""同情"，乃至"仁爱""慈悲""上帝之爱"等普遍情感。

首先，"共情"是美感的基础。它是人与周遭之间生命情感的共鸣。它可以是喜悦的、崇高的，也可以是悲伤的、卑微的，还可以是寂然无声、大象无形的。比如，南北朝王籍的诗"蝉噪林欲静、鸟鸣山更幽"，② 超越了人的主观之"执"，是从自然万物"之间"来感受，即，人与周遭之间生命情感的共鸣，既无喜，也无悲，而是自然的闲淡。

其次，"共情"还是道德感（包括正义感）的基础。共情并不仅仅是"同情"，还是"关心"。从黑猩猩之间的"梳毛"到人与人之间的"爱护"，经历了漫长的演化过程。此外，人们还会把共情比附到超越性的"神灵"之上，于是，就产生了"仁爱""慈悲"与"上帝之爱"等神圣感。

---

① （汉）许慎：《说文解字》，（宋）徐铉校定，中华书局 2013 年版，第 216 页。
② 出自《入若耶溪》，载《先秦汉魏晋南北朝诗》，下册，逯钦立辑校，中华书局 1983 年版，第 1853—1854 页。

　　大致来说，人的感知活动中所宣泄的情绪包括害怕、恐惧、颤栗、喜悦、内疚等。而对于这些情绪的感知就是情感。当我们遇到危险、想到"逃避"时，宣泄出的情感就是害怕、恐惧。还有，克尔凯郭尔所分析的"颤栗"与"恐惧"，其实是宗教体验中所宣泄出来的情感。后来，海德格尔受其影响，在《存在与时间》中特别分析了"烦""畏"等情绪。列维纳斯的哲学也是从对人的面部表情（即"情感表达"）的分析出发的，并从中体验到不同于存在的超越性。

　　这些情感或情绪是与人的处境息息相关的，也可以称为"心境""性情""禀性""能力"等。它也是人在世界上生存（处世）的能力。在英语、法语和德语中，"disposition/la disposition/Befindlichkeit"就兼有"性情"与"处境"双重含义。这种能力也是人在世界上生存的"移步换景"的能力。不过，它并不是科学技术意义上的计算能力，而是格式塔式的表达，即把自身与周遭相关者先验地纳入一个结构形式之中。当然，这种结构形式会受到社会规范的影响，但是，社会规范往往比较僵硬，灵活性不够。因此，情感的表达如何既不违反社会规范，又有灵活性，这就是感受的艺术。可以说，人类的情感表达决不是一种纯生理的反应，其中存在着各种社会制约机制与表达艺术。如在表现笑、哭、哀伤等情感时，都有一定的规范与分寸感。比如中国乡间的"哭丧"现象，失去丈夫的妻子与失去母亲的女儿的哭诉方式就不相同。

　　可以说，情感是通过游戏表达出来的。即使是"哭丧"，也是一种游戏形式，通过释放因失去亲人而生发的悲伤情感，让身心恢复平衡。不过，正如赫伊津哈（Johan Huizinga）所说的，游戏不能归结为生理的或心理的活动，其意义超出了自身。[1] 换言之，游戏的意义

---

① 　约翰·赫伊津哈：《游戏的人》，傅存良译，北京大学出版社，2014 年 10 月，
　　第 1 页。

大于游戏活动各部分之和。具体说来，在古代游戏中，人与天、地、人、神处于相互渗透、参与、分享、感应的"入迷"状态之中。人不仅可以参与"天地之化育"，而且还可以通过神秘的感应方式（如巫术等），让神灵参与到人事之中，助人"驱鬼驱疫"。以"傩舞"为例。在中国远古时代，先民制作"傩"（象征神的面具），并头带傩面具，跳着舞蹈，"驱鬼驱疫"。

从历史上看，最初人类的一切活动都是情感直观的表达，而其表达形式就是"游戏"。它涵盖了从体育竞技、音乐、舞蹈、戏剧表演、教育、战争、政治、祭祀等活动。即使是农事活动中，初民也不愿意机械地重复，而会时时引吭高歌，丰收时会载歌载舞，遭灾时会伤心痛苦，祈求神灵保佑。

总之，人的感受直观系统是通过身体的感受系统来展现的。我们常常把后者称为"身体图式"，即，身体协调和组织五种感觉（视觉、听觉、嗅觉、触觉、味觉）的结构能力。

首先，人的感受是通过他在世界上的"为人处世"宣泄出来的，也即在他的处境空间（即他与他打交道的人、物所构成的"图景"）中宣泄出来的。而人所感受到的世界在不同地区是不同的，因为"移步换景"，人身处不同的处境，会与周遭世界连接成不同的"图景"。这些图景积淀下来就成为了"文化与制度"，即文化世界。因此。可以说，人的感受空间是最根本的。而且，人也是通过感受空间来具体把握、确定其中的人与事物各自的特性、定量及其关系、样式的。如其中每个人的心情（表现在气色、肤色、着装等）、事物所展现的形态（光亮、柔软、平滑等）。而且，这些感受都是可逆的。由于感受空间亦是表达空间，其中的人与物及其关系、样态，亦在展现和表达着自身的意义。所以，人的语言亦是"结构性的"。在具体的语境下，人们首先具有的是语境结构，即语境中人与物的关系结构。

由于移步换景，人的感受空间也是在不断生成变化的。所以，人的联想空间也是不断变化的。比如，在图"<"中，人们可以对此产生许多联想来实现它，既可以把它实现为三角形，也能让它成为四边形。同样，语言联想也是如此。这些联想相互"映射"对方，也即不同的概念域相互穿越、渗透对方、分享对方、激发对方，无穷无尽。这构成了人的感受逻辑。

可以说，人的感受空间的生成变化显示了它类似非欧几何式的。每一次移步换景都会让人感受到空间在变形、弯曲、交织。这也一定会让人意识到，在感受空间基础上形成的概念与范畴也是在生成变化的。我们不妨称之为"感受几何学"。不过，这种感受几何学却与科学的几何学不同，前者是模糊的、多义的，有时甚至是夸张的、不可理喻的，而后者则是可以精确定义与证明的。

其次，人的感受空间（即人的处境）也会宣泄出人的"情绪"或"心境"来。而移步换景（处境的改变）也会带来人的情绪或心境的改变。这也就是为什么我们会劝说别人"退一步海阔天空"的原因。

由于人的情绪或心境是人的处境（感受空间）直接宣泄出来的，而人的理性却是在人意识到这种处境之后才出场的，所以，人的理性在存在论上是后于人的感受的。此外，人的理性不仅确定人的感受空间（处境）的具体方位（前、后、左、右、上、下、深、浅等），把它们抽象成概念与范畴，而且还调节人的情绪，因为过激情绪常常会导致人的行为失败。不过，情绪并不总是负面的，比如人的行为要成功，就需要勇气与毅力。

当然，人的情绪或心境只有身临其境才能理解，换言之，它是通过身体的感受空间来展现意义的。不过，由于身体的感受图式在人与人、世界之间是可逆的，所以，人的情绪或心境也是可以"感同身受"的，为别人所理解。当然，这种理解遵循的是联想空间的"互渗性"和交织性，而非相互重叠。其中，所有概念都是隐喻的概念，相互渗透、交织，所以多义、变化与歧义、模糊。它遵循的是部分与整体之间相互参与和分享对方的逻辑，即，每个个体（或事实、部分）都是完整的。而让它们得以相互参与与分享对方，并连为一体的，就是"情感感受"，它穿透、弥漫在所有相关方中，使它们相互感通，连为一体。

要说明感受的可逆性，就必须首先明了"感受"与"氛围"之间的关系。它们是部分与整体的关系。换言之，各种感受都参与和分享了作为整体感受的氛围；而且，氛围作为整体又大于各部分之和。那么，由此可知，在远古初民那里，这种氛围成了既内在于每个人的感受之中，又超越其上的、不可见的神秘力量。可以说，人的良知和信仰就源于此。

不过，在个人感受与这种既内在、又超越的神秘力量（整体氛围或集体氛围）之间，一直都存在着张力。在初民那里，巫术或宗教、巫师或祭司对于个体有着控制力。但是，个人的感受也不断力图挣脱这一神秘力量的压抑。在西方世界，直到近代，随着世俗化的进程，个人的感受与自由权利不断得到尊重。

这里，必须区分"感受的逻辑"与"抽象理性的逻辑"。前者更为根本和原始，而后者是以前者为基础的，并把前者"格式化"、确定化，从而作出决定。因为感受中也有"条理感"、"韵律感"、"连续感"、"方位感"等信码结构，即原初的、生成变化着的可理解性，原始人就是据此在不确定的情景下作出决策的。比如，土著孩子从小跟随父亲打猎，从经验中熟悉了周围的地形，野兽经常在哪里出现，了然于胸。不过，他却画不出抽象的地形图来。因为他心中的地形是具象的与情境的。欧洲的人类学家在澳大利亚考察时，发现当地土著人对于"地点"与"地形"有着惊人的记忆力。"土人们对他们居住的那个地区的每个角落都了如指掌；下过阵雨以后，他们清楚地知道在什么山岩上可能留下一点儿水，在哪个坑里水留存得最久"，[①] 而且"他们

---

① 列维—布留尔：《原始思维》，商务印书馆1981年版，第118—119页。

只要在什么地方待过一次，就足可永远准确地记住它。不管多么大多么难通行的森林，只要他们判定了方向，就能穿行过去而不致迷路"。[①]

　　不仅如此，人类早期的技术都是围绕人的身体感受发展出来的，可以说，技术及其工具是人的身体感受的"延伸"。不过，人的心智中还有另一套加工系统，即理性推理系统，它以推理与演绎的方式来使用技术。在西方世界，这一套系统在"轴心时代"的古希腊人那里从感受直观系统的压抑下独立出来，古希腊人借此发展出了抽象代数、几何学以及机械力学。而到了文艺复兴后期，这一传统又被创造性地恢复，再加上笛卡尔的"二元论"，科学技术及其工具开始摆脱人的身体感受，并不断反过来压制人的感受。不过，原始人并非只有感受逻辑，他们同样也有推理理性系统、良知与信仰等。可以说，原始人与现代人的差异，比起人与黑猩猩的差别来，可以忽略不计。

　　必须指出的是，由于人是群体性的存在，群体内的人们通过情感直观与理性判断的交流，会形成群体约定，即价值与规范。而且，与个人的感受一样，群体的感受也是通过群体的处境变动而"移步换景"的。

　　因此，人感知世界的身体图式（即人的身体与世界的各种连接方式）也是"可逆向的"，因为一方面，人是群体性存在，长久交往会有"同感"或"约定"；另一方面，人源出于自然与动物界，体内包含着与其他生命体共享的基因，也即与周遭环境交流与处理信息的"密码"。这就是为什么人与人之间会有"同情"与"理解"的原因。

　　人的身体与世界的连接方式不仅是可逆向的，而且是无限多样的。随着人的身体与周遭世界（他人、事物）的位置变动，各种事件不断发生，事件当中的各人的心情与感受也在不断展现自身的意义。比如，音乐是与舞蹈、诗歌等一起产生的，它们的意义就是在人的身

---

① 　列维—布留尔：《原始思维》，商务印书馆 1981 年版，第 120 页。

体与周遭世界（他人、事物、制度、传统等）的位置变动中展现出来的。比如，著名的《渔光曲》（安娥作词，任光作曲）就通过对人的身体与周遭世界之间位置关系所构成的"处境"来宣泄自己的"感受"与"心情"。其中，由远及近、由清晨而至天明，来刻画人的身体位置的变动；而人的身体亦是主体，他是在完成养家活口的谋生任务的活动中来实现与周遭世界的连接关系及其变动的。由于这种感受是可逆向的，所以，听者无不动容。

听完"渔光曲"，我们不能不说，作曲者很好地把握好了人与周遭世界之间的"处境关系"及其变动，让音乐的节奏随着处境关系的变动而展开，并用各种音乐符号"模拟"出黎明的朦胧、海面的起伏等，这样来宣泄人物生存的艰难、希望的渺茫。

当然，由于处境的不同，人们的感受也不同。大致说来，处境相近的人们，感受也相近。白居易在浔阳江头夜遇漂泊江湖的前长安歌女，从其曲折的身世联想到自身的贬官遭遇，禁不住叹道："同是天涯沦落人、相逢何必曾相识"。[1] 其实，这就是"共情"。在共情中，真实感、美感、道德感与神圣感是其最基本的形式。

一、真实感

人对于世界上发生的事情，总是想"归因"，追问究竟是什么原因造成的，寻求背后的因果关系。不仅如此，人还会对于这些事情进行"归咎"，找出责任者。这就是人的真实感。可以说，人总想探寻事情背后的真相，而且对于谎言与欺骗有着近乎本能的厌恶。

不过，人的真实感是生存论意义上的，而认识只是其中的一个向度，或者是其工具。具体说来，人要生存，就时刻要关注周遭世界的

---

① 出自《琵琶引》，载《白居易集笺注》，第二卷，朱金城笺注，上海古籍出版社 1988 年版，第 685 页。

变化，猜测与判断对方的意图，立即作出自己的反应。因此，人的直觉感受（也即事件意识）首先是一种"真实感"，即与周遭世界的生命律动合一。真实感是本真本己的感受，是人处于特定情境与事件中所感受到的氛围。这种"真实"不是抽象的真理形式，而是人的生存氛围与结构在自身实现自己、完成自己，它不断变形，换言之，它在不断"移步换景"。它是有生命的，具有能量与欲望，不断表现自身、实现自身。这一欲望虽然与人的主观动机有关，但是并不就是人的主观动机，而是人所感受到的人与周遭的关系结构或氛围的动机与欲望，通过人的生存活动以及生存活动所涉及的人与物等来实现自身的。在时间上，它是"绵延的"，把过去、现在与未来连为一体。而具体的计时却是对这一绵延时间感的抽象化。如远古中国人的"日晷"，它是根据当时人的生存处境中太阳与人生活的地球的相对运动来计时的，即，在大地上生活的人发现，太阳会周而复始地升起与落下，于是，就把每次升起与落下规定为"一天"（也即"日"），并在"日晷"（圆木板）上刻出 12 个格，阳光每移动一格，就是一个"时辰"，而一天就包括 12 个时辰。由此可见，"绵延"时间感就是人的真实感，而 12 时辰这类具体的计时技术只是抽象的真理形式。

但是，与抽象的数理概念不同，人的真实感是有律动性的，即感受者与周遭世界之间是相互呼应的，有着韵律。比如，人受到这种律动的触动，就会"吼出来"。而音乐、舞蹈与诗词就是这样产生出来的。

而且，真实感不仅具有当下情境性，而且有着超越性。人总是会追问自身存在的意义与真相，如人从哪里来，未来会怎样？[1] 在

---

[1]　比如，许慎在《说文解字》中认为，"神"通"申"，乃"引申"之意，意指"人的来源"，即，人是从神那里来的；而"鬼"通"归"，乃"归宿"之意，即，人最终回归的地方（参见许慎的《说文解字》，徐铉校定，中华书局 2013 年版，第 2、186 页）。可以说，"神"与"鬼"表达了远古中国人对于自身存在的超越性意义的追问与回答。

《说文解字》中，许慎把"真"解释为"僊人变形而登天也"。[①] 因此，真实就是"通神"，也即"与神合一"。只有这样，人才能明了自身存在的真实意义。即使后来经过周公的改造，"神意"转为以"敬天保民"为基础的"天道"，而求真还是要与天道合一。从春秋战国时期的"道术为天下裂"到秦汉大一统时期的"百家合流"，即阴阳五行说与儒道等学派合流，形成了新的"道术"与"方术"的求真体系。前者是总括的学问，而后者则是各门具体学问，如医、卜等方术。[②]

总之，真实或真理是通过人的真实感，也即人对真实的理解与解释来显现自身的。不过，反过来看，人的真实感及其变化也是对真理意义的占有，尽管不是完全的占有，但是，每一次的意义占有都让人更深地理解了真理或真实。

必须指出的是，人对真实的解释有很多种，如比喻、象征、类比、造型、夸张、反讽、变形、抽象与证明等，而近现代以来的科学说明只是其中之一，而且，由于抽象同时就是省略，虽然突出了真实存在的普遍特征，但是，也去除了真实存在的丰富内涵或氛围。所以，在西方文化中，"自然"的化身是头戴面纱、长有许多乳房的女神，其真容若隐若现。（见图10）因此，西方许多科学家都力图通过各种方式来揭示自然的神秘面纱，却无法完全如愿。爱因斯坦曾说过，"自然只向我们展示了狮子的尾巴，但是我确信即便这样，狮子也属于自然，因为它的庞大，它不能马上将自己完全展示出来。我们只能像一只爬在狮子身上的虱子那样去认识自然"。[③]

---

① 许慎：《说文解字》，徐铉校定，中华书局 2013 年版，第 166 页。
② 参见李零：《中国方术续考》，中华书局 2006 年版，第 1—7 页。
③ 安妮·鲁尼：《爱因斯坦自述》，王浪译，黑龙江教育出版社 2016 年版，第 38 页。

图 10　阿波罗为自然女神的雕像揭幕

（图片来源：Pierre Hadot，*The Veil of Isis，An Essay on the History of the Idea of Nature*，translated by Michael Chase，Harvard University Press，2006，p.201。）

不过，真实感既不是纯粹主观的，也非纯粹客观的。它是人在感知周遭时先验地把自身与周遭相关者纳入某一结构或整体之中的感受。换言之，真实感不是我们从外面去把握的东西，而是有如"庐山"，我们身处其中。庐山的真面目不断显现在我们的观看之中，却又逸出其外。因此，真正的观看方式应该是跳出理性之我的窠臼，从庐山之内来看，这种观看穿越了我自身，显现了庐山自身的生成、变化。可以说，这是超越我自身与庐山的"共感律动"。因此，认识世界就是不断地用新的方式看世界，揭开自然女神一层又一层的面纱。

从 20 世纪初以来，西方现代绘画的发展就表明了这一点。塞尚就主张从自然自身来观看。自然的显现不是以理性的形式（如单点透视）展现的，而是以感受的方式生存变化的（如以多点透视来表现）。这就扭转了自文艺复兴以来以古典主义为主导的画风，为毕加索的立体主义以及康定斯基、克利等人的抽象主义铺平了道路。于是，绘画呈现的人对自然的感受方式，并不等同于现实的客观结构，它可以是超现实的，甚至是像赵无极所描绘的"无形式的混沌"。（见图11）

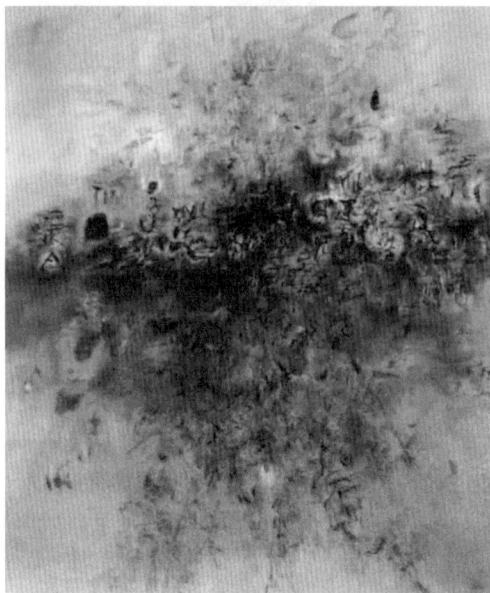

图11　《大地原是无形的》

（图片来源：《赵无极：1935—2010》，［法］多米尼克·德·维尔潘等编著，广西美术出版社2018年版。）

毫无疑问，现代绘画的这一转向是与19世纪末、20世纪初西方科学中空间概念的转变类似的。根据爱因斯坦的相对论，并不存在牛顿所说的"绝对抽象的空间"，物质只是在其中作质点运动，相反，空间会被物体的质量扭曲、压弯、变形。换言之，空间形式其实是非欧几何的，而欧几里得几何的空间形式只是其特例而已。

二、美　感

前面说过，人实现自身生存意义的生命力，具有自生成的结构化动力，它总是以各种流动、变化的形式呈现出来，而且"有意味"，人对此会产生美感。如果这一生命意味是以物的形式表现，那么它已经跳出了物理材料或生理需求的层面，而是让物"变形"，呈现出生命的意味来。比如，饭店里常见一些膀大腰圆的邋遢汉子在那里大快朵颐，让人生厌，因为物欲不是美。但是，意大利文艺复兴时期的一些画家喜欢把怀抱耶稣的圣母画得很丰腴，这却无半点肉欲感，只有母性慈祥的美感。当然，人的美感并非完全与习俗无关。斯蒂芬·平克等人发现，人的美感与社会地位有关。即，上流社会对某些奢侈品的追求与推崇，会引导整个社会的审美趋向。① 换言之，审美活动中亦有博弈与比较，比如在装饰美方面，人们之间就存在着"攀比"现象。

可以说，人的美感也是在共感场中显现出来的。本雅明在《鲍德莱尔：发达资本主义时代的抒情诗人》一书曾说："美就其作为一种历史性存在来说是一种聚集着以往所倾心之物的感召力（Appell）。被美所感召是一种罗马人用来称呼死的'走向众人'（ad plures ire）。根据这个定义，美的显示表明，人们所倾心的那种统一的美在单个事物中是找不到的。这种倾心收获了先辈们在它里面注入的欣赏"，② 是一种跨越时空的"感应"与呼唤。这就是美的共鸣。可以说，美感的基础是"共感"或"共情"，即人在把握对象灵化、人格化的过程中，常常会与这些对象产生"情感共鸣"，并且超越利益纠缠。

除了情感与欲望外，人还有理性，它们也会表现在图景结构中，也会引发人们的美感感受。但是，这毕竟有些呆板，唯有深入其中的情感与欲望才能激发出生命力。欲望与情感这种生命力介入到图景的重构之中，让它变形、伸张、散布，如同化学燃料一样，让图景激活

---

① 迈克尔·加扎尼加：《人类的荣耀》，彭雅伦译，北京联合出版公司 2016 年版，第 239 页。

② 瓦尔特·本雅明：《鲍德莱尔：发达资本主义时代的抒情诗人》，王涌译，译林出版社 2014 年版，第 144 页。

起来。又因为它具有共情作用，让观者也激动不已。

在人类的共感中，人与周遭浑然一体，人的心智会跳脱各种具体事物的特点，而直觉到对象的轮廓与结构及其生成变化。换言之，此时大脑中背外侧前额叶皮层与扣带回非常活跃，会把直观对象的印象"结构化"。① 这就是人的美感体验。比如"白云苍狗""大漠孤烟直、长河落日圆"等印象，注重的是结构轮廓的"变化"，而细节只是用来充实与建构的。

共感还伴随着共情。而共情是一种关心、牵挂的情感氛围。这种共感与共情超越了一般意义上的功利目的，而是与他人、周遭世界之间的情感共鸣。比如，在李白的诗句"举头望明月、低头思故乡"中，作者对故乡的牵挂之情油然而生，而读者亦能感同身受。

不过，美感不能等同于简单的"喜怒哀乐"等情感，而是渗透着可理解性（如平衡、韵律等）、道德感（如仁爱）和神圣感（如慈悲）等。孔子曾说过，"文质彬彬，然后君子"。其中，"质"就是人的自然性情，如喜怒哀乐等情绪，这些原本是动物本能的东西，经过长期培育，可以具有象征的意义，即"文"。换言之，人的自然情绪可以通过各种"象征形式"恰当地表达出来，这些象征形式包括美感形式（如形状、平衡、韵律、节奏等）、良知形式（普遍的同情心）、天理形式（巫术—宗教的神圣形式，如慈悲、宽恕等）。那么，这些象征形式是如何发展起来的呢？

根据古生物学和生物演化论的研究，400万—300万年前的南方古猿在东非大森林中跳下树，开始二足直立行走后，大脑容量不仅增大，而且人也变得苗条。更重要的是，人的手被解放了。我们可以设想，当时一旦遇到肉食动物或其他危险，人情急之下，一定会用手去寻找武器来与对手搏斗；比如，他会弯下腰找石头，然后向对手投掷

---

① 《人类的荣耀》，第 270 页。

石头，或直接用石头与对手搏斗。此外，人不仅用石头来护身，还会用它来狩猎动物，作为食物。于是，当时的人们一定会仔细打磨石块，"感受"到石块的各种形状，如三角形或锥形的石块利于刺入动物的身体，造成猎物大量出血而死亡。这样，人类慢慢就有了点、线、面和体等概念，这在史前洞穴狩猎岩画中，可以反映出来。这些绘画中的点线面等象征形式能很好地表现人们狩猎时的情绪。

正是在打磨石块的过程中，人类特有的"手工艺"出现了。而手工艺活动也大大增强了人类的想象力。从打磨尖锐的石块到制造嵌有尖锐石块的标枪，再到弓箭、弩、枪的发明，以及今日遥控发射导弹，甚至用机器人来制造机器等，人的想象力有了巨大的飞跃。而想象力就是构想这些象征形式的能力。人类正是通过这些象征形式赋予对象以生存的意义或意味。

不过，人类完全超越动物的本能意识（如动物本能的感觉、定向、同情等），形成人类特有的自我意识，还有一个漫长的过程，从今天的考古发现来看，大约是从 400 万—300 万年前南方古猿的手的解放，一直到 4 万年前的"思维大转变"时期，人类才最终具有了生存论意义上的自我意识。换言之，这就是从最早对打磨好的石器的手感愉悦（即赋予石块一定的美感形式）到追问灵魂的归宿的过程。而对灵魂归宿的追问就表明人类已经完全具有了生存论意义上的自我意识，因为动物在本能上亦有自我意识，能够辨别自身与他者的区别，但是，人类在生存论意义上的自我意识却是超越了动物本能，对于自身生存的意义开始追问，如灵魂的来源与归宿、世界的起源与终结等问题。

如前所述，随着人类有了生存论意义上的自我意识之后，人类心智的演化主要受制于文化演化与社会演化，基因演化却相对缓慢，而且也日益受到文化演化和社会演化的影响。比如，2005 年，美国犹他州大学的人类学家发现德裔犹太人的智商比一般人高出 10%—

13%，原因在于德国犹太人在公元 800—1700 年间被禁止做一般生意，不得不选择智力要求很高的金融业为生。①

同样，美感亦是如此。美感是人通过各种感觉方式与对象相处中流露出的无功利性的情感，具有普遍性与可交流性。最初，美感只是人的感受直观之一，即，人在"移步换景"中体会到"韵律"与"节奏"的优美（听觉感受）、"崇高"（视觉感受）、"美味"（味觉感受）、"柔和"（触觉感受）、"芬香"（嗅觉感受），以及这些感受的交错。最初，这些美感都是直接地发生的情感。后来，由于理性的介入，美感也开始比例化、条理化，比如，人们最初在感受到美的愉悦时，会不由自主地"唱出声"来；后来，就有人出来整理这些歌声，分析出其中存在的"韵律"与"节奏"，于是，就有了乐理。这一理性化的倾向也出现在道德与宗教的发展史上。可以说，道德最初只是在群体中生活的个人对于他人和群体的责任感，而宗教源于人对于自然力量的敬畏感。后来，它们也逐渐被理性化为伦理纲常和宗教教条。

不过，人的美感拒绝主客二分的抽象理性化。比如，王国维说过，"境非独谓景物也，喜怒哀乐亦人心中之一境界。故能写真景物真感情者，谓之有境界；否则谓之无境界"（《人间词话》卷上第六）。②换言之，诗人或词人不仅是在写"物境"，更是在写"心境"，即"美感空间"。这是非常有见地的。而且，他还特别提到"境界"中的"有我之境"和"无我之境"，以及"隔"与"不隔"、"人工"与"自然"的区分。③可以说，"境界"就是在共感场中发生的一次"事件"，我与周遭世界都卷入其间。这样，要想作诗或词来烘托此一境界，就不能机械地描述，而是让事件本身说话。即使是"有我之

---

① 理查德·尼斯贝特：《认知升级》，中信出版社 2017 年版，第 229 页。
② 王国维：《人间词话》，徐调孚校注，中华书局 2012 年版，第 5 页。
③ 同上书，第 3 页，第 26—27 页。

境"，也是事件本身让我说出的境界，这样就显得自然和不隔，反之，则显得"人为矫饰"和"隔"了。比如柳宗元的诗《江雪》，"千山鸟飞绝，万径人踪灭；孤舟蓑笠翁，独钓寒江雪"。[①] 其中，物我互观、相互交织，共同烘托出一个冰雪世界的意境。寒意中，让人顿生阔大、深邃、牵挂、决绝的感受。

可以说，审美意境是人与周遭的动态配置，其中的"韵律"总会"不平而鸣"。不过，这种"不平而鸣"不是人为的矫揉造作，而是发生在共感场中的一次自然而然的事件。因为在这个事件中，各要素之间是相互交织的，不过，这种交织是动态的，其中既有互助，亦有冲突。因此，让事件说话，就是让事件中各方及其冲突表现出来，而这就是"不平而鸣"。

总之，审美是需要人生体验的，体验愈深，诗词更能动人。比如，骆宾王的诗《咏鹅》，"鹅、鹅、鹅，曲项向天歌，白毛浮绿水，红掌拨清波"，[②] 一片童真意象，怎不让人感怀早逝的童趣呢。因此，审美不仅是作者参与到共感场之中，而且，也是召唤读者参与到共感场的展现之中。为什么读者在读到"大漠孤烟直、长河落日圆"时，会感同身受呢？因为我们每个人都与周遭世界通过身体介入到无限的共感场中了，无论审美对象有多远，我们都会一下子感受到。可见，美感会一下子拉近空间的距离，或者让人一下子穿越无限的物理空间的限制，感同身受。

三、道德感

如前所述，道德感源于归因或归咎。出现问题时，人总是寻找其

---

① 《全唐诗》(增订本)，中华书局编辑部点校，第六册，卷352，柳宗元三，中华书局1999年版，第3961页。
② 《全唐诗》(增订本)，中华书局编辑部点校，第二册，卷79，骆宾王三，中华书局1999年版，第862页。

原因，把问题的原因归咎于谁，即，谁负责？可以说，道德感是在长期社会合作中，惩罚搭便车或违规的人的规范内化为人心的一种直觉感受。

其实，人天生就有同情心与厌恶心，这种情感可以说是原初的"道德感"。人的同情心或善意是有其生理机制的，即，大脑中会同时分泌出"催产素"。至于在人类演化的过程中，这一生理机制是何时，又是如何出现的，这仍待进一步研究。但是，人是生活在一定的社会环境之中的，其道德感一开始就受制于当地的规范与制度，形成特定的伦理规范。这些伦理规范不仅在不同的群体中是不同的，而且，随着时间的变化而变化。其中，道德感与伦理规范之间存在着张力与冲突。

与美感不同，道德感的基础是"同情"，它是共感或共情中的一种。我们不能说所有的美感都是道德感，但是，可以说，道德感一定会产生美感。[1] 道德感源于同情心与移情作用。不过，道德感的最终形成也与神圣感的作用有关。因为人类最早处于巫术或宗教仪轨的约束之下，由此而具有的神圣感或神的观念反过来会加深人的道德感。比如中国人所说的"天理良心"，前者是"神圣感"，后者则是道德感。

在初民那里，道德也是一种社会现象。个人是无法脱离社会存在的，所以，人从很小的时候就对自己群体（氏族或部落）的疆域"依恋"不已，并按照本群体的规范行事。换言之，原始道德是公共的，具有约束和惩罚的功能，[2] 如"丢脸"会让人自杀。比如，汉语中的"義"字，其原形是"上面插着羊头的钺"。[3] 它是远古社会"王权"的象征，行使着刑罚的功能。同时，它也是道德与法律的来源。而

---

[1] 比如，孔子就说过"里仁为美"（《论语·里仁第四》）。

[2] Marcel Mauss, *Manuel d'ethnographie*, Editions Payot, 1967, p.202.

[3] 徐中舒主编：《甲骨文字典》，四川辞书出版社 2014 年版，第 1381 页。

作为良心的道德却是很晚出现的。这也许与"轴心时代"之后的理性突破有关。比如，前面说过，在西方文明中，"责任"与"宽恕"等概念原是基督教观念，一直到18世纪才成为世俗道德观念。而中国在孔子时代就实现了这一点，比如，曾子说过，孔子的思想只是"忠恕"而已。①

从历史上看，道德最初只是风俗与习惯，相当于不成文法，约束着人们的思想与言行。而且，道德最初都是一些格言或教训，包括语言禁忌等，这些都是公共的。② 不过，道德最初也是地方性的、群体性的，它上升到普遍的道德，却经历了漫长的演化过程。在中国，这大概起始于西周灭商时期。当时西周的统治者发现"天命靡常"，遂以道德为旨归，而道德的标准就是"敬天保民"。为此，统治者要有忧患意识，首先要进行修身，成为道德高尚的人。于是，道德不仅普遍化，而且内化为个人的"良知"（或"良心"）。换言之，道德不仅是普遍的"天理"，也是个人"慎独"的私事。

从19世纪以来，随着民族主义和种族主义的崛起，世界上各文明体、次级文明体之间的冲突不断加剧。每个文明体都包括自身的"道统"（即道德价值观），也或多或少地认为自己就是道德本身，排斥其他文明体的"道统"。因此，道德的普遍化在今日已经进入了全球层面，即如何通过宽恕、感同身受和理性协商，来实现道德的普世化。这一演化过程也会在人类的生理与心理上留下印记，让人类的想象力、理性抽象力得到巨大发展。由此，我们可以看出人类道德演化的轨迹，即，从氏族与部落的风俗习惯到特定文明体的道统，然后再上升到超文明体的普世道德。

此外，正义感是道德感的表现之一。人们在遇到不公平的事情

---

① 参见《论语·里仁第四》。
② Marcel Mauss，*Manuel d'ethnographie*，p.200.

时，往往会愤然而起，甚至"拔刀相助"。但是，正义感不仅包含对规范的遵守，而且还具有超越性，即对劣规陋习的蔑视与挑战。比如，初民社会是有规范的，往往带有非常严厉的惩罚措施，而且，各地是不同的。尽管各地都有路径依赖，但其进步都与人的正义感对现实规范与制度的超越有关。如前所述，人类出生之后，就具有与生俱来的好恶感。这种本性源于天成，孔子非常看重这一点，要求通过"教化"活动，把这一天然的情感转化成普遍的道德理性，即"仁爱之心"。儒家也把这一教化活动称为"赞天地之化育"，即不违反人的自然本性，顺势而为，让人成为人本身。而整个社会的政治架构与国际秩序，都是建立在这一教化的基础之上的。

不过，孔子不知道的是，教化活动也是历史的博弈活动。孔子曾说"郁郁乎文哉，吾从周"。① 固然，西周的宗法制度有其历史的合理性，它是在夏商周时期，经过长期博弈所形成的"规范"。但是，人类与自身、环境的博弈并没有停止，到了秦汉之际，教化的内涵也发生了变化，"郡县制"取代了分封制。而且，自隋唐之后，"科举制"更是成为选拔官员的标准。这在实现人人平等方面，具有重要意义。

正如前面所说的，从感性的意志到普遍道德的意志，人类经历了漫长的演化过程。首先，人类要把我与他者的范围扩大到无限的宇宙之中，即把"恻隐之心"（同情心）与"义气"（公平感）扩大到非亲非友的他者，乃至万物之上。为此，人类要有很好的想象力，而这是通过人类与周遭世界的互动，即通过技术与工具来改造环境与改造自身实现的。

像美感一样，道德良知也是晚出的。因为早期的人类是群居生活的，人们不得不相互协作，以便生存下去。在相互协作过程中，一旦因为自己的努力而使得他人或集体获利，甚至得以存续，那么人们就会从他人的目光或赞美中感受到自豪，似乎自己的价值得到承认；而

---

① 《论语·八佾第三》。

一旦因为自己的失误导致集体行动的失败，或他人的死亡，那么人们就会产生"内疚感"；长久以往，道德良知就会出现，并由此进一步塑造伦理规范和制度。

因此，在日常生活中，人与人之间的相互承认对于个人有着十分重要的意义。大家都知道"人来疯"现象，常常把它作为笑话来说，其实，它表明了人与人之间的相互承认对于孩子的成长（即人格的养成）十分重要。因为相互承认就是一种社会规范的体现。

可以说，良知是指人对于善恶、是非的认识或自我意识。从人类演化史上看，它比道德情感要晚出。在狩猎大型猎物时，先民需要集体协作、分工，于是，"互惠"观念就会产生。此外，礼物交换也进一步体现了"互惠"精神与"慷慨大方"。很可能，道德情感和良知就是这样先后产生的。比如，在古代中国，儒家的先驱把礼物交换中的"礼俗"转变为"礼仪"，成为道德规范和制度。如"有朋自远方来、不亦乐乎?"，其中的"朋"字，它的甲骨文字体是"两串钱币"。这意味着友人之间的交往要像给神敬献礼物那样，要有神圣感。[1] 换言之，友情也是神圣的。

总之，面对大型猎物或恶劣环境，人们在使用工具时，还需要分工、协作；此外，对于处于荒年的群体，通过礼物交换（如"夸富宴"）来帮助他们渡过难关，这也是为了他们在自己遇到荒年时给予回报。在"夸富宴"上，像慷慨大方这类道德情感表露无遗。"滴水之恩，当涌泉相报"，很可能就源于此。可以说，道德感或良知是社会交往的产物。而且，随着神灵观念的出现，这种良知又与神圣性结合起来，逐渐形成了"天理良心"的观念。像儒家的"仁爱"精神与基督教的"爱"的观念、佛家的"慈悲"情怀都是普世的与超越的价值。

---

[1]　在甲骨文中，"禮"的字体就是"放在祭神器皿中的两串玉"。参见徐中舒主编：《甲骨文字典》，四川辞书出版社 2014 年版，第 523 页。

四、神圣感

神圣感是人类超越感的表现之一。除了因拟人化而形成"神"的观念之外，神圣感也是人超越性地追问自身来源与意义的结果。人们总是对于现实生活不尽满意，总想实现更理想的生活。所以，人们也总是通过诉诸神圣感来批判现实。

美国神经科学家加扎尼加认为，宗教是道德直觉的副产品。[①] 这一说法有一定的道理。可以说，把道德感上升到超越性的层面，就是神圣感了。神圣感是以灵感为基础，即意识体验穿越自身、在自身内外投射与分布，在这一投射与分布的场域中，各种意念或意向投射相互交织、连接，构成了人自由想象的基础。而且，这种连接不是机械并行的或有着既定回路，而是会跳跃的，可以瞬间把看似不相关的意念联系在一起，形成创见，这就是"灵感闪现"。这种灵感闪现让人产生有如神助一般。于是，神圣感就产生了。

不仅如此，人与周遭之间的共感场也是博弈与规范场，其中也会生发出具有超越约束力的神圣感。比如在古代社会的礼物交换中，人们会感受到礼物具有"灵性"，它会促使受礼人尽快还礼。[②]

如前所述，在日常生活中，先民会对于"生死"现象感到非常神秘。他们发现，人的生与死的差别在于人有没有"呼吸"。至今，当有人说一个人没气了时，我们就明白他死了。于是，先民就把"呼吸""气息""知觉""精神""灵魂"等与生命联系起来。在世界各文明体中，都是如此。在印欧语系中，"存在"的词根就是"呼吸"，后来又意指"生长""居住"等。[③] 在拉丁文中，"自然"一词也是指"生

[①] 《人类的荣耀》，第 170 页。

[②] 马塞尔·莫斯："论礼物"，载《社会学与人类学》，佘碧平译，上海译文出版社 2014 年版，第 184—188 页。

[③] 麦克斯·缪勒：《宗教的起源与发展》，金泽译，上海人民出版社 2010 年版，第 121—125 页。

长",具有"生命力"或"生命能量"。而在甲骨文中,"生"字的形状是个"植物"。[①]"生"字又派生出"性"字(即,"生生性也"),其中,人性源出天性,而且,尽性才能知天。所以,作为天人合一的自然或宇宙就是"生命"本身,天与人、万物之间通过生命的气息(呼吸—吐纳)沟通往来。而在印度的瑜伽学说中,人可以通过练瑜伽调节气息来与自然合二为一。

先民认为,呼吸(或灵魂)离开了人体,是到了另一个世界,即"永恒的世界",也即"不朽与无限的世界"。由此,人们对于那些永恒不变的树木、山川河流、日月星辰、风雨、天空等就会敬畏和崇拜,以为它们就是神灵或神灵的化身。而且,先民们进一步认为,人类就是来源于呼风唤雨、变化万千、生生不息的自然神灵的创造,而且,人可以通过呼吸(或灵魂)与神灵交流,甚至参与自然的造化。最后,人死后,其灵魂也归于神灵的世界。于是,人们就有了"灵感"。以此为基础,先民们由拜物、拟人化到多神教、一神教。可以说,在人类的文明发展中,巫术与宗教是一切文明要素的来源。

不过,现有的材料表明,只有人类才有神圣感。应该说,这是人类长期演化的结果,而且,演化是联动的过程,即,"共同演化",也就是说,人体的器官也一起在演化。换言之,随着神圣感的出现,人的基因编码与神经系统中也会出现与之相应的变化。不过,关于神圣感的生物学基础,科学家们之间也存在分歧。有人认为它处在人的头顶骨叶;也有人认为处在前额或中额皮质。[②]当然,这些都是非常晚出的新皮质层。因为人们产生灵魂观念和神的观念应该是很晚的

[①] 　徐中舒主编:《甲骨文字典》,四川辞书出版社 2014 年版,第 687 页。

[②] 　参见 *The Psychology of Religion*, Fourth Edition, by Ralph W. Hood, Peter C. Hill, Bernard Spilka, The Guilford Press, 2009, p. 64。中国人常说,"头顶三尺有神灵",可能也意味着头顶骨叶是神圣感的神经机制所在;禅宗大师也常对弟子"当头棒喝",让人顿悟,也许也体悟到了这一点。

事，埃克尔斯认为一直到尼德安特人才有了葬礼，时间大约在 8 万年前。①

在中国，最早是大约 3 万年前，山顶洞人有了葬礼仪式和陪葬品。以后，到了新石器早期（大约 1 万年前），人们对于神灵的崇拜开始制度化，建立了神庙和祭坛。社会也开始分化为垄断沟通神灵之特权的贵族与一般平民。而在远古中国，贵族喜欢用玉器来沟通神灵。可以说，当时人类的思维方式是以神灵为指向的。日常行为方式，如祭祀，都是以神灵为中心的，如中文中的"禮"字就是两串玉放在祭神的器皿里。可以说，神话思维在当时主导了人类所有思维与行为方式。而即使在近现代世俗化过程中，神话思维仍然潜存在我们的思维方式中，与理性、道德、美感等共存。

汉字中的"神"与"鬼"的字源也表明"神"与"鬼"的观念是与中国人对"生"和"死"的思考相关的。根据《说文解字》的解释，"神"乃"伸""申"也，指"来源"，即由此引申而来；换言之，"神"是一切的来源，即一切都是从"神"那里引申出来。而"鬼"即"归"，指"归宿"。而人的归宿就是有"鬼"的地方。② 在远古中国，初民实行的是"民神异业"。即，把管理百姓的民事事务与管理神鬼的事务区分开来。③ 从事与神鬼有关的事务包括"天文""历法""菁龟""杂占""形胜"等。

而且，人的神圣感也表现在人类的空间布局——城市规划上。比如，在中国古代，西安半坡社会就在聚落中心立柱，作为祭祀神灵与祖先的场所，这个地方是神圣的（见图 12）。到了商周时代，每个城

---

① 约翰·C.埃克尔斯：《脑的进化：自我意识的创生》，潘泓译，上海科技教育出版社 2007 年版，第 131 页。
② 许慎：《说文解字》，（宋）徐铉校定，中华书局 2013 年版，第 2、186 页。
③ 见《国语》"楚语下"（观射父论绝地天通），陈桐生译注，中华书局 2013 年版，第 621—623 页。

市中心都立"社",祭祀神灵。而且,这个祭祀地点也成了人们交易、娱乐的地方,逐渐演变成"庙会"与"庙市"的场所。而在中世纪的拉丁西方世界,能够被称为"城市"的地方,必须要有主教堂;而且整个城市的布局是以主教堂为中心分布的,意在通过主教堂团结在上帝的周围,从而获救。比如,在法国巴黎,其城市的"原点"就位于主教堂所在地——巴黎圣母院的门前。

图 12 西安半坡遗址的祭祀柱

（图片来源：佘碧平摄，2018 年 4 月 2 日。）

可以说,神的观念源于人对于人生"意义"的思考。这里的"意义"即"象征的意义"。不过,必须指出,在把"神圣感"制度化的过程中,巫术和宗教是两个重要阶段。中国古人说"国之大事,在祀与戎"。[①]祭祀成为国家大事,也就意味着超越的和普遍的"神圣感"被格式化了,也即"条理化"了。可以说,这一过程也就为"理性突破"做了准备。有趣的是,古代中国的巫师是手持"规"与"矩"

---

① 李梦生：《左传译注》，"成公十三年"，上海古籍出版社 2004 年版，第 578 页。

的，也即"圆规"与"矩尺"，① 可见，巫师或神就是制定规矩和制度的。时间一长，这种普遍的和神圣的规矩与条理，也会让人们的情感受到普遍规范，于是，美感、道德良知与理性推理就出现了。最终，在2500年前左右，在古希腊和中国中原等地，出现了"理性的突破"，也即雅斯贝尔斯所说的"轴心时代"。

第三节　直　觉

知觉是人对于自身与周遭之间生存博弈的理解和对对象的认知。首先，它是人对所处情境或氛围的结构化的感受直观。换言之，它是从生存背景（或视域）中直观出图景对象来。其实，其他哺乳动物也有类似的"事件知觉"，即对具体情景的知觉。② 这是因为当时的环境危机四伏，随时面临被其他肉食动物掠食，这让哺乳动物演化出了对周遭环境的整体直觉能力。不过，人的直觉能力远远高于其他哺乳动物的直觉能力，不再受限于世代栖居的生活环境，而是超越了特定的时空，形成了超越性的"天、地、神、人"合一的整体直觉感受。即使是经历了轴心时代的"理性突破"与近现代以来的"祛魅化"，但是，人的心智中仍然深藏着这种整体性的和超越性的直觉感受。

可以说，人的感知活动是一个复杂的过程。不过，它首先是情感体验活动，因为人对于处境的感知首先是价值意向与判断，即，喜欢、厌恶、恐惧、快乐等。因此，我们把人的原初感知称为"感受"。这种价值取向兼有象征价值、使用价值与交换价值。从晚期智人开始，人的情感是有信仰追求的。因为人作为生命体，是有欲望的，不

---

① 东汉许慎在《说文解字》中把"巫"释为"祝也，女能事无形以舞降神者也，象人两褒舞形，与工同意"；而释"工"为"巧饰也，象人有规矩，与巫同意"。参见许慎：《说文解字》，（宋）徐铉校定，中华书局2013年版，第95页。

② Merlin Donald, *Origins of the Modern Mind*, *Three Stages in the Evolution of Culture and Cognition*, Harvard University Press, 1991, p.153.

仅要在衣食住行等方面实现自己的欲望，而且追求精神价值。如前所述，1990 年代，意大利帕尔玛的神经科学家们就发现，在恒河猴的大脑皮质区就存在"镜像神经元"，它们能够感受到人的动作与意图。后来的一系列发现表明人类也有着更复杂的"镜像神经元"。可以说，镜像神经元是共感的生理基础。当然，从黑猩猩之间的"梳毛"到人类之间的"关心"、同情、慈悲等，经历了漫长的演化过程。同样，人类从血亲之间的爱护发展到超越血亲、种族的"仁爱"（儒家）、"慈悲"（佛家）、"善"（柏拉图）等，也是经历了漫长的规范化过程。

以儒家为例。《中庸》中的一段话代表了这种超越的、神圣的"仁爱"精神。原文如下："唯天下至诚，为能尽其性；能尽其性，则能尽人之性；能尽人之性，则能尽物之性；能尽物之性，则可以赞天地之化育；可以赞天地之化育，则可以与天地参矣"。[1]这就是"成己"、"成物"的精神。因为"天地之大德曰生"。[2]换言之，天之"性"乃"生生"也。天或自然有着让每个生命都能实现自己生存欲望的意愿，而且，上天也正是通过让每个生命实现自身欲望的过程来实现自身的欲望。一旦看到生命受到残害或凋谢，人心会不忍、痛惜，而且慈悲之心油然而生。而能够帮助自己与万物实现生存之意义的，那是最大的仁爱。

不过，人的感受是模式化的，不仅有识别模式、记忆模式、表象模式，还有语言模式、阅读模式等。总之，它是结构化的，即，人不是一个个、一部分一部分地逐个感觉对象，然后简单地相加，而是把感觉对象纳入感觉结构中。人的感受把触觉、嗅觉、味觉、听觉、视觉整合起来，并配合着人体的心跳、呼吸或运动等，形成"躯体—呼

---

① 《礼记·中庸第三十一》，见杨天宇：《礼记译注》下册，上海古籍出版社 2004 年版，第 705 页。
② 黄寿祺、张善文：《周易译注》，"系辞下传"，上海古籍出版社 2004 年版，第 530 页。

吸"直觉。它具有生命体特有的"韵律"与"节奏"。庖丁在解牛时，决不是机械地切割牛，而是整合自己的各种感觉，配合着自己的呼吸、心跳、步伐、手的力量，顺着牛身体的骨节、筋道的有机结构来"解牛"。

但是，另一方面，人的感觉又有"自由联想"或"自由想象"的能力，能够自身"解构"，逸出感觉结构。这也是人的创造性所在。从人类的演化历史来看，人与动物的根本区别就在于人意识到自己的存在是有"意义"的，也即有象征意义的。当然，德瓦尔等人的研究也表明黑猩猩也有同情心，但是，这种同情心（比如安慰同伴，并互助等）只是局限于群体，不具有普遍性，所以是低级的。此外，虽然鸟和其他动物亦有空间、时间和计数等感觉，但是，这些认知能力只是本能，不具有生存论意义上的象征意味。而人类却发展出了超越性的象征能力。换言之，人的心智具有生存论意义上的"意向性"，这一意向性不是静观的认识，而是有意味的，即有情感、体验、品位的。即使是摄影，也是有意味的。比如，罗兰·巴特在《明室》里，谈到一张拍摄于1931年的小男孩的照片时，就说过，观者一定会问：这个男孩今天还可能活着吗？[①] 潜台词是这个男孩熬过了第二次世界大战吗？这类关心与意味是动物所没有的。只有人类才具有理解自己存在之意味的能力。而这是人类长期演化的结果。其中，人通过解放手，在制造、使用工具与人际交流的过程中也改变了自己，大大扩大了自己的想象力，发展出了超出动物界的"人生意味"，即，生存的意义，并在此基础上又发展出了抽象的理性能力。

总之，感受是人处世的心态与行为方式。人在世界上存在，有着

---

① Roland Barthes, *Oeuvres Complètes*, V, LSivres, Textes, Entretiens, 1977—1980, Seuil, 2002, p.857.

对自身、世界之间的各种线条、形状、意图与行为进行"结构在先"的"整合"和"构成"，进行"范畴直观"，建立"概念分类体系"。这是人的意识和生存的特点。换言之，这种能力是人与世界通过身体相连接而形成的存在能力，因为人已经先天地与世界联系在一起了，人对自己与世界之间的各种联系已经有了"结构理解"，所以，一旦看到杂多的东西，就立即会把它们整合成一个"图形"、概念或范畴，并进行范畴分类。

但是，这种先天的"结构理解"却是随着人的身体定位和时间体验而变化的，所以会出现从同一个生存背景中看出各种不同的图形（或观点、概念、范畴）。这表明人在不同时间、地位上，有着不同的看法。这些看法或观点都属于"心态"。

一、"心态"

在中文中，"心态"一词的意义极为复杂，但大致说来，它是指"心理态度"（也即性情或禀性），兼有"内在性"与"超越性"（或"外在性"）两个向度。这表明，人的心态不是指"某个内在的我在思考"，而是指在向世界开放和世界向我开放的交织中，我的身体在接受世界向我覆盖、分布和展开的同时，也向世界覆盖、分布和展开的态势。从主动的一面来看，"心态"是人的身体在世界中的"部署""展开"和"配置"的样式，它在与世界向我的"部署"的样式的互动与交织中不断"移步换景"。换言之，人的思想会在他的身体部署之中表示出来。

换言之，人的心态是由多重意向构成的结构，既有主观看法，又有换位思考，如客位思考，从他人角度来思考，甚至从整个社会的角度或整个宇宙的角度来思考。简言之，人的心态至少包括主观意识、客位意识、他人意识、社会意识与宇宙意识。

从词义上看，"心态"作为身体部署的态势，至少与"心智""精神""理性""意志"等有关。古代人早就注意到"心智"现象。在古希腊文中，"心灵"是"noûs"，包含了人的全部精神活动；而拉丁人则用"intellect"来对应于希腊人的"noûs"，汉译为"心智"，也是指人的全部精神活动。到了笛卡尔和洛克时代，"intellect"被分成"le sens/sense"（感觉）、"la raison/reason"或者"l'entendement/understanding"（理性）；而康德更是把它区分为："Sinnlichkeit"（感性）、"Verstand"（知性）和"Vernunft"（理性）。

不过，心态并不等同于心智，而是最原初的心智活动——感受活动。可以说，理性系统与见识系统就是在这一原初的感受表征的基础上进行再加工的。在英语中，"sense"一词有着三层相互关联的含义："Perception"（感知）、"Meaning"（意义）、"Orientation"（方向）。① 而且，感知是与情感联动的，如在英语中，"feeling"一词兼有"感觉"与"情感"双重涵义。

1. 感知

可以说，"sense"一词深刻地呈现了人的"心态"。即：人的心态是人在世界中存在的展现、分布，也是人在世界中与他人、事物、环境、制度等之间种种或明或暗的生存关系的"结构配置"。这种结构配置是有指向的和倾向的，即人总是通过一定角度和方向通过自己的身体存在于世界这个无垠的身体间性中的，并与周遭形成生存关系的结构配置，从而展现自己当下"感受"和"意义"。比如，使用技艺与工具解决衣食住行等问题，在此过程中，赋予物品以自己的情感与想象，如在器皿上刻上各种图饰或花纹，表达自己的美好愿望。其中，某些特有的抽象符号也会成为美的形式。

如前所述，推动人感知世界的，是人的欲望与情感。为此，人对周遭的感知必然带有自身的体验及其意味。而且，它们是在社会背景

---

① 在法语中，亦是如此。

下，也即共感场中，以格式塔的方式呈现出来的。这种结构配置也会通过人的动作而内化为心智的结构图式，它不断同化与整合外在的经验，如分类、排序，形成空间感与时间感等。当然，它也会抑制与排斥异质经验。这也是一个博弈过程。

不过，感受直觉的同化与抑制方式是与理性推理不同的。后者是以"主客分立"的静观方式展开的。而前者是代入式的，会受制于主观情感，产生"感受错觉"。因为在感受直觉中，各要素之间的关系结构不一定是科学客观的，而是受到主观欲望与情感的左右，往往是错觉。不过，这也是人的真实感受。比如，在日常感受中，人们会觉得远处的东西看上去比近处的东西小。现代抽象派绘画常常利用这一感受错觉，往往更能打动人。吴冠中就说过，抽象美的形式不同于解剖结构。①

当然，我与周遭的生存关系的结构配置从来不是僵死不变的，而是开放的，有着各种或明或暗的冲突与纠结。它们会逐渐地或突然地让我改变生存的方向。随着方向的改变，我与周遭的结构配置也会发生"扭曲"和"变形"，人也感受到"痛苦"或"喜悦"等，人生的意义也会发生变化。不过，人的生存方向的改变，同时会"拖动"原有的生存关系的结构配置，使之变形或断裂、重组，并与转向后的周遭形成新的生存关系的结构配置。因此，人是背负着对过去的记忆与对未来的期望而移步换景的。比如在毕加索的画作《坐着的女子》(见图 13)中，同一个女人由其不同表情的面孔、身躯聚合在一起来表现。这种"立体主义"表现了人的生存状态的"连贯的变形"，其中每个部分都存在于特定的时空中，而又与其他部分具有连贯性。于是，空间与时间就在这一生存方向的转变中绽现出来，并不断重构着。

---

① 吴冠中：《我负丹青：吴冠中传》，人民文学出版社 2004 年版，第 313 页。

图 13 《坐着的女子》

（图片来源：维多利亚·查尔斯等:《巴勃罗·毕加索》，赵晖译，人民美术出版社 2006 年版。）

2. 意义

在共感场中，作为"意义"的感知（sense）本身就是象征了，而且会通过人的语言交流表现出来，如"手势""口语"和"文字"等。不过，人在感知过程中获得的"意义"，如要保存下来，就要通过"记忆"活动，而保存记忆的最好方式是绘画、诗歌、传说和史书等。

感知过程也是情感表达与规范过程。比如，在法语与德语中，"la conscience-Gewissen"既是指意识与认知，也是指良知。而且，在法语中，认识（reconnaître-être reconnu-reconnaissance）兼有认识、承认与感激三重涵义，可以解释为：认识就是希望得到承认，一旦得到承认，人就会心生感激。因此，认知向度是与价值评价、社会约束向度相关的。换言之，个人心态也是受制于集体心态、习俗与制度的约束。

3. 方向

虽然推动人生存的动力是人对自身欲望与情感体验的追求，它规

180

定了人的目的与方向，但是，我们每个人从出生那一刻起，就生活在家庭和社会里，以后虽然也会独自生存，但是，身上已经带有社会性的痕迹。不过，尽管个人的心态带有集体心态的痕迹，但是不同于集体心态。集体心态是由许多个人组成的团体与周遭形成的生存关系的结构配置，虽然它是有约束力与指向的，而且这一指向决定了集体的意义与感受，但是，它却是开放的，有着各种或明或暗的冲突，潜藏着解体与重构的可能。因此，个人仍然具有自由选择的意志自由。本尼迪克特·安德森认为"民族"只是想象的共同体，其实就是这个道理。

可以说，心态既有被动性，亦有主动性，但是，它们都是以生存的结构关联为导向的，而且，人的生存总是要走出自身既有的状态，向外投射。不过，无论如何向外投射，心态总是"背负"着已有的生存关联域。而且，心态作为充杂着各种或明或暗的、开放的生存关系场的显现，其中就有各种不同方向的力量牵扯着它，换言之，心态的既有状态只是这些力量所形成的"合力"的结果。但是，这种合力不可能是稳定不变的，随着新的外在因素的渗入，又会形成新的合力。当然，人的自身修养也可以抵抗外在诱惑，但是，这种修养也是一种生存关系的"制度化"，这种"主动性"属于诸力量中的一种。换言之，在心态结构中，就已经存在着各种生存关系的"博弈"。

集体心态和行动亦是如此。要想集体心态或行动不僵化，就要不断激活它自身的"张力"，并与各种外在的和内生的因素形成新的合力。比如，奥尔森在《集体行动的逻辑》中就指出，要想集体行动有成效，就必须让集体内部形成各种小集团，并让它们相互竞争，从而实现集体利益的最大化。但是，作为集体的领导者或制度，必须能够有效地掌控冲突与危机，不使之危害整个集体的生存。①

---

① 曼瑟尔·奥尔森:《集体行动的逻辑》，陈郁等译，上海三联书店、上海人民出版社 1995 年版，第 72—73 页。

二、行　为

心态也是人对于欲望、情绪、良知、美感、真实感、超越感等的用法，即，为人处事的各种方式，也是人的各种习惯或习性。不过，人的行为是有目的、意图与感受的，它是无法被理性设计的，只是力求在与周遭互动中达致内与外的均衡，也即，在同化周遭的同时也顺化。具体说来，人的行为就是为人处事，即不断地占有周遭及其意义，并化为己有的同化过程；它同时也是理解与解释这一行为意义的过程。因此，阅历越丰富，对人的存在意义的理解与解释也就越深入。不过，人不是独行侠，他是与他人一起在群体中生活。他的生存、理解与解释的同化过程一定会与其他人的生存、理解与解释的同化过程发生交错、交锋与较量，而且，每个人不仅占有、理解、解释与塑造他人生存的意义，也会被他人占有、理解、解释与塑造自己生存的意义，后者就是人的生存的被塑造与顺化过程。因此，人与人之间是相互塑造的。

前面说过，感受就散布或弥漫在周遭世界之中。对于人来说，人的感受就是为人处世的行为方式。它们是一体两面的。不过，令人惊奇的是，德文中"Befinden"、英文中"disposition"和法文中"la disposition"在词义上与中文中"为人处世"具有惊人的一致性。首先，让我们来看《朗氏德汉双解大词典》①《法汉大词典》②《新牛津英汉双解大词典》③，Befindlichkeit-la disposition-disposition 是指"处境、氛围、心情、能力、性格、爱好、禀性、配置、机制"等，兼有"为人""处世"与"性情"等意义。

由此可见，人类在"为人处世"方面是有着共通的生存体验的，

---

① 《朗氏德汉双解大词典》(修订版)，外语教学与研究出版社 2010 年版。
② 黄新成等主编：《法汉大词典》，上海译文出版社 2002 年版。
③ 《新牛津英汉双解大词典》，上海外语教育出版社 2007 年版。

而且，这一处世体验有着三个层面的意义：1.它首先是指人在世界中与周遭事物、他人的空间配置关系。2.它不是静观的物理空间配置，而是代入式的氛围、心态、心情、意境、为人、性格、制度等"生成空间"。3.它还是一个博弈与演化过程，即开放的生存结构、心态与制度。

可以说，"为人处世"反映了感受的基本特征，其中，"为人"是感受的个体性与有限性，而"处世"就是感受的总体性与超越性。换言之，感受首先是"氛围"，它不是客观的物理空间，而是空间得以可能、生成、变化的根据。当然，人的感受要遵守客观的物理空间，但是，它不会拘泥于物理空间，还可以改变它。比如，无论是在中国，还是身处世界各地，各文明体都经历了从氏族、方国（或城邦）到天下的过程。而从1648年维斯特伐利亚条约签订之后，西方各国率先进入主权国家时代，然后，随着西方列强向全球的殖民扩张，其他文明体国家也被迫进入主权国家体系。不过，从1648年之后，主权国家概念也经历从君主制为主导的主权国家体系（即，法王路易十四所说的"朕即国家"）向以人民主权为基础的主权国家体系的转变。在法国大革命之后，虽然王朝复辟，但是，到了1850年之后，人民主权的新体制终成主流，于是，一种新的社群形式——民族—国家出现了。而这些共同体形式其实都是人类"为人处世"的不同组织方式。

1.处世

处世行为展现的是生存处境。不过，必须注意，这一生存处境不是纯粹的自然地理，而是人居住其间的自然环境。换言之，人与周遭有着亲缘性。这一地理空间被胡塞尔、海德格尔和梅洛-庞蒂称为"大地"，其实就是人类的"生活空间"。它是多重的，包括生态空间、建筑空间、经济空间、社会空间与精神空间等。

人生在世，就是在世界上与他人、他物打交道，这里面必然会有一个生活空间作为舞台，其中展现了人口与地理之间的互动关系。从历史上看，地理空间是多样性的。从词源上看，"geography"的前缀是"geo-"，即指地理，与"topos"等同义。法国地理学派之父维达尔与年鉴学派代表人物之一勒弗尔就主张"地理可能论"，即，所有空间（平原、群山、河流、乡村、城市等）都有着无限的可能性，如莱茵河既是各民族的分界线，又是他们之间的交通线路。① 因此，它们还有赖于人的活动，换言之，自然只是赋予了各种地理的可能性，正是人的活动利用这些物质可能性，实现了现实的地理空间。可以说，小到微观地理空间，如民居、村庄、城市和地区，大到宏观地理空间，如民族—国家、大陆或次大陆，都是人类活动的产物。

可以说，这一空间感是人与周遭之间不断变化的物质、能量、信息与意义的交换活动内化的结果。从最早狩猎与采集时期的"巢居""穴居"，到农耕时代以来的"乡村"与"城市"，乃至当今的全球化与空—天—地一体化，都是人与周遭之间的交换与交流方式不断变化的结果。由于人的活动是不断变化的，所以这些微观与宏观的地理空间也会随之改变，村庄、城市是如此，民族—国家、地区联盟也是如此。由此观之，地理空间是一个复杂多变的场所，人类活动的演化会引起地理空间的变化，反之亦然。而且，地理空间的变化与再生产是围绕人与人之间的博弈活动展开的，不仅有经济、科技与政治的博弈，还与人的精神空间的变化与再生产息息相关，换言之，它们是一体两面的。比如，建筑空间不是一个个简单的物质构造，符合力学规律，而且更是一种"建筑氛围"，因为人类的建筑不同于物质自然，而是有着亲密性的栖息地。

---

① Philippe Moreau Defarges, *Introduction à la géopolitique*, Editions du Seuil, 1994, pp. 196—197. 又参见 Lucien Febvre, *La Terre et l'évolution humaine*, Editions Albin Michel, 1970, p.31。

除了建筑空间外，经济空间、社会空间都是生活空间，如家庭、学校、公司、各种社会组织。正如"disposition"一词的第一层含义所揭示的，人的处世行动是一种人与周遭世界的结构配置活动，它构成了人类物质生活的基础。首先，人要在世界上生存下去，就不得不在资源、工具、技术和资本之间形成最优配置，从而以最小的投入获得最大的产出。不过，这一配置活动是与供需关系、价格与人的偏好相关的，而如何定价，又涉及人的收入和分配。此外，人的偏好也是多层面的。原来在前现代社会里，自然是与价值不可分的，而到了现代社会，个人主义当道，自然与价值区分开来，个人的偏好成了价值的代名词，或者，个人之间达成的共识成了价值的基础。换言之，价值成了约定的东西。

不过，人与资源、工具、技术与资本的配置不仅仅是机械的和理性的，而更是一种牵挂、关心和亲缘性。这样，在这种配置中，人或物品的价值就不仅仅是使用价值、交换价值，而且更是象征价值。比如，美苏争霸时所创造的军事物品，谁会想到它们会变成了今天的日用电脑、手机呢？此外，乔布斯最初创业是为了创造世界上没有的商品，制造新的时尚，让消费者产生购买的欲望。换言之，生产活动不仅为人制造生活必需品，而且更是创造品位、享受与人性。

人的处世空间也呈现了人的精神空间。在6000年前仰韶文化时期的西安半坡遗址中，考古学家发现居住区周围是一条宽大的壕沟，墓葬区位于壕沟之外的北部。从这一空间布局来看，当时半坡人已经有了明确的灵魂世界，并且把它与现实世界区别开来。不仅如此，半坡人还把生活区域与生产区域也分隔开来，制陶区与渔猎区也都在壕沟之外。换言之，壕沟之内只有居住区，其中心是一座160多平方米的大房屋。这座大房屋是氏族首领与成员议事、祭祀的场所。2002年，考古学家又在居住区中心广场上发掘出了祭祀点，它围绕着一个高约80厘米、直径约20厘米的石柱，这里是半坡人祭天礼地的神圣场所，也是他们精神空间的核心所在。①

总之，"处世"就是人要与周遭环境构成亲密的"体验场"，其中，既要尽人之性，也要尽物之性。一方面，人要虚己待物，经历与体验周遭对象，并用物性中一些成分来"变换气质"，如竹子象征节操与气节，高山象征崇高，大海象征气量等。另一方面，让周遭对象在展现与实现自身生命本性的同时，也体现与满足人性要求。因此，体验场是物性与人性的交织与融合。当然，这一交织与融合并非总是和谐的，也常常会发生冲突与对抗，为此，人会尽力利用地形地物来改变周遭对象，使之成为宜居的环境。因为人的为人处世就是要在世界上实现自身的意义。为此，人就要经营与改善自己的社会环境。比如，古人所说的"修身、齐家、治国、平天下"，其实就是改善自己所在的人际环境、家庭环境、国家环境与天下环境。

当然，在这些环境中，人们的处世方式——即"为人"——也是各不相同的。即使是一母同胞，也会"一娘养九子、九子各不同"。而且，人的心态也会从他的处世为人中表现出来，如他的家居、气质、待人接物的言语举止、办事能力等。

2. 为人

为人也就是成为人、成为自己、成就与实现自身存在的意义。而要成就自身，人也必须同时成就他人与他物，因为我自身的生存意义就分布在自身与周遭之间。因此，人的感受性是开放的，也是完整的，即，人拥有了整个世界，并与整个世界相互开放、交织。不过，人的感受又是独特的，即人是从某个入口切入世界的，与周遭世界形成特定的分布图，即身体图式。它构成了人的禀性、能力、倾向、性格等。而这就是"为人"。

具体说来，人的感受性具有原创的空间定向能力，即，在与周遭

---

① 参见郭京宁：《回到半坡》，上海古籍出版社 2010 年版，第 14—30 页。

世界的互动中，人是在不断地"移步换景"。换言之，人有着空间生成能力。可以说，空间定向能力是与时间感密切相关的。在《存在与时间》中，海德格尔认为时间性这一视域是将来（先于存在的"向死而在"）、过去（已经来到世上）与现在（当面存在）以三位一体的方式呈现，① 其中，将来这一向度是人的生存活动的指向，也是与人的生存的空间定向（即"在世界之中"）息息相关的。换言之，它们是联动的。

当然，感受所展现的空间有时也会与客观空间发生冲突，如在中国人的建筑传统中，一旦新居所处的客观空间犯冲，设计者就会在门前立一块青石，上书"泰山石敢当"来化解。总之，客观空间或自然地理，只是给人类活动提供了各种可能性，人的感受空间其实是对这些可能性的实现或改造。

从生活实践上看，人们对自然环境或客观空间的改造，就是以这些可能性为前提的。比如，购买了新居的人家一般都会对房屋重新进行装修，如果房屋的层高较低，那么房主就会用一些细长的线，吊上装饰品，会让房间显得有高度感；而如果房间面积较小，那么房主会用一些横向的装饰条，让房间看上去有纵深感。因此，生活空间还是有品位和追求的。我们的体验所绽现出来的空间，是有着自身生成性和变化性的；而且，它还是开放的，内外因素相互交织、互动，就会不断重组成新的结构。

因此，从感受性角度来看，人的体验意向性还是双向的，即，人认识对象、他人、世界，也是对象、他人、世界认识、承认他本身，因为人不可能真正遗世独立，换言之，人的存在就在于与他人、世界一起生活。不过，"物以类聚、人以群分"。人的认识与作为有时候是

----

① 　海德格尔：《存在与时间》（修订译本），陈嘉映、王庆节合译，熊伟校，陈嘉映修订，三联书店 2006 年版，第 370—376 页。

会得到整个世界的承认，但是，大多数时候只能得到某些集团或阶层的认同，这是因为认识与承认是一个"博弈"活动。比如在城市空间的再生产中，人都是以特定的角度居住在世界中的，这跟他的能力有关，而这种能力是综合性的，既包括他的经济收入、政治地位，也与其学历、家庭背景等相关。比如，在上海，有着"上只角"与"下只角"的说法，这最初是由华洋杂处造成的"地倾西南"现象。即徐家汇路以北称为"上只角"，而以南称为"下只角"。最初，英法等国在上海的租界都处于西南角，而且来自浙北与苏南的移民也居住在此，他们大多较为富裕，从事买办、银行业、裁缝业等工作，属于当时的中上阶层。而居住在徐家汇路以南的大多来自苏北，很多是因为水灾、战争等而逃难到上海的，从事码头搬运工等体力劳动，处于社会的下层。从历史上看，这两个地区在生活方式、品位等方面，都各有特色。

在 1949 年之后，上海的城市空间随着各阶层的社会地位的改变而重构了。首先，居民结构发生了变化。一大批上流社会的人员在解放大军到来之前，就迁往香港、台湾或国外，其中有些人也把上海三四十年代的精致文化带到了香港和海外。就拿上海话来说，他们还保存着原汁原味的乡音。让人意想不到的是，到了 80 年代，上海人发现自己的上海话已不正宗了，倒是那些寓居香港和海外的老上海人，还说着原汁原味的上海话。与此同时，随大军南下而来的许多北方人开始定居上海，再加上社会主义改造和三线建设，一大批上海企业迁出上海，上海社会向扁平化方向发展，人们的品位与追求也是日渐大众化。

不过，上海的精致文化传统仍然悄悄地延续着。当时在中国，上海货是高品质的代名词，如大白兔糖、永久自行车等，都是抢手货，它们成了一代中国人永恒的记忆。到了改革开放之后，上海的居民结构也开始分化，随着不同收入群体的出现，城市空间再度重构。

值得注意的是，时间性与空间性是在人的空间定向活动中绽现出来的。没有人的为人处世，就不会有时间性与空间性。当然，这并不是否定客观物理时间与空间的存在，而是指，客观的物理时间也是在人的空间定向活动中所确立的抽象标准。比如，"格林威治时间"其实是现代世界约定的国际标准时间。可以说，人的空间定向活动为人抽象出理性的"几何概念"和"数量概念"奠定了基础。因为在我们定位时，我们会形成各种"图形"概念，如三角形、圆形等，而且变动位置时，也会形成"距离"概念，以及测定距离的数量概念。

总之，人的行为不是机械的、抽象的，而是有着无限的创造潜力。前面说过，人的性情、心态是与其为人处世"一体两面"的。但是，这两者之间不是等同的或决定与被决定的关系，因为人有着无限的想象力与创造力，他可以创造性地调整心态与价值期望，积极地改变自己的处境，变换自己的气质，实现自己的生存意义。

三、习性、制度与文明

人的感受不是随意的，而是按照一定的模式展开的，如习性。习性就是人在一定时期不变的身体倾向与心态，也是人为人处世的惯常方式。近来，美国神经科学家发现了人的习性的生理机制，即暗示、惯常回路与奖赏这三要素构成的机制。而改变习性的有效方式就是改变暗示，建立新的目标暗示，从而形成新的惯常回路，也即新的习性。[1]

当然，这一研究尚未触及习性更根本的内在机制。换言之，人的习性不仅受制于人的生理机制，更与规范化有关。因为暗示及其让人想起的惯常回路，都已经被规范化了，而且人的感受中还有超越性的

---

[1] 查尔斯·都希格：《习性的力量》，吴弈俊等译，中信出版社2013年版，第18—19页。

追求，即，人可以抵制暗示，强行改变习性。在中国传统儒家的修身实践中，改变习性就是"变换气质"。比如，曾国藩就通过坚持写日记来反省自己的习惯，并常常痛骂自己的劣行，以求变换气质与习性。

此外，在人群中，不同的人经过反复博弈，会趋向于合作，而合作就会有规范与制度。各种制度的持存就是文明，它们会影响或支配个人的思想与行为方式。因为社会世界是由许多人的行事方式（或习性）整合而成。最早的人们通过分工合作把各自的行事方式整合成群体的协作方式。然后，这些群体之间通过战争或联盟，又形成更大的社会群体，如部落、国家等。而在社会中，个人又会通过学习把社会制度与规范内化在自身之中。不过，人与人之间是有差异的。每个人都会从自己的处境出发来理解社会制度与规范。其中，就包含各种可能的创新。一方面，个人是社会制度的载体，同时，另一方面，他又在以或多或少不同的方式再生产社会制度与规范。

如果说社会世界是通过分工合作把行事方式不同的人们整合在一起，那么这一整合活动就是规范活动，即对各种行事方式进行价值比较，形成等级制。前面说过，人的行事方式（或习性）就是人在直觉中把自身与周遭事物、他人整合起来的不变的意向结构，即自身与周遭事物、他人的关系结构，如对物品、社会关系、文化修养的占有关系的结构，在这些方面的差异，构成社会分层的基础。不过，个人也可以通过努力改变原有的关系结构，由下层社会上升到上层社会。

不过，习性、制度与文明都是与人的"象征感"分不开的，因为人的行为总会激发自身与周遭相关者的象征意味，它们也是人的生存意义或意味的表达。不过，这些象征感总是通过某种形式或方式表现出来的，而这些形式或方式就是习性、制度与文明。

第四节　想象力

人的感受不仅会跟着过去的习惯走，还会有着对未来的想象与憧憬。后者是源于共感场中来自他者的超越性呼唤。可以说，无论是变换气质，还是制度创新，都是人对自身存在的意义的超越性追问。虽然人一出生就处于一定的社会环境之中，为情境所塑造，但是，人却不只是被动的存在者。由于人的感受活动中存在着超越性的向度，所以，人总是会从存在的整体性上追问自身存在的意义，重新主动地创造自己的未来。当然，人也会屈服于处境，放弃自己对存在意义的追问，从众或屈从于制度，但是，由此所造成的罪恶，人也是有责任的。在此意义上，阿伦特《平庸的恶》中的纳粹狱官，就是不反思，放弃了存在论意义上对自身生存意义的追问，犯下了"根本的恶"。

换言之，人对于未来的想象是离不开自身的现实处境的。人在当下是背负着过去想象未来的。因此，绝不存在任何脱离过去经验与当下处境的"乌托邦"想象；换言之，任何乌托邦想象都带有历史的局限性。在历史上，对生存意义（也即感受意义）的超越性追问，就体现在各地的神话、史诗与宗教典籍之中。而在文艺复兴之后，它又体现在各种"乌托邦"的想象之中，如莫尔的《乌托邦》与康帕内拉的《太阳城》。

可以说，共感是想象力的基础。人在想象时，感受会瞬即穿透对象，从而理解了对象。这种理解有如巫术—神话中的"感应相通"。对象好像也是一个有灵性的生命体。而且，对象可以是人、物，也可以是环境。而且，人的感受中也存在类似逻辑的东西，不妨称之为"感受的逻辑"或"理解的逻辑"。其中起作用的是各种概念与范畴。它们超出了固定不变的抽象逻辑，富于韵律与变化，表现出反讽、多义。

总之，人的想象力也是心智机制中的原动力，它不仅能够反思自己的意图，能够预测别人的目的，分辨环境的险恶或安逸，还能够随时调整自己的行为，实现自己的目的。

一、两种想象方式

人的想象力有两种想象方式，一是感受直观的想象，它是生动的与生成变化的；二是理性推理的想象方式，它是定义性的与不变的。首先，人的感受与理解是人对于周遭情境的直观，它源于人的想象力的发达。其实，人的思想活动就是想象活动。从内在机制来看，想象力具有超越性概括与变更的能力，不断地设想"假如……，那么……"。

具体来说，人的心智活动主要是构造各种概念，并根据概念进行直觉判断或抽象判断与推理。正如前面所说的，人的心智的基本特点就是预测与理解周遭世界中人的意图与动机，以及人与人、人与物之间关系、事件及其走向（或命运）。既然是预测，它就隐含着"猜测"，而猜测就会进行各种联想，也即"想象"，即把对象想成"象什么"。因此，人在感受时，就是在想象，而且通过象征符号表达出来。而象征符号最早包括脸部表情、手势与声音等。为了保存这些想象，人类首先使用记忆。而为了保存记忆，又用手势语（如仪式、舞蹈、戏剧等表演形式）、口语（如传说、史诗和神话等）、书写文字（如史书）来保存自己的想象内容。于是，手势语、口语和文字就成为了文化的表达形式，即"语言"。可以说，人类从此就利用语言来想象。比如，孩子最初是学习用手指来计数的，后来学会语言后，就用语言概念来想象数字，进行计算。可以说，语言为人类的想象提供了平台。一旦象征符号体系形成，那么，根据德里达的"延异"思想，任何符号的意义将会撒布在似断若连、无以穷尽的符号差异链之中。换言之，任何符号的意义都在自身之外。因此，根据这些符号来运思的心智，就会有着无穷的想象力。

有些思想家或艺术家非常强调"顿悟""迷狂"，即思想与对象的直接融合，而不借助任何象征符号。如老子说的"大象无形""大音希声"。其实，这并非不借助于任何象征符号，而是指人共享超越性的想象力，通过一些象征符号，就直接体悟到"道"本身。其中，外在造化与内在心源是一体两面的。因为人不可能不借助象征符号来思考，而且，任何象征符号，即使是远古人的岩画，具象之中也包含抽象了，换言之，它们已经不是与对象完全一致的具象了。因此，可以说，任何直觉都是某种抽象程度的"范畴直觉"。这些抽象的"范畴"包括时间、空间、运动、静止、大小等，而且与人的身体的定位与移动有关。后来，人们开始超越身体定位与移动来更抽象地静观对象，于是，就有了理性推理的抽象"范畴表"。

必须指出，这种"范畴直觉"也是"感应"，即把邻近的、遥远的与对立的象征观念瞬间联为一体，纳入某一范畴之中。这一点与原始人的巫术思维是一致的。后来的"归纳法"就是从这种"感应"方式中演化出来的抽象的、形式的和客观的分析与推理逻辑。在英文或法文中，"induction"（归纳）原初的含义就是"感应"。而演绎法也是如此，因为范畴直观本身就是演绎，只是形式逻辑的演绎法剔除了"范畴直观"中的"感应"与联想等神秘体验。

那么，人类是什么时候开始具有了想象力的呢？尽管我们无法确定具体的时间，但是可以肯定的是，人类是在制造工具与人际交流的过程中，形成并提升自己的想象力的。因为在制造工具的过程中，人类积累了大量的技术经验，如怎样用标准的石器（如开石器）作为工具来改变另一块石材的结构与形状，在人与人之间和世代之间共享这些经验的过程中，就会激发人们的联想，甚至梦想，比如一块温润美丽的玉石，其错落有致的肌理，会让人联想起自己曾见过的雨后山林，如梦如幻。此外，狩猎或突遇凶猛的肉食动物的危险经历，也慢慢让人形成了想象或预测可能出现的危险境遇的能力。总之，人类的想象力是人类长期适应自然环境的结果。可以说，想象力是人类心智的核心部分之一，也是人类机智或智慧之所在。比如，人的察言观色、规避风险，乃至反讽、自嘲等，都属于人类想象力的范围。

在制造工具的同时，人们也在交流。而交流过程就是人们相互之间不断猜测和证实对方意图的过程。它也会不断丰富人的想象力。而且，在人的记忆中，存在着许多"意象"，都是以往感觉活动得到或学习到的。从神经科学的角度来说，它们是学习得到的神经连接方式，在复杂的皮层网络内被表征出来。[1] 它们既是人对于对象的已有"印象"，也是对于对象的"预见"或"意象"。人在感觉新的对象时，会在自由想象中让既有的意象相互匹配，碰巧就产生出创造性的"意象"。这里的"自由想象"是指"不拘一格"，比如艺术家在古代神话与史诗中寻找"灵感"，科学家如玻尔用中国的阴阳学说来揭示物理学的互补原理。还有，许多天才诗人在迷狂中形成美妙的诗句，有如神来之笔。

而且，正是在生活世界里，人们通过这些想象的直觉，形成了抽象观念。虽然生活世界是人与周遭环境共生的结构，但是，人在其中是创造性地适应环境的。而其创造性就表现在人的想象力上，即，通过想象，形成有关意向对象的局部或整体的感觉印象，然后经过反思，并在人际交流中，约定为"概念"。

在人类的演化过程中，人的想象原是与现实相"杂糅"的，然后才逐渐脱离现实界，形成独立的想象世界，于是，巫术、神话、史诗、宗教、科学理性依次出现。这一点从中国哲学与西方哲学的概念系统的形成过程，就可以看出。

从汉字的形成与演变来看，中国哲学的概念群就是从日常生活的"意象"或巫术意象中发展出来的。这里，我们仅挑选 10 个概念来说明。

1. "理"在字源上是指"治玉也"。[2] 其意是"打磨玉器"，也即

---

[1] 《认知、大脑与意识：认知神经科学引论》，第 361—364 页。
[2] 许慎：《说文解字》，（宋）徐铉校定，中华书局 2013 年版，第 6 页。

按照玉石的内在纹路来"琢磨"，后来引申与想象为"理路"，如"物理""学理""天理"、"道理"等。而最初玉器主要是在巫术与祭祀活动中使用的，因为古人认为"玉"能通神与辟邪。

2. "禮"是象形字，指"放在祭神器皿中的两串玉"。① 原是巫术—宗教仪轨，后来经过儒家的改造，转化为封建礼制。

3. "道"是指"所行道也"，② 亦有"导"（導）、"导引"的意思。它源出于原始祭神的舞蹈。在祭神舞蹈中，一旦达到"入迷"状态，人就有如神灵附体，似乎神灵在狂舞中被"引导"出来。

4. 神是指"天神，引出万物者也。从示从申"。③ 其中，"示"指"祭台"，"申"象征"闪电"，亦指"引申"与"来源"。因此，"神"字源自先民对于"闪电"这一自然现象的恐惧，以为这一自然力量巨大无匹，就把它想象成超越一切的主宰，并且把它作为"图腾"来崇拜，认为自己来源于它，而且通过各种巫术手段与它相往来。在中国远古时代，一度是"民神杂糅"的，家家户户都会用巫术手段与神相往来。后来到了颛顼统治时期，统治者为了垄断与神的交往，就"绝地天通"，由专门的官员来管理与神的交往。④

5. 鬼：许慎在《说文解字》中认为，"人所归为鬼"，⑤ 意为人死后的归宿。

6. 美是"甘也。从羊从大。养载六畜主给膳也"。⑥ 在远古社会，"羊"是人们喜爱的食物，而且，肥大的羊经过烹饪后，味道鲜美，给人们留下了美好的集体记忆，所以选用它来作为"美"的文字载

---

① 参见徐中舒主编：《甲骨文字典》，四川辞书出版社 2014 年版，第 523 页。
② 许慎：《说文解字》，（宋）徐铉校定，中华书局 2013 年版，第 36 页。
③ 许慎：《说文解字》，（宋）徐铉校定，中华书局 2013 年版，第 2 页。
④ 《国语》"楚语下"（观射父论绝地天通），见《国语》，陈桐生译注，中华书局 2013 年版，第 623 页。
⑤ 许慎：《说文解字》，（宋）徐铉校定，中华书局 2013 年版，第 186 页。
⑥ 同上书，第 73 页上。

体，不是没有道理的。

7. 善是"吉也。从言从羊。此与義美同意"。① 因为羊较温柔，从其眼神与叫声中，就可以得知。所以，"善"的原意就是像羊那样温柔、敦厚。

8. 真是指"僊人变形而登天也"，② 意为通神。所以，古人也把那些得道高人称为"真人"，如庄周就被称为"南华真人"。

9. 義是象形字，指"插有羊头的钺"。③ 它是远古王权威仪的象征。

10. 群也是象形字，可以说是古人对于"共同体"的想象。它象征着"一个手拿权杖的人，发号施令，指挥着像羊一样温顺的人们"。其中，那个手拿权杖、发号施令的人，就是"君"，④ 其权力来自神授。

虽然经历了公元前 5 世纪前后的"理性的突破"，但是，中国哲学的主旨仍然是"天人合一"，强调人"赞天地之化育"。即，人性源于天性，人要尽心知性，尽性知天。不仅如此，天道也一直处于生成变化（即"化育"）之中，所以，人必须参与到天地的化育之中，尽力帮助实现天道。而天道重视"生生"，即所有生命体。因此，儒家强调"仁爱"精神，即，人要从爱自己、爱父母、家人，推广到爱他人、世界，乃至万物。

当然，这种参与式的"天人合一"说已经不同于远古社会的巫术—宗教了。人的推理理性不再被束缚在神秘信仰之中，而是具有了相对独立的地位。比如，孔子虽然相信天命的存在，说"祭神如神在"，但是，对此却抱持理性主义与人文主义的态度，"敬鬼神而远

---

① 　许慎：《说文解字》，（宋）徐铉校定，中华书局 2013 年版，第 52 页下。
② 　同上书，第 166 页上。
③ 　参见徐中舒主编：《甲骨文字典》，四川辞书出版社 2014 年版，第 1381 页。
④ 　同上书，第 286 页，有关"尹"的解释；第 89 页，有关"君"的解释。

之”，而且，“子不语怪力乱神”。

同样，古希腊哲学的概念群大多也是源自日常生活的意象或巫术感应。前苏格拉底时期的自然哲学都带有物活论和神秘主义的色彩，反映了与巫术、神话等的联系。像泰勒斯等人以“水”“火”“气”等作为始基，就有着物活论的色彩，而毕达哥拉斯的“数”、巴门尼德的“存在”等则带有神秘主义的特色。后来，智者们把自然与规范区别开来，反对把人事归结为自然。不过，他们认为，规范是人的主观约定，如“人是万物的尺度”。可以说，与前苏格拉底的自然主义不同，智者们倡导的是一种“人文主义”。不过，苏格拉底对智者们的相对主义却不认同，不断追问“公正本身是什么？”“善本身是什么？”。他和柏拉图都想从“多样性”中探寻“统一性”，追问“善本身”。换言之，善本身是单一的，却具有多样性的意义。而要说明这一与多的关系，则要使用“辩证法”。不仅如此，一与多的关系还是“分有”关系，即多分有了一。此外，一与多的关系辩证法还是从现象世界回到理念世界的认识途径，即，善如同现象界的太阳，让处于黑暗之中的人（如洞穴中的囚犯）回到光明的理念世界之中。柏拉图特别把太阳比喻为“善之子”，即，善化身为太阳，然后引导人从黑暗走向光明。这一思想也成为了后来基督教“道成肉身”学说的来源之一。

此外，人类的想象是一个过程，即通过回忆让各种意象再当下化，即再现出来，其中会有各种创造性的匹配，也即通过各种意象的再现与可能匹配，产生新观念或发明。因此，想象力也是人类创造性的来源。其本质就在于打破既有感受方式与概念框架，去寻找不同的感受方式与概念框架。特别是在时代大转型时期，人类的想象力更是高涨。而在打破既有的心智框架之后，新的感受方式与概念框架尚未形成或广为接受之前，那些先行者更是显得“迷狂”、怪异，被世人认为“异想天开”。

总之，人类的创造性想象不外乎把过去、特别是古代的文献或知识，以及来自域外的消息，根据自己的期望值，进行重新解释、包装或夸大，从而想象出一种值得追求的新理想。比如在文艺复兴时期，经历过英法百年战争、教会大分裂和黑死病的西方人，特别是意大利人，对于当时的教会说教，特别是晚期中世纪的生活方式和思维方式，深感失望、厌倦，于是，就有许多人开始寻求重新解释"人"。因为黑死病等事件严重破坏了基督徒的社会心理安全，一方面，贵为人与上帝之间扭结的教会竟然大分裂，一度出现过五位教皇，这不免导致基督教世界的精神分裂；另一方面，黑死病杀死了三分之一以上的欧洲人口，不仅"死状惨烈"，而且不分善恶，这必然促使人们思考人是否真的具有潜在的神性，并为神所爱。显然，中世纪的基督教官方学说是无法给予满意的回答的。于是，人们就开始向过去，特别是古代世界，以及传说中的域外世界，寻找答案。这样，复活古代文化的"文艺复兴"就应运而生。它先是复活"古代罗马的拉丁文化"，然后又复兴"古希腊文化"，甚至追溯到《旧约》的古希伯来文化（人们发现其中包含着美好的"共和主义"）。此外，这一复兴活动还扩及域外世界，比如马可·波罗的游记就激起了人们对于中国、印度等远东世界的美好想象。哥伦布这位来自意大利热那亚的航海家，就深受马可·波罗游记的影响，以为中国与印度满是"黄金"与"香料"等财富。而且，他根据自己在海边观察远去的帆船渐渐在水平视域中消失的经验，就武断地认定地球是圆的，以为一路向西航行，就一定能够到达东方的中国与印度。尽管后来在西班牙国王的帮助下，哥伦布真的发现了新大陆，但是，其想象力还是非常夸张的。不过，哥伦布的伟大发现却正是源于此。

二、想象与时空感

因为人在与周遭进行物质、能量、信息与意义的交换活动中，其反思是以结构为先导的，即，把自身与周遭相关者先验地纳入某个结构或整体中，所以，人对周遭的感受直观是结构性的，其中，时空感亦是如此。不过，在群体生活中，为了向他人证实自己的时空感，就必须用形式化的方式来分析与综合，于是就有了推理理性意义上的物理时空概念。比如，在早期金融信贷方面，人们为了给在未来获得更大的利益提供信用保障，就不得不把过去、现在与将来的时间节点精确计算清楚。而在农耕活动中，人们需要丈量土地，也即计算空间展布的结构，于是几何学诞生了。

不过，人也是有时间偏好与空间偏好的。比如对往事的留恋与对未来的期盼。一般来说，年轻人由于人生开始不久，未来的旅程要比过去长得多，失败了可以重来，所以对未来总有许多期盼。而老年人则来日无多，对于人生决策总是慎之又慎。

人的时空感不仅有偏好，还有品位；换言之，它是有味道、温度、颜色与乐感的，比如冷暖、酸甜、柔软与硬度等。一旦谈起江南，人们想到的不仅是"日出江花红胜火、春来江水绿如蓝"，① 还有江南人的"细声软语"、富甲天下的"杭嘉湖平原"。而北方的大漠却是另一番感受，王维说的"大漠孤烟直"，会引发人无尽的想象。即使是"天涯海角"，也深藏着友情或亲情，犹如初唐王勃的诗句"海内存知己，天涯若比邻"所描述的。时间感更是如此。中国的二十四节气不是空洞抽象的时间，而是有情感的。张元幹是这样描述"惊蛰"的："老去何堪节物催，放灯中夜忽奔雷。一声大震龙蛇起，蚯蚓虾蟆也出来"（《甲戌正月十四日书所见来日惊蛰节》）。② 表面上看，张元幹是在写"惊蛰春雷、万物复苏"，其实，这首诗深藏着老年的

---

① 出自《忆江南词三首》，载《白居易集笺注》，第四卷，朱金城笺注，上海古籍出版社1988年版，第2353页。

② 载傅璇琮等主编：《全宋诗》，第31册，北京大学出版社1997年版，第19926页。

张元幹对生命生生不息的眷恋与不舍。

　　当然，时空感也存在着博弈。不同地区或文明体的人有着不同的时空感，一旦相遇，彼此为了证实自身的时空感，就会用抽象的理性推理来证实。于是，就会形成客观的时空概念。比如，在元朝之前，中国人对于波斯与印度以西的欧洲与非洲所知甚少。但是，在蒙古人建立横跨亚欧大陆的庞大帝国之后，东西方文化交流日益频繁。在明朝的"大明混一图"（见图 14）中，已经有了非洲与欧洲部分。不过，中国仍然处于整幅地图的中心，而且与其他地区也不成比例。一直到第一次鸦片战争之后，中国人才真正开始用现代科学的方法来制作世界地图。

图 14 《大明混一图》

（图片来源：《中外交通古地图集》，朱鉴秋等编著，中西书局 2017 年版。）

　　必须指出，感受直观的时空感与理性推理的时空概念是不同的。空间感与时间感是通过人的身体相对于周遭世界的移动而展现出来的，也是人与周遭相互协同、共感与分享的时空意识。其中，空间感与时间感是联动的，而且，它们就是共感场本身。可以说，时间感是通过人的身体与周遭世界的方位变化来展现的。比如，我们说"将来"还没有到来，就在我们的前面，而"过去"则已经落到我们的身后了。此外，古代计时都是根据太阳或月亮相对于我们地球上的人的运行（即位置变化）来进行的。因此，反过来说，时间感与空间感是维系人的生存处境中各个成分的关系结构。它们会随着人的处境的改变（即"移步换景"）而发生变化。可以说，人的时空感是可塑的与完整的，而理性推理的时空概念体系却是抽象的与确定的。

具体说来，世界各地的人们都是根据身体（自身或群体）图式（即身体与周遭世界的关联结构）覆盖、占有周遭世界并实现自身目的的活动中展现自己的时空感的。这种时空感的意义是通过自身身体在周遭世界中移动而展现出来的。

让我们来看中国的古代地图。最初，中国人都是以自身为中心来绘制地图的。只是随着各地人们的交流，才逐渐明了自身在更大的地域空间里的位置。在人类历史上，从13世纪开始的蒙古西征，加剧了东西方文明之间的交流，人们的空间感也随之改变。可以说，人的时空感是人与周遭不断协同、共感与分享的时空意识。随着人与周遭之间交流面的扩大与深入，人与人之间协同与分享的时空感也会日益复杂与广大。

其实，人的时空感具有完形能力，即结构性与超越性的能力，可以用反事实或虚构的方式来思考。奥古斯丁在《忏悔录》中，就发现了人的时间感的完形能力，即在人的时间意识中，过去通过记忆、将来通过期望在当下的感受中呈现出来，形成完整的时间意识。比如，中国人常常说"三岁看大、七岁看老"。同样，人的空间感也是可塑的，在人与周遭的互动中，人会不断地"移步换景"，改变自己的空间定位。这一切也表明人的生命感受具有创造性与弥散性的特点，有时会大开大阖，犹如天马行空、意满于天地万象。

不过，人的生存是有目的与方向的，即实现自身存在的意义。换言之，人"为人处世"的生存空间感是有指向的，即背负着对过去的记忆与对未来的期望而在当下处境中"移步换景"的。而这一移步换景的活动就是人把过去与当下的各种要素纳入新的关联结构之中的想象。不过，人的生存活动是不断地移步换景，换言之，人类对未来的想象（即把过去与当下的各种要素纳入新的关联结构之中的想象）是复数的，真正的未来作为他者总是超出于我们的想象之外，又不断地来到我们的想象之中。

而且，不同人的移步换景的方向，也即生存的方向，总会出现"趋同性"，那么这就成为集体意识与历史趋势的基础。有历史眼光的人就会顺应这一趋同性，主动强化它。当然，人际之间的"移步换景"活动有时也会陷入矛盾或混沌之中，这属于历史意义的幽暗时期，身处其中的人们也只能耐心地等待。①

第五节　感受的逻辑

人的感受是个体性的，虽然个人之间存在着某些相同的感受，但是，绝没有两个感受完全相同的个体。而且，感受直觉只有归纳上的或然性，这也就给情感的变化提供了各种可能性。

虽然感受是个体的，但是，个体的感受绝不是孤立的、绝缘的，而是处于共感场之中。正是有"镜像神经元"等生理机制的存在，人与人之间可以"感同身受"，能够交流与理解。而且，理解也是有

---

① 在现实生活中，确实存在着基辛格所说的"中间地带"，也即历史意义的幽暗时期。他曾在一封家书中对此作过解释，"我觉得事情不只分对与错，还有很多中间地带……生活真正可悲之处不是在对与错之间选择。只有最无情的人才会明知是错的，还偏偏去做"（参见尼尔·弗格森的著作《基辛格——理想主义者》，陈毅平译，中信出版社 2018 年版，第 XII 页）因为只有在人类作出了选择之后，才会有历史的走向。而且，很多时候，即使我们作出了选择，历史仍然需要很长时间来最终展现自己的走向。可以说，这是人类不得不面对的生存悖论。

"逻辑"的。理解的逻辑是想象与现实之间的统一与交织。最初，先民们的想象尚未超越现实界，而是相互往来。后来，想象界超越出现实界后，独立为神灵世界，以后又衍生出"抽象理性思维"。无疑，在人类的内心深处，仍然保有先民们最初的想象与现实之间浑然未分时的层面。换言之，人类心智的最深处潜藏着"代入式"的思维。具体说来，在各种想象物与各种现实物之间是相通的、交织的，人可以自由地联想，即自由地在它们之间穿行，把它们联系起来。大致说来，人们是根据类似、邻近与对立这三种方式来自由联想的。这样往往会产生洞见，科学家发现其生理机制处于颞上回。从古至今，人类心智中一直深藏着这一神秘体验。即使在近代科学革命之后，依然存在着如何协调体验与理性真理的问题。

　　因此，理解也遵循一定的逻辑①，也即"感受的逻辑"。感受的逻辑是动态的和情感的，人与万物之间是"交织"在一起的。换言之，感受是可以在人与人、物之间相互传递的。在这种"主观的客观化"与"客观的主观化"之间，虽然也存在障碍与距离，但都是在"可控范围之内"的。这也可以用工匠的"技艺"来解释。木匠在选料时，首先会根据自己的手感和观感来与木料交流，看看木料的纹路、密度等，来判断它适合做成什么家具。在木匠眼里，每件木料都是有个性和倾向的，人只有与之进行感受交流，才能知晓如何把它创造成一件艺术品。

　　可以说，人的心智活动就是不断把主观对象化和把对象主观化的过程。这一双向过程最好地表现在人的感受系统上。这一双向过程是直观的和直接的，其中，人的主观与对象是互渗的、移情的，似乎是两个生命体在交流信息。上海大众汽车公司的徐小平师傅对此有深刻的体会。他曾说过，"在我眼里，设备都是有生命的"。比如，机器的

---

① "逻辑"是指"心智运作的形式"，也即"思路"。无论是原始思维的前逻辑，还是近现代科学的抽象逻辑，都是心智运作的不同形式。

油管就如同人的血脉，也会有油压高的毛病。因此，维修人员要像中医大夫一样，经常检查机器设备，维护好它们的阴阳平衡。①

其实，这类感受逻辑只是深奥，并非神秘不可理解。先民限于当时的知识水平，才把它神秘化。可以说，它在巫术、神话和宗教中普遍存在，也出现在早期艺术、语言和历史记述中。而人类科学最早就是伴随巫术、神话和宗教等发展的，后来才慢慢发展出了主客分立的静观模式。直到文艺复兴晚期，伽利略率先发展出了现代科学的研究范式，抽象概念系统及其推论方式才在全世界占据主导地位，并开始渗透到艺术、历史、政治学、经济学、法学等人文社会科学领域。但是，感受逻辑仍然存在，并且不断反抗静观思维方式的专断。

必须指出，感受逻辑有着自身的范畴系统及其直观方式，其中，各范畴之间是交织的、互渗的，并且相互激发，永无止境。列维—布留尔在《原始思维》中，曾经总结出原始思维的"逻辑规律"——"互渗律"。②毫无疑问，这一原始思维的逻辑规律也是人类感受的逻辑规律，只不过，随着时间的推移，它们的内容变得愈来愈丰富了。而人类的抽象思维逻辑只是从这种感受逻辑中发展出来的。当然，这一发展过程是十分复杂的，大致经历了从神话思维阶段到"轴心时代"，再到17世纪以来的科学理性时代。对此，我们将在第四章"理性"中作进一步分析。

一、感受的形式与规范

吴冠中曾说过，抽象美的形式不同于解剖结构，而且后者还要服从前者。③这一说法很有道理。感受直观的表达形式是随着情感起伏而变动的抽象形式，不同于理性推理的确定不变的抽象形式。换言之，

---

① 《新民晚报》，2014年11月23日，第1—2版。
② 列维—布留尔：《原始思维》，丁由译，商务印书馆1981年版，第78—79页。
③ 吴冠中：《吴冠中画作诞生记》，第125页。

感受直观注重的是"情理",而非推理理性。当然,感受直观的表达形式中也有"几何"与"代数",但是,其"度量"与"秩序"却是灵动的,这与笛卡尔在《谈谈方法》中所说的解析几何是根本不同的。

1. 感受代数学与感受几何学

人的感受可以通过某些物质质料的结构与形式宣泄出来。为此,人甚至会改变材料的结构与形式。具体来说,我们是通过身体的五种感觉方式来感受物质质料的"质"与"量",如质料的硬度、柔软度、张力、深度等形式。这些直觉感受是直接的、即刻的把握。本来,这些感受是我们对于这些物质材料的感受,但是,反过来,我们也可以说这些感受是物质材料传递给我们的感受。康定斯基曾对颜色与人的感受的关系及其强度进行过深入研究,他发现红色代表了兴奋、生命,黑色意味着忧郁,而蓝色则有遥远之感。① 又如中国山水画中的"石""峰""梅""竹""兰""菊"等,都是人对这些对象的意识投射,即把它们都"灵化"或人格化了。其中,"竹"象征着"气节","兰"表示"节操"。因此,在中国文人画中,画家特别注重在山、石、树、竹、水等的勾画上表现自己的情感——爱、憎、操守、期望等。这正是"外师造化、内得心源"。让山、石、竹等按照人的情感与欲望来成形与变化。换言之,人的欲望与情感也参与到山、石、竹等艺术形象的构成之中。

在《我负丹青》中,吴冠中发现外在对象让人产生美感的是点、线、面、体与色彩等抽象形式,不过,这些抽象形式却不同于解剖结构,不是固定不变的形式,而是有着生活韵律与节奏。换言之,它们是在共感场中呈现出来的,与人的情感与欲望产生"共鸣"。为此,"要在客观物象中分析构成美的因素,将这些形、色、虚、实、节奏

---

① 康定斯基:《艺术的精神性》,载《康定斯基艺术全集》,李正子译,金城出版社 2012 年版,第 65—83 页。

等等因素抽出来进行科学的分析与研究，这就是抽象美的探索"。① 换言之，艺术家要避免像摄影师那样充分表现对象，尽管剔除物象中不必要的成分，集中展现物象中美的因素。比如在画江南民居时，要集中关注"白墙、黑瓦、黑门窗之间各式各样的、疏密相间的黑白几何形"，② 它们的变化形式是美的抽象形式。

不仅如此，吴冠中还特别关注红、绿、黑、白等色彩之间的抽象关系。俗话说"红间绿，花簇簇"，"万绿丛中一点红"。③ 在《紫藤》《江南屋》《小鸟天堂》《苏州狮子林》中，吴冠中在各种流动的线条之间点缀上红、绿、紫、黑等点状色彩，让观者美不胜收。

而在《夜宴越千年——歌声远》（见图 15）中，吴冠中只是勾勒出了画中四位女性的面孔轮廓及其嘴形，面孔中的其余部分都已省

图 15 《夜宴越千年——歌声远》

（图片来源：吴冠中：《吴冠中画作诞生记》，人民美术出版社 2008 年版。）

---

① 吴冠中：《关于抽象美》，载《我负丹青》，人民文学出版社 2004 年版，第 316 页。
② 吴冠中：《我负丹青》，第 318 页。
③ 同上书，第 316 页。

略。但是，他对其中的几何比例及其变化却拿捏得恰到好处，让人产生无尽的遐想。

总之，点、线、面、体与色彩都只是造型的手段，关键在于探寻它们之间的何种几何关系，能与人的内心感受产生"共鸣"。因此，吴冠中说："笔墨只是奴才，它绝对奴役于作者思想情绪的表达。情思在发展，作为奴才的笔墨的手法永远跟着变换形态"。① 而"情思"就是人的生活感受与体验，它是一切美的抽象形式的来源。吴冠中形象地称之为"风筝的线"。

可以说，在人的直觉感受中，材料与形式都具有生命的韵律。因此，不是什么材料都是具有这种气韵形式的，只有那些能够随着生命的形式而律动的材料，才会为人所选择与喜爱。非此，就俗气了，僵死了。比如，古代中国人喜爱"玉石"，把它打磨成各类玉器，认为它们能够通神，原因就在于玉石中的"纹理"具有生命气韵，而且手感温润。

最早，初民就是通过直接能够得到的物质材料，从质与量两个方面来进行感受分类的。可以说，这是最早的"感受代数学"。如在旧石器时期，初民把坚硬的石块制作成工具，来钻石取火。当然，这也反过来改变了人的味觉感受。到了青铜时期，人们转而取用青铜来制作工具。除了制作工具之外，人们还通过不同物质材料传递给人的感受，来绘画、制衣、做家具、筑屋等。可以说，人类的生产活动与交换活动就是这样发展起来的，兼有物欲与品味双重性。

此外，因为人通过身体与周遭世界形成了无数多的意向联系，所以，人好像是从周遭世界的内部出来似的，周遭世界的每个侧面以及相互关系，都在前反思的层面为人所理解。在这种原初感受中，人与周遭世界似乎是"浑然一体"、"物我两忘"与"天人合一"的。因为

---

① 吴冠中：《笔墨等于零》，载《我负丹青》，第 371 页。

从单细胞生物体到人，生命体通过身体图式与环境的博弈与信息交流，使得身体与周遭世界相互熟悉，并把这些信息积淀在身体图式之中。人亦是如此。

因此，原初的感知有着无数多的向度和层面，而且，这些向度与层面呈现的是生成变化的拓扑空间。在初民那里，他们为了生存，特别是群体的繁衍，会利用地形、地物来建筑居所，开耕土地。换言之，人的原初感知是灵动的，人通过自己的身体与周遭世界的联系也是无数多样的，人会根据地形、地物和他人的处境来构建出适合自己生存的"居所""田地"和"农时"。后者可能具有各种各样的形状，如在云南元阳县可以见到奇形怪状的"梯田"。可以说，在初民的原初感知中，空间是可以变形的、折叠的。这可以说是"感受几何学"。只是后来，特别是在分配土地的时候，为了丈量土地，才会精确地计算，这才出现了确定不变的"点""线""面""体"等抽象概念。于是，属于理性推理的代数学与几何学出现了。

2. 感受的规范化

值得注意的是，因为长期与外在环境的交流，以及人在群体中与他人的协作，每个人一定会对他人、群体产生责任感。因此，对于自己造成的损失，就会"内疚"。相反，那些拯救整个群体的人物，也会被视为"英雄"，甚至被神话为"神"。所以，人的感受直观都是"可逆的"。这构成了人际、人与物之间交流感受的基础。其中，人的身份认同是与社会或他人的承认息息相关的。不过，在追求社会或他人的承认时，就会有"约束"产生。常言道："十目所视、不寒而栗""千人所指、不病而死"。可以说，道德感就是这样产生的。而道德的制度化就是"伦理生活"，包括家庭、社会和国家。总之，正是可逆的感受让人产生了"良知感"，即"良心"。而为这种道德良心与制度提供"超越性"保障的，就是神圣感与宗教。

从生存论的角度来说，人的原初感受性是最根本的，直接或间接地改变与塑造我们所认识到的客观世界与文化世界。不过，后两者也会影响到（改变或约束）我们的感受性的变化。比如，当人在接触物质材料时，也会感受到材料给予的平滑、柔软、坚硬等，这好像是人与物之间在交流感受似的。不过，感受的可逆性只是表明，人与他人、物之间的感受交流是交织的和多样性的，而并非重叠、单一。可以说，这类感受交流也存在冲突与对立，甚至压制与服从。以社会从众现象为例。在时尚方面，许多人都有着从众心态，不管某个时尚商品是否符合自己的感受需要，却习惯于盲目跟风。

从上述分析中，我们不难得出结论，感知是人最原初的存在方式，包括各种各样的人与周遭世界之间的感受方式。特别是在衣食住行、性爱与社会地位等方面的感受关系与模态。前面说过，推动人类生存的动力就是对于"衣食住行、性与社会地位"的追求。不过，对于它们的追求不只是为了生理满足，更是为了享受、品位与荣誉。如人吃食物，讲究"色香味"；对于性的需求，亦追求爱情；而对社会地位的追求，则不仅仅是为了物质权力，更是为了被社会或他人承认，也即受人尊重的荣誉感。

从历史上看，人类在这些感受方面不断变化出新的花样，而且永无止境。比如，为了追求新的食物享受方式，西方人在15世纪初就开始寻找新航路，即通往东方的香料与黄金之路。而结果也大大超出想象，通过新航路，世界各地开始了规模空前的"物种大交换"，人们也获得了惊人丰富的食物享受。据统计，仅中国明清时期就引进了甘薯、玉米、花生、烟草、辣椒等物种，大大丰富了中国人食物享受的内容。正如查尔斯·曼恩所说的，"谁能想象，若没有成堆的辣椒，今天的川菜会是什么样子？"[1]

---

[1]　查尔斯·曼恩：《1493：物种大交换开创的世界史》，朱菲等译，中信出版社2016年版，第195页。

　　而且，性爱方式也是花样翻新的。再以西方为例。从中世纪晚期阿维尼翁教廷的出现开始，一直到 16 世纪法国的宫廷文化，西方人的性爱方式发生了巨大的变化，出现了许多新的感受规范形式。而且，以女人为主导的沙龙生活也开始大行其道。这为 17、18 世纪的公共领域（即市民社会）的形成奠定了基础。

　　最后，对于社会地位的追求方式，也在不断变化之中。比如，中世纪代表骑士精神的决斗方式，在 18 世纪之后逐渐让位于公民辩论方式。而且，从 19 世纪下半叶开始，封建贵族体制最后让位于选民的票决制。

二、感受的过程

　　综上所述，感受的逻辑是指，感受的形式是自身生成变化的，绝不是僵化不变的。不过，与推理理性不同，感受是瞬间完成的，也即直觉判断。它主要包括自由联想、概念结构化与连贯的变形等要素。

　　1. 自由联想

　　正如牛顿所揭示的万物之间相互作用中存在着引力一样，在人的自由想象中，各观念之间相互作用中也存在着吸引力。人的心智活动是一个非常复杂的观念场，其中，相同的与相似的、相异的与对立的、远的与近的、内的与外的、前面的与后面的、上面的与下面的、左面的与右面的、记忆的与期盼的观念，相互作用、吸引、联结，激发出更多新的观念，形成无以数计的观念回路。这一状态犹如刘勰在《文心雕龙》中所说的"神思"："文之思也，其神远矣。故寂然凝虑，思接千载，悄焉动容，视通万里"。① 而且，"夫神思方运，万涂竞萌，规矩虚位，刻镂无形；登山则情满于山，观海则意溢于海，我才之多

――――――――――

① 刘勰：《文心雕龙》，王志彬译注，中华书局 2012 年版，第 320 页。

少，将与风云而并驱矣"。① 由此可见，人的自由联想就是人与周遭世界直接交融的"直觉感受"。

在这一方面，现代人与原始人并无根本的不同。这种自由联想遵循的都是"互渗律"。由于人的习惯偏好或社会禁忌的干扰，人的自由联想往往受到限制。不过，这类习惯偏好或社会禁忌也是对自由联想的"概念结构化"。

2. 概念结构化

不过，自由联想还不是严格意义上的思维。只有当许多观念形象在一定的情景下"聚合"成思想对象时，自由联想才过渡到思维。格式塔学派的心理学家最早发现，人对对象的感知是结构导向的，即把周遭背景中各个要素纳入结构整体之中，而且结构是在先的，各个要素取决于结构整体。不过，这一结构是动态的，不断在生成变化之中。

那么，各种观念形象是如何被结构化的呢？爱因斯坦曾在《自述》中说过：

> 当接受感觉印象时出现记忆形象，这还不是思维。而且，当这样一些形象形成一个系列时，其中每一个形象引起另一个形象，这也还不是思维。可是，当某一形象在许多这样的系列中反复出现时，那么由于这种再现，它就成为这种系列的一个起支配作用的元素，因为它把那些本身没有联系的系列联结了起来。这种元素便成为一种工具、一种概念。我认为，从自由联想或者做梦到思维的过渡，是由概念在其中所起的或多或少的支配作用来表征的。②

---

① 刘勰：《文心雕龙》，王志彬译注，中华书局 2012 年版，第 322 页。
② 爱因斯坦：《爱因斯坦文集》（增补本）第 1 卷，许良英等译，商务印书馆 2009 年版，第 3 页。

　　而这种概念的"联结"作用就是心智的"结构化"，即，把那些本身没有联系的东西纳入概念或范畴之内。为此，爱因斯坦还认为，"我们的一切思维都是概念的一种自由游戏"；不过，这种概念的自由游戏要想成为科学理论，那么，它就必须是合理的，也即，取决于"我们借助它来概括感觉经验所能达到的程度"。而且，这只有在"已经取得广泛的一致意见（约定）的时候"，才能具有"真理性"。① 为此，爱因斯坦反对康德把"先验的概念"与经验的概念区分开来。他认为，"一切概念，甚至是那些最接近经验的概念，从逻辑观点看来，完全像因果性概念一样，都是一些自由选择的约定"。②

　　不过，根据格式塔理论，人的认知是以概念结构为导向的，即先验地把周遭背景中的各个要素纳入概念结构之中，这确实是人的先验能力。当然，人在自由想象时，会不断地"移步换景"，形成一系列新的概念结构。至于选择哪种概念结构来说明"实在"，这确实是大家约定的结果。比如，在《自述》中，爱因斯坦详细说明了从牛顿经典力学体系到相对论与量子力学的转换过程中，物理学家们是如何一步步建构与约定概念结构的。其中，爱因斯坦提到，麦克斯韦尔的电磁场概念与洛伦兹变换是十分关键的过渡，因为人们可以设想场是比质点与粒子更根本的实在，换言之，质点与粒子只是场能特别稠密的区域，前者的运动方程可以通过后者的方程式推导出来。而整个物理场（或者物理实在）是"由一个标量场（引力场）和一个矢量场（电磁场）组成的"。③ 可见，这些新的概念结构是人们通过自由想象而约定出来的，最后通过实验而为大家所接受或抛弃。

―――――――――

① 爱因斯坦：《爱因斯坦文集》（增补本）第 1 卷，许良英等译，商务印书馆 2009 年版，第 4 页。
② 同上书，第 18 页。
③ 同上书，第 31 页。

在这一方面，文学家的运思与科学家的想象并无本质的不同。即，都是以人与周遭世界直接融合的"直觉感受"为基础的。而且，人的心智的结构化像生命体一样是有韵律与节奏的。如果没有人类，那么沧海是没有壮美可言的。正是在曹操的观看中，沧海、曹操以及周遭世界才呈现出各自的意义来。沧海的"洪波涌起""日出其里"等壮美景观犹如活泼泼的生命律动，激发起了历经沧桑的曹操自身的生命律动，也表露了曹操本人"吐纳宇宙、一统天下"的宏伟抱负。[①]

3. 连贯的变形

人在具体处境与氛围下的感受直觉，其结构不仅"移步换景"，在时空中发生连贯的变形，而且会激发其他人的生命律动。如曹操在观沧海时会触景生情，诗兴大发。而战国时乐毅拜将的幽州台却激发起陈子昂无限感伤，黯然泪下。同样是在幽州台，当年乐毅是多么意气风发，而今日陈子昂却是怀才不遇。

而在有关自然实在的探究中，人是在自由想象的基础上，通过概念结构来理解和解释外在实在的。而且，人是不断构想新的概念结构来取代旧的概念结构，从而更深入地理解实在的。以自然科学为例，其历史就是人类对自然实在及其结构的想象史，而且，具体表现为自然实在的概念史，我们可以对之进行谱系学的考察。不过，新旧概念框架之间不是如巴什拉所说的"认识论的断裂"，而是"移步换景"，似断若连。

具体说来，古希腊人发展出了一套亚里士多德所说的"存在论—神学—逻辑学"（Onto-theo-logic），这一套概念框架及其推理是以十大

[①] 曹操的诗"观沧海"："东临碣石、以观沧海。水何澹澹，山岛竦峙。树木丛生，白草丰茂。秋风萧瑟，洪波踊起。日月之行，若出其中；星汉灿烂，若出其里。幸甚至哉，歌以咏志"。载中华书局编辑部编：《曹操集》，中华书局2012年版，第11页。

范畴与主谓逻辑来定性地解释自然世界内在永恒不变的存在——实体及其属性。其实，这套概念框架是古希腊人通过想象"模仿"自然实在而提出的"模型"或假说。到了中世纪中晚期，它与基督教神学教义相结合，并与托勒密天文学体系融合，成为当时的主流意识形态。但是，这套模型在文艺复兴时期日益与天文学家的观察结果不相符。哥白尼在新毕达哥拉斯主义研究的基础上，提出了"日心说"。后来，伽利略更是通过自制的天文望远镜以及精确的数学计算，证实了"日心说"。而为了给近代科学革命奠定哲学基础，稍后的笛卡尔又发展出了一套新的概念框架，即"存在论—神学—数学逻辑"（Onto-theo-Mathematic logic），认为自然世界内在不变的结构是数学结构。而神在创世时，在自然界与人的灵魂中置入了相同的数学规律，① 因此，人只要反省自己的灵魂，或者阅读世界这本大书，那么就能够理解世界的逻辑结构。

4. 风格

人的自由联想有着无限多的可能性，即使同一个观念回路也有着不同的连接方式，因此，不仅不同的人有着各自的运思风格，而且，不同的群体或文明体也有着不同的运思习惯。研究者就发现，中国人与西方人的运思方式有着很大的差异，而且，在做同一道数学题时，神经系统的活跃区域也是各不相同，换言之，神经连接的回路不同。

值得注意的是，造成这种差异的，绝不是"前因后果"似的、机械的线性因果关系，而是从人通过身体、工具与周遭世界交换物质、能量、信息与意义的开放的整体中"涌现"出来的。比如，我们不能简单地认为中国人与西方人的运思方式的差异是由于地理环境的不同，即，中国人的运思方式是大河文明的运思方式，而西方人的运思方式是海洋文明的运思方式。换言之，我们要尽可能多地描述这一

---

① 笛卡尔：《谈谈方法》，第 34 页。

开放的整体中各个要素的不同连接回路，即使是"错觉"，也要如实描述。

正如前面所说的，感受逻辑的前提就是"天人合一"，即，人可以"赞天地之化育"，换言之，人的主观作为已经参与到天道的实现过程之中。因此，天、地、神、人之间是相互感应的。同样，在人的感受直观中，各种概念或观念之间也是相互感应的、交织的，即使是看似矛盾的东西，也可以联想在一起，形成新的概念。可以说，感受直观展现的是多向度、多层次的开放空间，它是流动的，甚至是扭曲的、折叠的。

比如，在家庭装潢设计中，设计师常常会在天花板上设计一些长长的细线吊坠，让人产生空间高大的"错觉"；同时，又纵向地设计一些隔间或屏风，有"曲径通幽处"的味道，让人产生纵深感。其实，这些感受直观并非真正的错觉，而是人自由联想的结果，把看似矛盾、对立的东西联系在一起，形成流动的、折叠的空间感。可以说，感受逻辑的运思方式就是直观。感受直观是根据各种概念之间交织与互渗的动态结构，立即把握对象的本质。其先验结构是"相似性法则"、"相邻性法则"与"对立性法则"。①

其实，感受逻辑的运思方式就是"风格"。布封曾说过，"风格就是置入思想中的秩序和行动"。②换言之，人的自由联想中也是有秩序的，即，先验的结构。它有如动态的、自组织的、能够自身调节的有机结构，推动、引导着人把各种要素纳入某种秩序之中，形成某种风格。原始人、艺术家和科学家都是如此运思的。但是，科学家随后会把这种秩序与结构细化与抽象化，形成科学理论，然后交给实验去

---

① 马塞尔·莫斯曾在《一般巫术理论概要》中分析了巫术感应的三种方式，即，相似法则、相邻法则与对比法则。其实，这也是人类联想的三种方式。见《社会学与人类学》，第88页。

② 布封：《自然史》，陈筱卿译，译林出版社2013年版，第210页。

验证。画家也是如此，他首先是用素描来体现这种活生生的结构与风格，然后在画布上用流动的点、线、面与色彩来构图。

总之，感受的表现方式是多变的、生成着的，所以都是特殊的风格。吴冠中说过，"风格是作者的背影"，[1] 而人的身影是不断变化的。这是因为感受有着许多"素材"，即精神素材。在绘画上，它们就是点、线、面与各种色彩等；而在音乐上，它们则是各种声音；在舞蹈上，它们就是各种身姿。而在建筑上，它们则是各种空间布局。如果说感受直观就是范畴直观，即，先验地把这些精神素材纳入某种结构或范畴之中，那么，感受直观就是一种叙事风格，通过"连贯的变形"来展现范畴直观的自身生成变化，而其变化的轨迹就是感受的逻辑。

---

① 吴冠中：《我负丹青》，第 380 页。

第四章
理　性

反思是人的心智的根本特征。在对自身与周遭进行物质、能量、信息与意义的交换活动进行反思时，人会比较、分析交换过程中的各个要素及其相互关系。这种反思不仅是结构化、象征化与规范化的，而且具有自身生成、转换的特点。不过，它也会随着想象力的提高而提高。其中，感受直观是与推理理性联动的。不过，感受直观是动力、目的、背景与氛围，人的理性推理就是在其中展开的。其实，根据研究，大猩猩已经具备一定的推理能力。但是，在所有灵长类中，唯有人才有最发达的推理理性。这很可能与人在群体生活中的博弈思维有关。因为在群体中，共感场其实是一个博弈场，各种感受与观念处于竞争状态之中。个人不得不向他人证明自己论据及其思路的可靠性，也即可重复性与可证实性。① 为此，人们必须对感受直观到的论点，进行形式化的证明，也即以分析与综合为主导的演绎推理，乃至数学演算。长此以往，人类就会形成超越个人与群体具体境遇的理性推理系统。

第一节　理性的内涵

在人际交往中，人通过镜像神经元等可以理解与猜测他人行为

---

① 比如，在英文中，"Argument"兼有"论争"与"论证"双重含义。

的意图与情感，不仅能够了解其中的因果关系，还可以进行递归推理，即他人以为我认为他想要如何……并以此来调整自己相应的行为意图与情感。因此，这一共感活动就是意义交流活动，不仅包含感受直观，还有理性推理。而现代人际之间的交流不同于其他灵长类的地方，就在于现代人类具有语言能力。在古希腊语中，"logos"（逻各斯）兼有理性与语言双重含义，而在汉语中，"道"亦兼有"道理"与"说话"双重含义。换言之，人际之间的语言交流就包含着感受直观与理性推理等。

根据埃克尔斯的说法，动物也有语言表达，但都只是在两个初级层面，即表情性功能与通报性功能，而人类除此之外，还演化出描述性功能与辩论性功能。其中，描述性功能是描述人类各自的生活体验和感受，而辩论性功能是最晚出的，表明人类已经发展出理性思考的能力。[1] 更值得注意的是，后两种功能也与前两种功能交织在一起，这些都是其他动物所没有的。这是人类自南方古猿由树栖转为在陆地上二足行走之后，通过解放手，开始制造工具，增大脑容量的结果。可以说，从人类语言的发展可以看出人的理性是如何发展出来的。

如前所述，人的心态的结构化是在先的。比如，当你拿起一个婴儿的手指，假装要咬时，这个婴儿会同时张大自己的嘴巴，似乎他已经对自己与周边的关系有着结构化的直觉。另外，婴儿不仅具有1、2、3等"数感"，而且能够运用这些数量进行数学运算与估算，其生理机制很可能就位于人脑的顶内沟。[2] 而且位于顶叶的神经回路也参与空间表征。换言之，人在自己所处的生存背景中看到或直观到从背景中呈现出来的图景。但是，这种呈现与人的身体占位（空间部署）

---

[1] 埃克尔斯：《脑的进化：自我意识的创生》，上海科技教育出版社2007年版，第80—81页。

[2] 经济合作与发展组织编：《理解脑：新的学习科学的诞生》，周加仙等译，教育科学出版社2014年版，第117—118页。

和时间体验（过去、现在与将来的配置）有关。这是人们后天形成计数、空间概念的"前理解"基础。换言之，人来到这个世界上，由于自己的处境，已经有着对计数和空间等概念的前理解。而后，经过不断学习、试错，就形成了数、空间等概念。

在对"原始分类"的研究中，莫斯发现原始人的心态是整体的。因为人不是独自存在的，而是在部落中生存的。而这整个人类集体认为自己是与自然一体的，甚至源出于自然。当时，物活论盛行，人们认为每个事物后面都有神灵，并给它们命名。这个命名体系就是最早的"分类体系"。而且，这个神灵体系也反映了部落的社会体制。人们的名字也是用神灵的名。而且，原始人认为所有名称都是相互渗透、联系和感应的。这是他们进行判断和推理的根据。①

而后，人类的抽象推理逻辑就是从这种"原始思维"中发展出来的。因为"所有这些逻辑概念最初都是超逻辑的"。② 其中，最具代表性的是亚里士多德的逻辑、墨家逻辑与印度的因明学。以亚里士多德的逻辑为例。他认为万事万物的存在都可以用十大范畴来概括，它们包括"实体"与"属性"（"数量、质量、关系、地点、时间、位置、装备、主动与被动"）。属性是实体的属性，即实体的特征与性质。而我们的语言则通过主词与谓词的关联来表达，即主谓逻辑，其系词（to be）则是把实体与属性联系起来的关键，即主词（对象）是如何通过谓词（属性）而存在的。

不过，在远古时代，人的感受直观系统一直压抑着理性推理系统，巫术、神话与宗教占据主导地位。后来，到了"轴心时代"，理性推理系统才相对独立起来。在这一转变过程中，规范化也起到了重要的促进作用。比如，宗教的仪式化与国家管理的规范化都会促使人

---

① Marcel Mauss, *Oeuvres*, vol.II, Les Editions de Minuit, Paris, pp.20—21. 又参见《社会学与人类学》，第 369—370 页。

② Marcel Mauss, Oeuvres, vol.II, Les Editions de Minuit, Paris, p.18.

的抽象理性推理能力的发展。

据莫斯考证，巫术思维就包含有意识的理性推理，① 而且，其中理性逻辑与感受逻辑是紧密相连的。感受逻辑容许矛盾，这在个体与群体中是一样的。不过，个人可以自欺，但是，在群体中，巫师要一直欺骗大家则困难得多。巫师要证明自己，就需要对自己的判断与推理进行证实。于是，任何概念既要是经验性的，又是合理性的。② 这样，巫术与宗教既抵制，又不断地把自身一方面发展为科学、哲学与技术，另一方面发展成为法律与神话。③

莫斯又进一步认为，原来变动不居的、贯穿一切，又超越一切的"玛纳"（Mana）观念逐渐转变为哲学上的"实体"与"原因"范畴。而作为原始分类之基础的人类氏族，则孕育出了"种"与"属"这些范畴。此外，时间与空间概念也是这样产生的，因为在巫术与宗教仪式上，人们与物品是分左右、前后、南北等方位来占位的，并在时间（比如"节日"）中展现的。④

在巫术—神话时代，人们根据共感能力相信人与周遭万物之间存在感应关系，即因缘或亲缘关系。其间，巫师等人为了证实自己的预言能力，亦会在巫术实践中发现事物之间客观的因果关系。后来，到了轴心时代，理性主义与人文主义取代了万物有灵论，开始用客观的因果关系来解释万物的原因。

当然，推理理性从巫术与宗教中独立出来，有着漫长的过程，而且，推动力也是多样的。在1万年前进入农耕时代之后，由于划分与丈量土地的需要，人类发展出了几何与代数。此外，金融活动的出现与发展也是推理理性得以独立的重要推手。据考证，金融活动直接导

---

① Marcel Mauss, Oeuvres, vol.I, Les Editions de Minuit, Paris, p.26.

② Ibid., p.28.

③ Ibid.

④ Ibid., pp.29—30.

致了两河流域的人们发展出了数学与书写文字。①

其实，感受中的"范畴直观"就蕴含了后来归纳与演绎的雏形。从历史上看，理性推理系统中的归纳法与演绎法都是从感受逻辑中自由联想、类比的思路中逐渐演化出来的抽象形式。从轴心时代以来，特别是在笛卡尔之后，理性研究分为自然科学研究与人文社会科学研究。前者根据范畴直观提出假说，分析其中各要素之间恒定不变的因果关系，给出数学解释的模型，然后交给实验检验，一旦通过检验，并为学术界与社会所接受，即成为科学真理。而后者则根据范畴直观提出假说，分析直觉到的现象中各种意图、习性交织而成的态势，探寻其中的"亲和性"或"趋同性"，特别是统计规律性。

一般情况下，有些人是凭着直觉与情感冲动来行事的，也有些有经验的人则会依据习惯行事。前者虽然有着直觉洞见，但是受限于具体情况，换种情况，或者人物关系发生变化，也许就会犯错。后者虽然经过一些经验总结而得出习惯，但是，它依然不具有普遍必然性。于是，在历史上，那些善于比较各种实践模式与结果，并从中找出普遍规律的人，往往更有胜算。而这就是人类抽象理性系统出现的缘由。而其出现的现实条件则是"百家争鸣"，因为出于论辩的需要，双方必须使用形式化的推理方式向他人证明自己的想法。换言之，理性抽象系统是逐渐地、历史地建构起来的。

从人的演化来看，理性推理系统的神经机制，也即新皮层，出现的比感受直观系统的神经机制要晚。至今，我们人类还易于冲动，跟着感觉走。所以，中国人常常告诫自己或他人："三思而后行"。这确实是经验之谈。不过，从现代人（也即晚期智人）开始，人类已经同时具有了用类比的象征方式与抽象的数学方式来完整解释世界与人类

---

① 威廉·戈兹曼：《千年金融史》，张亚光、熊金武译，中信出版社 2017 年版，第 5—6 页。

自身的能力。早期人类利用前者创作了巫术与神话，而用后者建立了代数学与几何学，比如，古巴比伦人、埃及人、印度人与中国人就分别创造了辉煌的古代文明。

前者不难理解，因为 1990 年代意大利帕尔玛神经科学家已经发现了"镜像神经元"，它们能够让人识别与感受到他人行为的情感与意图，并用隐喻等象征方式表达自己的关心。不过，人也有着空间导航、时间导向与计算的生理机制。斯塔尼斯拉斯·德安等人认为，"在演化过程中，人与许多其他动物逐渐地把支配外在世界万物的物理的、代数的定理内化为同构的基本密码与运作"，[1] 这在他们的生理结构上表现为网格细胞与计数神经元。此外，这类数学直觉也存在"隐喻"，近来科学家发现孩子会自发地把尺度、数与延续等向度联系在一起，而且，在人类语言中，空间术语经常会隐喻地指称时间与数量。[2] 比如在汉语中，"宇宙"是兼有时间与空间双重含义的。其中，"天地上下曰宇、往古来今曰宙"。[3] 而在英文中，"space"还有"间距"的意义，是可以度量的。为此，英文中的"理性"（rationality），其词根就是"比率"（rate）。这与汉语中的"数理"一词相近。

从历史上看，最早的抽象推理活动是以身体的直观感受为中心的。如时间与空间感是以太阳或月球与人所处的位置之间的相对运动来确定的，如一天（日）是指相对于人所处的位置，太阳从升起到落下的周而复始的过程。比如，古人就曾用日晷或沙漏来计时。不过，他们的科学成就仍然屈从于或服务于巫术、神话与宗教。当时的巫师或祭司都是一身二任的，即懂得如何用类比的方式沟通神与人，也精

---

[1] *Space*, *Time and Number in the Brain*, Searching for the foundations of mathematical thought, edited by Stanislas Dehaene and Elizabeth M. Brannon, Academic Press, 2011, p.ix.

[2] Ibid., p.xi.

[3] 朱海雷：《尸子译注》，（清）汪继培辑，上海古籍出版社 2006 年版，第 47 页。

通当时天文、历法、代数与几何等科学。后来，人类逐渐超越以身体的共感为中心，转而把现象与本质区分开来，于是，有了抽象的时空观。特别是古希腊人，他们发展出了以演绎法为主导的抽象推理，以抽象概念（如数、几何图形）为世界的原型与本源。

如果说感受直观系统是人类直接感知世界的能力，那么理性推理系统则是人类通过学习既有知识或观念形态而形成的判断和推理系统。比如，孩子最初是通过数手指来计算的，后来通过学习数学知识与技巧，通过提取记忆中的观念知识来计算。如用乘法口诀表来计算：$136 \times 5 = 680$。除此之外，人还具有分析与综合的能力，以及估算可能结果的能力。但是，这些只是技艺层面的，其意义只有在人类生存活动中才能展现出来，而且，在不同的文明体中也各不相同。可以说，理性推理系统是根据人类长期积累下来的制度规范、科学知识、艺术规则、宗教与伦理规范等展开的，不仅随历史而变化，而且，在不同的文明体中有着不同的方式与类型。总之，人类的心智结构既非单一的，更不是一成不变的。

必须指出，理性推理系统的特点是逻辑推理，需要经过仔细的分析与综合，再作出判断。比起感受直观系统的直观性与冲动性，理性推理系统则颇费周折。不过，如同人的感受直观系统一样，人的理性推理系统也是历史的。从远古时代巫术—宗教的"前逻辑"（列维—布留尔语）到近现代逻辑，人的心智发生过多次结构转型。而且，还存在过扭曲形的"政治逻辑"与"伦理逻辑"。如在君主制时代，经典三段论（"所有人都是要死的，苏格拉底是人，所以苏格拉底也是要死的"）却被扭曲成"国王万岁"。

在近代，笛卡尔率先提出了"天赋观念论"，认为人的心智中具有天赋的理性观念，它们是人与生俱来的，而且是以代数与几何为基础的普遍理性观念。此外，这些天赋观念还是与自然界中的物理规律相匹配的，因为自然界的物理规律也是用数学来表达的。不过，笛卡尔的这一论点后来遭到了休谟的批评，他认为无法证实因果律内在于客观世界之中，它只不过是人的习惯联想而已。对此，康德不得不后退一步，不再坚持人的天赋观念是与自然规律匹配的，换言之，物自体是人的先验观念无法达到的。不过，康德认为先验观念仍然能够保证科学知识的可靠性。

无论在笛卡尔的天赋观念中，还是康德的先验观念中，空间范畴都是指欧几里得的空间概念，他们都认为空间是不变的天赋观念。但是，在 18 世纪末、19 世纪初，高斯等人却发展出了"非欧几何"，即，空间是可以变形的，比如，两条平行线在无限延伸的过程中会相交。如果"非欧几何的空间概念"也是天赋观念，那么就会产生悖论，即天赋观念（或康德的先验观念）是不自洽的。

从 19 到 20 世纪的物理学发展过程中，还出现了光的波粒二象性的悖论、玻尔的互补原理和海森堡的测不准定理等。这些事件一再表明了人类抽象的科学观念不是天赋的和不变的，而是随着人类生活世界的变化而想象出来的。因为那些支配外在世界与人类社会的恒常规律是以不同方式、角度呈现在共感场中，并通过记忆与学习"内化"为人的科学观念的。

在人类的规范制度方面，情况亦是如此。最初善的概念和正义的概念都是局限在血亲关系范围内，如中国周朝的封建制度主要是把土地和人口分配给王室的宗亲或近臣勋贵。后来，秦始皇实行"郡县制"，就开始超越了血亲范围。到了隋唐时代，科举制更是超越了血亲、门阀范围。时至今日，善与正义的观念超出了人权的范围，还强调尊重文化的多样性与物种的多样性。可见，善与正义的概念也是可变的，不断超越的。

第二节　理性推理的崛起与发展

从历史上看，人类的理性推理系统是在感受直观系统之后发展出来的。一般来说，人类的理性推理系统经历了"前逻辑"（巫术—神话阶段）、"理性突破"（轴心时代）和近现代理性阶段。在本章中，我们以思想史为背景来讨论人类理性推理系统的构成与历史变迁。

一、理性的突破

可以说，人类是从公元前6—前5世纪的"轴心时代"开始，才系统地用"抽象理性"来思考、判断与推理。在古代中国，大约是从孔子开始；在印度，则以佛陀为代表；而在古希腊，则是从泰勒斯、毕达哥拉斯和苏格拉底等人开始的。而这一理性的突破主要源于"规范化"的改变。在夏商周时期，中国人的认知主要取决于巫术与宗教。到了春秋时期，中国出现了"礼崩乐坏"，社会处于"失范"状态，原先处于贵族等级最末端的"士"开始流向平民阶层。士是拥有学识与技艺的人，在这一社会失范状态下，却创造了"百家争鸣"的辉煌。由于论辩的需要，抽象思维与逻辑得到了迅猛的发展。

在理性的突破之后，古代中国人的学术体系分为：道术（类似古希腊的哲学，特别是其形而上学）与方术。其中，方术又分为"数术"与"方技"，涉及天文、历法、蓍龟、杂占、形胜、医术等等。[①]毫无疑问，方术包含着自然哲学（如宇宙论或自然神学）、人学等内容。这套学术体系几经变化，一直到了明末、清初才开始与来自西方近代科学体系相融合。比如，康熙就非常热衷于此，并下令编撰了《数理精蕴》，其水平已接近当时西方的科学。但是，由于封建传统势力的强大，使得中国的学术传统未能近代化。从1840年鸦片战争之后，中国人在遭受重大失败之后开始学习西方的科技与制度，并把整套西方的学术体系嫁接到中国文化之上，逐步实现了中国传统学术的

---

① 参见李零：《中国方术续考》，中华书局2006年版，第1—7页。

现代化。

不过，古代中国也发展出了一种特别的形而上学。古代中国人对宇宙万物的超越性的直觉就是宇宙万物处于"生命变化"（"生生"）之中，而宇宙万物的本性就是生命的新陈代谢（"生生为之性"）。而中国哲学就是探讨宇宙万物的变化之"道"，大致包括宇宙论、道德论与辩证思维等方面。

古代中国人认为天人是合一的。即，世上的每个事物都在追求自身生命的实现，不过，这一实现过程也是宇宙或自然实现自身目的或道的过程的一部分。人也是如此，人的活动也参与到了宇宙生成变化的过程之中。即，人在"赞天地之化育"。那么，如何解释宇宙的生成变化的原因呢？其形式、质料、动力与目的又是什么呢？

为此，古代中国人提出了"阴阳"说与"五行"说。"阴阳"是万物共同具有的两种力量，其中，"阴"是负面的力量，而"阳"是正面的力量。它们的互动就形成了"冲气"，从而推动了事物的生成变化。而"五行"是构成万物的五种基本质料要素，即，"金、木、水、火、土"。它们相生相克，推动了宇宙万物的生成变化。

此外，自然之道就是让万物都能够实现自身的生命欲望与意义。不过，由于万物各自的欲望往往各不相同，难免会有冲突发生，于是"道德规范"就应运而生。而这一规范就是《礼记·中庸》中所阐述的"成己成物"论："唯天下至诚，为能尽其性；能尽其性，则能尽人之性；能尽人之性，则能尽物之性；能尽物之性，则可以赞天地之化育；可以赞天地之化育，则可以与天地参矣。"①

不过，与西方的形式逻辑传统相比，中国虽然也有墨家的"形式逻辑"，但是，在随后的历史中，《墨经》中的形式逻辑渐遭遗忘，而

---

① 《礼记·中庸第三十一》，见杨天宇《礼记译注》下册，上海古籍出版社2004年版，第705页。

占主导地位的仍然是辩证思维，即强调对立面统一的辩证法。它更多是一种"感受直觉"的方法，即，主张以经验归纳为导向的实用理性，强调枚举、类比等推理方式，带有感受直觉的色彩。比如，孔子从未给"仁"的观念下过普遍性的抽象定义，而是在不同场合，针对不同对象阐释过"仁"的内涵。

　　与中国的思想传统不同，西方在文艺复兴之后所创立的近现代学术体系是不断"希腊化"的结果。在公元前 6—前 5 世纪，古希腊人也实现了"理性的突破"，当时的民主制要求公民直接参政，公民参政需要通过论辩来说服民众，于是，一个百家争鸣的时代开始了。论辩就要求讲究逻辑，即辨析、界定概念，遵守形式逻辑。这就大大推进了自然科学、逻辑学的发展。到了亚里士多德那里，形成了完整的学术体系：包括形而上学、宇宙论、人学等。可以说，亚里士多德是古希腊思想的集大成者。即，他用抽象理性及其范畴系统地解释了世界的构成原则。首先，他认为要研究世界的构成原则，必须从"第一哲学"入手，即，探究万事万物的"存在"及其结构。随后，亚里士多德用"实体"与"属性"等范畴来说明"存在"及其结构。因为实体与属性同时还是"主词"与"谓词"，并通过系词"是"联系起来。所以，世界的结构就是逻辑的结构，人类可以通过主谓逻辑来思考与把握世界的存在结构。

　　后来，经过希腊化，希腊哲学（特别是斯多葛主义）甚至成了罗马帝国的主流意识形态。不过，在罗马帝国基督教化之后，理性受到抑制，不得不屈从于基督教信仰。但是，由于基督教信仰寻求理解，所以在经院哲学中，理性论辩仍然持续着。到了文艺复兴时期，新的百家争鸣时代再次降临，这一受压的理性传统又与复兴的古希腊—罗马的理性主义与人文主义相结合，发展出了伽利略的"新科学"和笛卡尔的"古典理性主义"。随后，近代主客二分式的理性主义与人文主义成为西方，乃至现代文化发展的主流。

二、近代理性观

从历史上看，作为主体（即心理主体）人的观念，一直到近代笛卡尔那里才成型。于是，就有了现代科学的分类体系。这个体系可以追溯到古希腊的亚里士多德、阿基米德和欧基里得。不过，它不再认为自然是有目的的，而是一个有着稳定不变规律的结构。而思想主体就在它之外，静观它，用数学来定量说明它的规律。有趣的是，以主体—客体两分与因果律为导向的理性推理系统原来是嵌入在人类整体思维体系中的，但是，从笛卡尔开始，它却脱身而出，反过来想用理性重新整合人类的思想方式。而这一理性包括两个方面：古典理性与协商理性。

1. 古典理性

笛卡尔在 20 岁时就立志去"读世界这本大书"。后来，他发现要读好世界这本大书，首先要回到"人"自身，[①] 特别是回到人的精神中探寻世界内在的数学规律。而因为数学规律等永恒真理是上帝创造的、并分别置入人的精神与物质世界之中的。[②] 因此，人具有认识与理解自然规律的天赋理性能力。

为此，笛卡尔提出了"古典理性"观，即，理性中就包含了一切真理与真实的存在。而理性又是人的自然禀赋，即，"自然之光"。它具有直观与演绎的能力。其表达方式不再是亚里士多德的日常语言的逻辑，如三段论，而是数学语言，如解析几何。换言之，整个自然界就是用这种数学语言写成的。

进而，笛卡尔试图统一所有数学学科，如代数、几何、音乐、机械力学等，形成"普遍数学"或"普遍科学"，从而为知识奠定绝对

---

① 笛卡尔：《谈谈方法》，第 9—10 页。
② 《谈谈方法》，第 34 页。

可靠的基础。而普遍数学就是"研究对象之间的各种关系或比例",①
也即恒定的自然秩序与度量。它具有直觉与演绎的自明性,即自身显
示与证明为清楚、明白的。因此,普遍数学具有方法论的普遍意义。
即使是在人的实践领域,也是如此。

在笛卡尔看来,在人的实践领域里规范人的意志及其行为的,也
是普遍的理性,我们可以称之为"实践理性"。他曾在两处明确界定
了它。一是在《谈谈方法》的第三部分,他指出,"我的意志所能要
求的,本来只是我的理智认为大致可以办到的事情";②换言之,人的
意志只是根据自己的理智来判断事情的真与假、好与坏,并以此来决
定自己的行为。③二是在《第一哲学沉思集》的"第四沉思"中,他
认为,错误的发生是因为人的自由意志超越了理性许可的范围,延伸
到人所理解不到的东西上去了。④

不过,笛卡尔也发现,这种普遍科学的理性用法在自然领域里可
以发现普遍的必然规律,但是,一旦进入人类的实践领域,就会大打
折扣。因为与自然界不同,人类的实践活动是有目的的和情感的,因
此很难绝对地用普遍数学来说明。为此,笛卡尔不得不用"临时行为
规范"来约束人们的行为。换言之,理性在社会中的用法是与在自然
中的用法不一样的,这种"实践理性"只能用作为统计规律的"中
道"原则来说明。

从当今心理学研究的成果来看,其实笛卡尔已经意识到了"启发
法"的重要性。即,像法律与习俗等制度是经过人与周遭的反复博
弈而筛选下来的规范选择,体现了人的生存智慧,有助于人的应急
决策。

---

① 《谈谈方法》,第 17 页。
② 同上书,第 21 页。
③ 同上书,第 22—23 页。
④ 笛卡尔:《第一哲学沉思集》,庞景仁译,商务印书馆 1986 年版,第 64 页。

2. 协商理性

从 1517 年宗教改革开始，欧洲社会一直被"天主教"与新教的争斗所撕裂。特别是在"三十年战争"中，双方都把对方视为"异教徒"而加以消灭，其残忍程度，人类有史以来闻所未闻。如果说在天主教或新教之内存在某种宽容，如"爱你的邻人"等，但是，对于异教徒则毫无宽容之心。

对此，洛克在 1667 年写了《论宽容》，对于天主教徒服从罗马教会的要求，以及新教徒追求摆脱罗马教会、直接或自组教会与上帝交流的要求，提出了"宽容"理论。他认为，对于任何一方使用强力压制，都是无效的，而"宽容"才是审慎的对策。而且，洛克讨论的范围不仅涉及宗教宽容，还扩展到政治宽容与道德宽容等方面。

在洛克看来，执政者的权力无论源于神授，还是源于人民的授权，都是以确保人民及其财产的安全为目的的。而宗教崇拜是人的灵魂与上帝之间的私人关系，即使崇拜方式与执政者不同，只要是真心崇拜上帝，而且不危害或颠覆国家，执政者就不应该干涉，因为如果执政者贸然介入人民的宗教崇拜，一旦引导错误，那么就会让人无法获得灵魂拯救。[1] 同样，在政治事务上，人们可以表达或出版自己的言论，只要不危害或颠覆国家，那么执政者就要宽容，因为强迫人们放弃自己的观点，同意相反的意见，只会把人变成伪君子。[2] 而有关道德上的善与恶的问题，也必须与政治事务区别开来，只要它们不危及人民及其财产的安全，那么执政者也应该对之宽容，不要干涉，因为它们属于人的灵魂与上帝之间的私人关系。[3]

从历史上看，这一宽容思想对于 18 世纪启蒙思想家影响深远，

---

[1] 约翰·洛克：《洛克政治论文集》，中国政法大学出版社 2003 年版，第 140 页。

[2] 同上书，第 142 页。

[3] 同上书，第 144 页。

成为启蒙运动留给后世的主要遗产。可以说,"宽容"思想使得欧洲人通过理性妥协超越了宗教偏执,这一"规范化"让人类的理性跳脱了宗教藩篱,于是,普世的道德理性开始形成,即,所有人都要将心比心、己所不欲、勿施于人。在这一方面,首先是卢梭提出了人的本性是"同情心",即善良的情感;而后,康德又把它发展成为"普遍的道德理性"。他甚至认为,各国人民可以凭借这种道德理性,通过协商建立起"世界共和国"。① 而且,这种以人为本与目的的道德理性也深刻地影响到人类的生活,如红十字会的成立、《日内瓦公约》以及要求废除酷刑、保护文化的多样性与物种的多样性的呼声,都是其意义的历史延伸。

因此,这一普遍的道德理性就是以宽容为导向的协商理性。它主要是共情理性或妥协理性。它一方面反对17世纪"理性绝对主义"的独断论,另一方面也反对宗教(如基督教神学)的专断与压抑,强调宽容与妥协、共处。从历史上看,这种以宽容为导向的协商理性对于尊重与保护人的自由与权利起到了十分积极的作用。

三、从近代理性观到可理解性

到了17、18世纪,西方人已经意识到推理理性是人的主要认识能力。人可以凭借理性发现自然界与人类社会的本质结构与发展规律,甚至可以征服自然与再造一个理想的社会。因此,在历史上,17、18世纪亦称"理性的时代"。仅仅在英、法、德诸国,就涌现了一大批像笛卡尔、牛顿、莱布尼茨、伏尔泰、狄德罗、洛克、卢梭与康德等伟大科学家与人文学者,可谓"群星璀璨"。

不过,人类对于自身心智结构的探求,一刻也没有停顿过。从

---

① 《康德政治哲学文集》(注释版),李秋零译注,中国人民大学出版社2016年版,第230页。

19世纪中叶开始至今，种种因素促使人们重视起推理理性的有限性，逐渐认识到人类感受直观及其与理性的联动作用的极端重要性。

在17世纪末和18世纪初，由于以牛顿和洛克为代表的英国经验论开始取代以笛卡尔为代表的古典理性主义，所以以古典理性为基础的近代自然法理论逐渐衰落，欧洲思想家开始把目光转向经验、习俗和历史变迁等问题上，这样，原来在16世纪末没落的"文治科学"又重新复活，对于罗马统治经验的研究成为当时思想界的重点。

此外，以笛卡尔为代表的古典理性概念是以"度量"和"秩序"为基石的，具有明显的"机械理性"的特点，这一点即使到了牛顿的经典力学体系那里，更是得到了加强。不过，在17世纪末和18世纪初，这一机械理性观受到了莱布尼茨的批评。莱布尼茨通过自己发现的"微积分"学说，用以"动力论"为基础的"目的论理性"来取代古典理性，换言之，亚里士多德的"隐德莱希"又回来了。可以说，莱布尼茨是撬动"古典理性"观的肇始者。

在这一转变过程中，还有许多其他重要因素。当时由林奈、布封和拉马克等人的博物学和生物学研究也使人们发现自然界是不断演化的，换言之，上帝创造的世界并不是一成不变的。这样，传统自然神论就岌岌可危了。这也是历史可理解性得以兴起、并取代古典理性的一个重要原因。

除此之外，由于海外贸易和扩张，欧洲人发现了许多不同于基督教的强大文明，如中国文明。像莱布尼茨、伏尔泰等人发现中国人的文化与基督教毫无关系，但是却有着非常发达的科学技术和文官体系。于是，文化的多样性开始取代基督教的普世性。显然，历史也不存在什么单一的、机械的必然规律。

总之，从孟德斯鸠到赫尔德，欧洲人对"自然"及其理性有了不同于17世纪古典理性主义的理解。首先，"自然"不再是伽利略、笛卡尔和牛顿等人所构想的以数学公式和力学定理支配的永恒不变的

"机械结构"，而是有生命力的有机体，有着内在目的和动力，会像植物和动物一样，有着一个种子发芽、成长、开花、兴盛和衰亡的过程，也即历史的过程。换言之，自然理性有一个发展和成熟的过程。要理解它，仅仅靠数学和力学是不够的，更需要诗、神话、宗教和历史等以"理解"和"体验"为基础的研究。而且，理解和体验又是以"共感作用"为基础的。

具体来说，这种可理解性是指，历史不存在机械的必然规律，但却是有道理可寻的，或者说是可以理解的。即使无法准确地预测未来的历史走向，但是，人们却可以通过制定规范与制度（如契约）来约束人们的行为，让其行为尽可能地符合预期，尽量减少黑天鹅现象的出现。此外，历史的可理解性还在于它的可批判性与可超越性。因为历史是人与周遭交换物质、能量、信息与意义的活动的展开，其中，人类、环境、制度等的互动中存在着均衡与协同机制，它可以自身调整、协同，不断消化异质的、失序的要素。最后，历史的可理解性还在于，人不是在静观历史，而是已经参与到历史的创造之中了。换言之，没有人的创造，也就没有历史。

必须指出，从古典理性时代至今，抽象理性的静观逻辑一直占据主导地位。在整个17、18世纪里，古典理性概念不仅在自然科学研究中成了范式，而且还被视为社会、政治与历史领域的主导力量。这在启蒙思想家孔多塞的著作中达到了巅峰，他被视为彻底的理性主义者。到了19世纪，抽象理性的静观逻辑继续向生命科学领域迈进，达尔文"物竞天择"的进化论甚至被应用到社会和历史领域，成为社会达尔文主义。转入20世纪，人类把抽象理性的目光投向了人的心理和行为领域，其中尤以行为主义、格式塔理论最为引人注目。不过，这种抽象理性的静观方式在无机物质界、生命界和人的心理领域的应用，虽然经常高奏凯歌，但也遭遇过许多挫折、失败，甚至来自许多哲学家与科学家的抵制与批评。

因此，从卢梭一直到胡塞尔、海德格尔和保罗·利科等当代学者，总是在抵制抽象理性的霸道，力图复活人的生活体验，并把抽象理性系统只作为人的心智活动的一个向度。换言之，人的心智活动和行为方式都是要实现某个目的，即让主观意图客观化，或把客观对象主观化。总之，人在这类实践中一般不会机械地用抽象理性的思维逻辑来行事，因为人从 9 个月大的时候就已经形成了基本的"心理机制"，即能够"察言观色"，推测与分享他人的意图与目的，然后调整自己的行为策略。

而且，从 20 世纪末以来，由于神经科学、脑影像技术、心理学与人类学等学科的发展，人们对于人的心理结构有了更全面的认识。科学家们发现，人的心智活动是由三重加工系统构成的，即感受直觉、理性推理与辩证思考是人的心智活动不可或缺的部分。而且，三者之间是联动的。

第三节　理性推理及其有限性

从以上分析可以发现，西方近现代哲学从笛卡尔一直到海德格尔、保罗·利科等人，逐渐认识到了心智的三重能力，即感受直觉、理性推理与辩证思考。可以说，它们都是人类为适应周遭环境而演化出来的能力。因为人的思想与行为都是按照一定范式、结构或制度与周遭匹配的，这种使用范式、结构或制度的能力是先验的，也即长期演化而来的。当然，人是用这些范式、结构或制度来对各种经验材料进行直觉、归纳与推理，以便达成与周遭的协调与匹配。

可以说，人的感受直觉是人的心智运作的基础，它汇聚了所有认知信息，而人的推理理性则是有限的，无法脱离人的感受直觉，否则就失去了信息来源。从个人与群体的知识体系来看，最基本的是对自身与世界的理解与感受，涉及形而上学、宇宙论与人学等方面的问题。而为了向他人证明自己对自身与世界的理解与感受的可靠性，需要形式化的演绎推理与证明，以求证实。可以说，任何以推理理性为主导的科学理论其实都有自己的知识体系的背景，即有自己的形而上学、自然哲学与社会哲学。而任何重大的科学革命都不仅仅是理性推理的进步，更是整个知识体系，特别是其核心——形而上学、自然哲学与社会哲学——的变革与转型。当然，这同时也是个人与群体感受方式的根本变革。

在近代以前，人类还是采取自然主义的世界图景，即人是被嵌入在自然变化的过程之中的。即使在生产活动中，人也是"借力使力"，即利用原始的自然力量来生产物品，如制造水车或风车，让原生态的自然力量（水力或风力）转化为机械力量，从而实现人的目的。而在社会与政治生活中，国家与教会等也是被视为自然物的形态之一，比如，萨里伯利的约翰在《政府原理》中，就提出"身体政治"，把国家比作人的身体。其中，教会就是身体中的灵魂，而君主则是大脑，因为大脑受灵魂支配，所以君主要听命于教会的指引。①

但是，自笛卡尔开始，这一自然主义的世界图景发生了改变。笛卡尔认为，人天生就有把握自然内在的数学真理的能力，因此也能够按照自己的需要与想象，创造出符合数学真理的"人工物"。即使从 19 世纪下半叶之后，人们认识到了"情感体验"比理性认识更为根本，但是它也是人的主观心智的一部分，因此从根本上未改变近代以来的主观主义世界图景。比如，现代经济学是以奥地利学派的边际效用理论为基础的，即商品的价值不再用古典经济学的劳动时间来计算，而是以消费者的期望效用值来计算。这仍然是主观的。而且，在社会政治生活中，国家不仅仅通过理性的协商与计票来统治，而且越来越多地考虑到公民的感受与体验。

---

① John of Salisbury, *Policraticus*, edited and translated by Cary J. Nederman, Cambridge University Press, 1990, p.67.

具体来说，在人的心智中，最先发动的是人的"直觉感受"，它的先验归纳能力是"范畴直觉"，遵循的是统计性的直觉推理，比如"启发式"的推理。而抽象的普遍理性推理，却是在直觉感受发生之后才介入进来的。它采用的是抽象的归纳推理（如概率与统计）、演绎推理。在直觉推理与普遍的理性推理之外，心智还会对自身的目标、价值与内容进行超越性评估，也即"辩证推理"。

不过，理性与直觉是联动的，理性也可以纠正与规范直觉。此外，与感受直觉一样，推理理性也是用象征方式来显现存在的本质结构。当然，推理理性的象征方式有些特别，它是用定义与演绎的方式来证明的。

总之，推理活动是人的归因能力，即，通过启发法与联想形成"模式"等假说，把发生的事件归因于某个（或某些）因素，确定这个（或这些）因素导致了这一事件，并预测其未来的可能走向。大致说来，它包括三个方面：

1. 直觉的归纳推理。这是人最根本的与原初的推理活动。在具体情景下，人们往往首先会根据启发法，利用以往有效的经验来采取应急措施。如若不可行，人们又会以联想与类比的方式提出新的模式等假说来"试错"，并在与情景的互动过程中不断修改或重建模式假说，以便最终能够有效地应对或解决难题。

2. 抽象的演绎推理。在直觉的归纳推理的基础上，人们会使用抽象演绎法，从确定无疑的公理出发，推论出具体结论，这一推论具有普遍可靠性。可以说，这一演绎推理对于建立模式假说很有帮助。

3. 辩证推理。由于人与周遭世界共感的显现场具有无限多的可能世界，换言之，它是无限多可能性的叠加态，而现实世界只是这一显现场凸显出来的图景。其中，由于多方面的介入，导致事件发生的原因是多元的与结构性的，而且，人的主观期望及其积极作为亦会改变复因的结构态势。不过，人的推理理性能力无法穷尽显现场的无限可能性。在这一方面，它不如人的感受能力，后者力求与显现场融为一体，达到"入迷"的状态。

但是，人的理性却可以通过辩证推理来揭示显现场的无限可能性及其悖论。可以说，辩证推理的关键在于无限性概念。它所追求的无限性与反思性是与感受中的无限性不同的。前者的无限性概念是可以界定的，即在现有范围之外的集合，比如数学上的无限性。而在感受中的无限性却是无法界定的，超出了理性可以定义的范围。

因此，人的辩证推理也是人的心智能力之一，因为只有人才会对人的生存意义、特别是未来，进行超越性的追问。而在人的具体行为中，为了向他人证实这一批判，人们就需要用理性来具体界定它。一旦形成定义，那么就会接受检验与证实。因为有界定，就有局限，那么就会受到新的质疑。

具体来说，作为生命体，人具有自身调节的能力，这一调节能力不仅包括生物本能的调节能力，比如克服感冒等反常现象，还包括感受与理性的调节能力。它们会根据所处的境况，随机地调节自己的行为。这一内驱力就是人的生命意志力，它不断推动着人去追问自身存在的意义。当然，它也会要求人不断进行理性批判，即在新的感受基础上，更新旧的抽象概念。

其实，要了解人是如何进行理性推理的，最好的方式是研究科学家是如何作出科学发现的。不过，科学作为一种社会制度，是在伽利略之后才在世界上逐渐建立起来的。在这一制度框架下，科学家首先要有问题意识，然后针对这一问题，提出理论假说，并推出具体结论交由实验来证实。一旦被证实后，其结果还要其他科学家进行重复实验，如证明无误，就可以被接受为科学理论。

不过，任何科学研究都是以感受直观为基础的。没有感受经验，那么理性推理就成了"无源之水"。换言之，推理理性或形式化证明并不能提供"新知识"。从近代以来，随着科学技术的昌盛，世界进入了"技术的时代"，理性，特别是工具理性，成为人们决策的基础，而我们的感受体验却受到压抑，并被作为非理性的东西遭到排挤。毫无疑问，情绪和情感会影响人的理性判断，但是，这种影响并不都是负面的。其实，理性与感受是联动的，如果没有感受，那么我们的科学探究是无法想象的。而且，要想创造发明，科学家必须敢于联想，把不相关的东西或领域联系起来，而这正是人的感受能力。

第五章
见 识

　　人实际的心智活动是非常复杂的，无法简单地归结为感受直觉或理性推理。早在 17 世纪，笛卡尔就对理性与感受的关系进行了深入的哲学思考。在《论灵魂的激情》中，他把理性与感受严格区分开来。理性是人的灵魂的天赋能力，而激情却非灵魂的天赋属性，它是身心互动产生的。而且，人的激情会干扰人的推理活动。所以，笛卡尔要求用理性来控制激情。近来，神经科学家达马西奥在《笛卡尔的错误》中批评了笛卡尔的身心二分论，认为人的理性推理能力是与人的自主情绪系统（也即感受系统）紧密相关的，而且，人的情绪还参与、帮助或危害人的理性推理。[1] 达马西奥经过实验发现，人体有着"体内稳态"机制，调控与维持着身体内与外的平衡，特别是人的情绪表达，对于人的推理与决策起着关键作用。换言之，人的感受与理性不是完全对立的，而是联动的。不过，也必须指出，达马西奥在一定程度上忽视了感受与理性的社会用法方面，因为人的心智不仅是生理现象，还是社会现象。

　　在感受直观与理性推理之间，后者是对前者的再加工。如果说

---

[1]　安东尼奥·R.达马西奥：《笛卡尔的错误：情绪、推理和人脑》，毛彩凤译，教育科学出版社 2007 年版，第 III 页。

感受直观拥有全部所与，那么理性推理只是加工了其部分所与。换言之，理性只能在原初的感受直观的表征范围内"跳舞"。不过，在人的心智活动中，感受与理性并非绝对对立，而是在差异中又有协调。这种逻辑就是"元认知"，也即"见识""机智"或辩证思维。中国人常说的"运用之妙、存乎一心"，就是这种元认知使然。它是人从根本上反思与协调心智活动的能力，其生理机制包括大脑的前额叶皮层等。这种元认知源于"内省"，也即有选择的注意机制，它会对自己行为的目标、手段与过程进行反思。这就形成了对自身的认知，即"元认知"。① 以人的"完形"能力为例。前面说过，人的心智的完形能力是人与周遭之间物质、能量、信息与意义的交换回路"内化"的结果。为此，人在感知时是先验地把自身与周遭相关者纳入某种结构中；不仅如此，人的心智还可以不断解构这些结构，重新生成新的结构。这种具有自身生成能力的自反性思维兼有内在性与超越性的特点，可以"随机应变"。这种能力就是"机智"或"见识"。换言之，人的元认知具有策略性的特点，不仅会协同感受与理性，还会反讽、离间、欺骗、结盟与良心谴责等。

此外，大脑神经回路的可塑性也为人的"随机应变"提供了可能。人在处理特定问题时，可以有不同的思路。当然，人的心智活动也是有偏见与惰性的。从 20 世纪 80 年代以来，著名心理学家乔纳森·伊文斯、丹尼尔·卡尼曼等人就发现了人的心智具有各种偏见或禀赋，如匹配偏见、信念偏见、厌恶损失，等等。不过，正是因为人具有重新塑造自己思路的元认知能力，所以，人也可以抑制与改变这些偏见。②

---

① 戴维·迪绍夫：《元认知》，陈舒译，机械工业出版社 2015 年版，第 21 页。
② Olivier Houdé, *Le raisonnement*, Presses Universitaires de France, 2014, p.73.

第一节 感受与理性的联动性

其实，感受与理性是人的实际运思与推理的两个部分。在现实生活中，人们大多会跟着感觉或习惯走。但是，只要可能，人们还是会对自己的感受或习性进行理性思考的。比如，科学发现的逻辑就是从感受直觉出发，进行理性思考，提出假说，然后用实验来求证。

根据约舒亚·格林的研究，在我们的大脑神经系统中，不同的神经回路常常处于竞争状态之中，这往往让我们感到很痛苦。[①] 其中，情绪反应"依赖于与情绪有关的大脑区域如内侧额叶前皮质的神经活动"，而缜密的思考"则依赖于典型的大脑认知区域如背外侧额叶前皮质的神经活动"。[②] 不过，感受与理性不是绝对对立的，相反，理性观念会不断内化进感受之中，成为内隐性的感觉习惯。比如，通过教育与训练，一些道德理性观念会内化为人的感觉习惯。还有像部分与整体、自身与他者等概念也会成为人感受直观的内在范畴。

毫无疑问，感受与理性之间存在着张力。虽然感受与理性只是心智自身反思的层次高低不同而已，但是，感受比理性更原始。感受涉及的是人与周遭世界之间的生存论关系，而理性则有关人与世界之间的认识关系。可以说，后者是以前者的表征为基础的。但是，无论如何，感受与理性及其联动关系一直是人类心智生活的基本要素。

感受与理性的联动在于人的心智的双加工过程。即由下而上的感受直观的加工与由上而下的理性推理的加工。前者是以边缘系统为中心，后者则以前额叶为中心。在时空方面，前者构成了人原初的时空感，它是代入式的，后者则是静观式的。例如，人在学车时，即使背

[①] 马克斯·布鲁克曼编：《下一步是什么》，王文浩译，湖南科技出版社 2011 年版，第 87 页。

[②] 同上书，第 89 页。

熟了行车规则，知道前后左右的距离，但是，仍觉得自己的手脚很笨拙。这是因为这时人尚未做到人车一体。因为人最原初的空间感是人居住在世界之中，人与世界不是并列在一起，而是相互属于对方。换言之，人就是世界自身的一部分。两者不是外在的静观关系，而是有着内在的亲密关系，对方对于自己来说本来就是熟悉的与理解的，而非陌生的对象。

为此，学车者需要勤于练习，增强自身对于车的各部分以及周遭环境的熟悉度，最终达到人车一体的境界。即，让人、车与周遭环境形成具有内在亲密关系的共感场，彼此能够相互理解对方的意图与行为。在科学研究中亦是如此。爱因斯坦曾指出，"科学家的终极任务是得出那些普遍的基础法则，由此出发，整个宇宙可以通过纯粹的推理来建立。但没有一条逻辑的道路通向这些法则，只有建立在对经验感同身受的理解上的直觉才能到达"。①

不过，理性与意志力系统也会对感受直观系统的体验进行再加工，进行预测，并分析清楚形势与期望，增强人的毅力与勇气，时机一到，能够果断采取措施。

因此，感受与理性的联动构成了人的理解能力或共感能力。其中，人的感受直觉是通过各种游戏形式来表达的，最早如歌舞、岩画、传说、史诗、博弈等。这些游戏都有各自的形式与结构，但是，这些形式与结构更是一种节奏或韵律，具有自身生成性，可以传达出人的丰富情感。许多人（如巫师或艺人）会达到某种出神入化的迷狂状态。不过，又由于镜像神经元的作用，人会产生感同身受的共感感受，所以，这些游戏中的情感会有"传染性"，如股市中经常出现的"追涨不追跌"的现象。

---

① 安妮·鲁尼：《爱因斯坦自述》，王浪译，黑龙江教育出版社 2016 年版，第 28—29 页。

必须指出，人的理性推理对于感受直觉的加工都是间接的。埃米尔·迈耶森曾在《同一与实在》中，通过对科学史的大量研究，认为科学发现不是通过经验归纳直接得出的，而是以人的两条心理学原则为基础的，即"合规律性原则"与"因果性原则"。即，科学旨在发现自然实在的可理解性，也即合理性。① 具体来说，科学的目的是探寻自然现象背后恒定不变的"同一性"，如实体。尽管科学总是在把差异性纳入同一性之中来解释自然实在的合理性，但是，自然实在中仍然有着尚未理解的东西，因此，迈耶森认为，科学发现既非完全先天的，也非完全后天经验的。其实，如果从人的意识体验与其周遭对象的相关联结构的展现过程来看，迈耶森的这一悖论不难理解。因为人的意识体验与其周遭对象的相关联结构是一个开放的共感场，它贯穿于人与其周遭环境，无边无际，而人具有感受直觉的能力，即从自己的处境出发，从这一共感场中直观出本质结构来，好像这一本质直观是从这一场中涌现或呈现出来的。但是，这一本质直观并不是这一共感场恒定不变的本质结构，因为随着人的"移步换景"，人的身体又与新的周遭对象构成新的场，换言之，共感场本身又发生了变化，人在新的处境下又从场中直观到新的本质结构。而这一过程是无止境的。总之，潜在地说，共感场最终是可以理解的，但是，现实地说，只有人的当下处境才是可以理解的。

那么，如何达到与万物一体的直觉感受呢？古代中国人常说要"养气"，因为气不仅是物质的，也是精神的，它贯穿天地人之间。而读书与阅历都会扩大人的气度、胸襟与境界，直至"万物皆备于我"。换言之，人的"气场"可以"至大至刚"，"塞于天地之间"。在绘画方面，黄宾虹曾说：

---

① Emile Meyerson, *Identity and Reality*, translated by Kate Loewenberg, Routledge, 1930, pp.11—13.

　　山水画家对于山水创作，必然有它的过程，这个过程有四：一是"登山临水"，二是"坐望苦不足"，三是"山水我所有"，四是"三思而后行"。此四者，缺一不可。"登山临水"是画家的第一步，接触自然，做全面观察体验。"坐望苦不足"，则是深入细致地看，既与山川交朋友，又拜山川为师，要在心里自自然然，与山川有着不忍分离的感情。"山水我所有"这不只是拜天地为师，还要画家心占天地，得其环中，做到能发山川的精致。"三思而后行"，一是作画之前有所思，此即构思；二是笔笔有所思，此即笔无妄下；三是边画边思。此三思，也包含着"中得心源"的意思。①

　　一旦达到物我交融的境地，人与山川就重新从这一交融的"气场"中"孕育"或"脱胎"而出，犹如重生一般。而且，人对山川的认识不再是对异己对象的认识，而是自身对自身的认识，换言之，它是自身的这一部分对另一部分的认识。

　　而在科学研究方面，理解力会推动着人从与整个自然实在的共感场出发，不断设想人的意识与周遭对象的相关联结构中新的联想回路。比如，爱因斯坦为了跳出牛顿经典力学体系，借用麦克斯韦尔的"场"与"能量"的新概念，来解释"质点"与"粒子"概念，把后者设想为场中的能量聚集区域。这无疑是从更广大的视域来看牛顿力学。

　　可以说，人的理解力具有可塑性，当谈及广浩无垠的宇宙，甚至多重宇宙时，人也可以理解；而谈及不断细分的基本粒子（如质子、中子等）时，人也可以理解。总之，理解力贯穿着人，并推动着人去

---

① 周积寅编著：《中国历代画论》上编，江苏人民出版社 2013 年版，第 73 页。

认识、想象周遭对象，而其方式就是构想各种结构化的概念框架或范式，交给实践或实验来检验，然后人们就决定哪种概念范式应该被接受。无论是科学发现，还是绘画实践，都是如此。因为不是人掌握着人的意识体验与周遭对象的关联场，而是这一关联场掌握着人。无论是人本身，还是物质对象，都是通过这一关联场来显现自身的，所以，人只有通过大家约定的各种概念范式，才能不断"占有"对象的意义。不过，要占有对象的全部意义，却是一个无止境的过程。

不过，不同概念范式之间的关系，不是伽斯通·巴什拉所说的"认识论断裂"或福柯提出的"知识型断裂"，而是理解力所推动的"移步换景"，也即，人在新的处境下又与周遭对象构成了新的关联场，并从新的角度构想、约定出新的概念范式，换言之，从"横看成岭"又转身变成了"侧成峰"。可以说，这是理解力的自身转换，"似断若连"。比如，从亚里士多德—托勒密的"地心说"到哥白尼—伽利略的"日心说"，只不过是人在宇宙中转身换个角度来看世界罢。以后，从牛顿的经典力学体系到爱因斯坦的广义相对论，不仅如此，更是把前者作为特例纳入后者的概念范式之中。

当然，在理解力中，还存在着另一面，即非理性的情感。它促使人把意向对象纳入直觉结构之中。在传统的中国餐馆中，人们往往根据情况用屏风来分隔空间，让客人拥有自己的私人空间。而且，由于屏风的可移动性与可折叠性，人们可以以不同方式来分隔空间，从而让空间具有自身生成性，来保护人的隐私。此外，传统中国餐馆还会在入口处专门设计下有蜿蜒流水的过道，以此来象征人对财富的追求（因为流水意味着财源滚滚而来）。这些空间配置不是自然本身具有的物理机制，而是渗透着人的情感的结构配置。

但是，如果人陷入情感的迷狂之中，那么理解力的理性一面就会被压制，人就有了情感偏执。如在股市上，很多人"追涨不追跌"，最后被套牢。所以，古人常常说"三思而后行"。即对自己的行为进行"反思"。而不断反思，人就会通过反复比较、分析，发现其中的因果关系或"亲和关系"，避免犯错。从历史上看，对抽象的理性推理系统的自觉就是这样产生的。比如，在对自然世界的研究中，人们会发现其中存在着"因果关系"，它们具有"必然性"；而在对人类社会的研究中，人们却发现其中只存在着"亲和关系"，它们只具有"必需性"，因为人是有欲望、情感和意义追求的。如果说自然界的必然性是指物理—化学变化的恒定不变的因果规律，那么人类社会中的必需性则是指人与周遭之间各种心态、习性、意图相互交织的态势。人可以根据这一态势的走向来达成自己的目的。比如，孙膑利用庞涓的心态与习性，采用围魏救赵的方式，在庞涓回军救援的半路上伏击成功。又如德国铁血宰相俾斯麦，就曾利用周边大国之间相互牵制的心态，让它们彼此制约，让事态不断朝着有利于普鲁士的方向发展，最后成功实现德国的统一。

古人云："无情未必真豪杰"。其实，人都有情感偏好，容易受制于情感。这是因为在人的心智活动中，最先发动的是感受直观系统，而且人又有"思维经济"的禀性，常常会跟着情感偏好走。比如，在流动量很大的街头巷尾，许多职业乞丐就利用人们同情弱者的心理禀赋，向人乞讨，往往获利丰厚。

更有甚者，这类情感偏好还会被有心人利用来操控大众的心理。比如，在电影《让子弹飞》中，土匪为了激发乡民去攻打当地恶霸的城堡，采取了消除他们对恶霸的恐惧心理的策略。即，找来一位与恶霸长得极为相似的人（周润发饰演），把他押到群众集会的台上，当场砍下了他的头，这一下就打消了群众的恐惧与疑虑，以为土匪已经把恶霸消灭了，再不去恶霸的城堡里抢东西，就来不及了。于是，大家蜂拥奔向城堡，而真的恶霸也只能眼睁睁地看着暴民闯进家中，抢走一切。这是人理性地利用人的情绪的典型案例。

因此，由于共感作用，情绪还会传染，造成"群体癫狂"现象。

如果信息不透明，再加上制度不健全或不作为，就会让群体癫狂"泛滥"开来，造成诸如密西西比计划、南海泡沫、郁金香狂热等巨大经济危机。

第二节　见识：协同的智慧

尽管感受与理性之间存在着不一致，人们在运思时往往左右为难，但是，人的心智还有协同的智慧，即元认知，也可以称为"见识"。根据镜像神经元理论，人类的"共感"能力能够让人辨别、预测他人的表情与意图。这种能力对于人的生存来说至关重要。不过，共感既会画地自限，亦会超越限制，达成妥协或共识。由此可见，人的决策不仅需要感受与理性，还需要见识，也即实践智慧，因为人无法孤身独处，需要协调好自身与周遭之间的共存关系。不过，梅洛—庞蒂在《哲学赞词》中也说过，人自身是"一个难以触及的在场"。因为人是处于群体（或城邦）之中的，而人在与他人的共存中，却是处于"令他不安的温和的反抗、幻想的赞同"之中。换言之，人的服从方式也是一种抵抗方式。[1] 因此，人们即使在"共谋"时，也是"各怀心事"的。

从存在论上看，人是生活在共同体之中的，他的自身并不完全为自己所掌控，而是分布在共同体之中的，与他人共享。所以，人与他人对抗，也是部分与自己对抗。而且，由于人的自身只是部分为他人共享，因此，人不可能与他人完全一致，既有切合之处，也有矛盾。即使是在友情、亲情关系中，亦是如此。所以，在人类共同体中，人际合作是需要制度保障的，因为"没有规矩不成方圆"。因此，政治就是按照"规矩"来统治。

英国著名历史学家 M.I. 芬利认为，"政治"是古希腊人的创造。

---

[1]　Maurice Merleau-Ponty, *Elogie de la philosophie*, Gallimard, 1953, p.38.

虽然当时周边社会（如埃及、亚述和波斯等）也有"政策"讨论，但是仅限于宫廷或少数人的圈子里，而且国王或总督只是听取建议，这些讨论并无约束力。① 当然，这一说法有点绝对。如果就现代政治民主制度源自古希腊的"民主制"，那么"政治"是希腊人的创造，这一说法有一定道理；但是，如果广而言之，则未必确当。其实，任何社会都有自己独特的政治生活与政治制度。可以说，有着什么样生活方式的人民才会享有什么样的政治制度。而且，从长远来看，政治制度是会随着人们生活方式的改变而变化。

具体来说，政治制度是政治决策的方式，而生活方式是人们在日常生活中实现欲望偏好与情感偏好的方式。从长远来看，后者是前者的根据和来源，而前者则是后者的法律保障。这两者在不同的社会中是有不同表现的。比如在古希腊社会中，从公元前 6 世纪开始，军队的构成发生了重大变化。过去，军队主要由骑兵构成，而希腊社会中只有贵族能够提供马匹，所以，贵族在传统政治中占据着主导地位。但是，从公元前 6 世纪开始，重装步兵在战争中的作用越来越大，超过了骑兵的作用。而平民有能力提供步兵的装备，所以平民在政治上的地位开始上升。② 此外，由于古希腊人采用的步兵队形是协同作战，每个战士左手执盾，右手持剑，他会用盾来保护左边人的右半身。③ 这种军事上的团队精神也成为古希腊人的主要价值观。于是，平等意识和对公共的善（或利益）的追求就成了古希腊人共通的感受和生活方式。而且，正是根据这种生活方式，才会出现"公共空间"（agora）和"决策方式与机构"，即，公民通过公开辩论和投票来作出政治决策。

---

① M.I. 芬利主编：《希腊的遗产》，张强等译，上海人民出版社 2004 年版，第 23 页。

② *Early Greek Political Thought from Homer to the Sophists*, edited by Michael Gagarin and Paul Woodruff, Cambridge University Press, 1995, p.xi.

③ Ibid.

而在古代中国，情况却不同。在从秦汉至明清的"专制天下"中，"政治决策的方式"与"民众的生活方式"是与希腊人不同的。儒家所倡导的"修身、齐家、治国、平天下"的礼仪文化，成了古代中国人共通的感受与生活方式，而且，从天子一直到俗人，都要这么生活。而在这一基础之上形成的政治决策方式，就必然带有家长专制的特点。比如在《论语》中，季康子问政于孔子，孔子对曰："政者，正也。子帅以正，孰敢不正？"① 其中，"政"指端正自己，自己作出表率。对于孔子来说，政治首在"正己"，次之才是"治理"。"正己"不是通过修身让自己成为一个孤独的个人，而是把自己培养成与他人、家庭、社会、自然和谐共处的人，让自己的言行符合"正当性"要求。然后在此基础上去治理、调整社会关系，达到"齐家、治国、平天下"的理想境地。而在这一基础之上，孔子还强调"正名"，即"讲究名分"。它就是中国古代政治决策的方式。君主只是"纳谏"，而谏言是没有绝对约束力的。

不过，一旦政治决策的方式与民众的生活方式发生冲突时，那么人的心智中亦有见识系统来协调两者。这就是实践智慧。比如，在1520年，意大利佛罗伦萨的统治者洛伦佐去世之后，马基雅维里就主张在佛罗伦萨恢复共和体制，因为佛罗伦萨有着悠久的自由传统，民众早已习惯于平等的生活方式。如果继续实行君主制，就难以实现长治久安的统治。②

当然，人的见识并非只是一时的"机灵"。从长远来看，它还体现了人的"良知"、美感与神圣感的内在要求。换言之，人在做权衡时，还会受制于良知与神圣感的拷问。如果是在两难困境中做决策，那么结果就难以完美，决策者在事后难免会受到良知的折磨。因此，

---

① 《论语·颜渊第十二》。
② Machiavelli, *The Chief Works and Others*, translated by Allan Gilbert, vol. I, pp.106—107, Duke University Press, 1989.

人的见识不仅仅需要洞见，更需要毅力、勇气与决心。一旦时机到来，人必须当机立断，因势利导，或者创造条件，增进或改变己方与各方的关系态势，让事态朝着有利于己方的方向转化，也即"造势"。

而在造势方面，孙膑认为要注重"天时、地利、人和"，[①] 也即在人与周遭世界的各要素之间形成最有益己方的态势（即要素配置）。如果这三方面不可兼得，那么孟子认为"天时"不如"地利"，而"地利"又不如"人和"。[②] 中国人常说，"人心齐、泰山移"，就是这个道理。

不过，局部的造势成功并不一定代表历史的最后走向。在三国时期，刘备与诸葛亮通过改变部分因素，如占领荆州与益州，与东吴孙权结盟，终于造势成功，竟与占据北方的曹操"三分天下"。但是，这种局部造势却未能持久，最终不能阻挡中国统一的历史大势。这正如唐末罗隐所总结的，"时来天地皆同力、运去英雄不自由"。[③]

必须指出，人的见识有时源于瞬间的领悟。爱因斯坦曾回忆，"我坐在伯恩专利局的办公室里，突然想到一个问题：如果一个人自由下落，他不会感受到他的重力。我惊呆了。这个简单想法给我留下了深刻印象。它促使我离重力理论更近了一步"。[④] 这一洞见就是指，物质的质量会把时空变形、弯曲，而地球的重量所造成的周边时空的弯曲就会产生"一种时空持续体中的扭力，它促使一个物体朝另一个物体移动"，[⑤] 比如物体的自由落体运动。因此，物体的运动路径是一个曲面，而非抽象的平面。而要解释这一曲面，就需要应用非欧几

---

① 张震泽：《孙膑兵法校理》，中华书局 1984 年版，第 57 页。

② 《孟子·公孙丑下》。

③ 中华书局编辑部点校：《全唐诗》（增订本），第十册，卷 658，罗隐三，中华书局 1999 年版，第 7607 页。

④ 安妮·鲁尼：《爱因斯坦自述》，王浪译，黑龙江教育出版社 2016 年版，第 58 页。

⑤ 同上书，第 58 页。

何。显然，这一想法从根本上否定了牛顿的"绝对时空观"。

不过，尽管爱因斯坦的这一瞬间领悟有些偶然，但是，任何伟大发现都是为有所准备的人预备的。而且，爱因斯坦在长期的研究中，也分享了麦克斯韦尔的"场"概念。在爱因斯坦看来，麦克斯韦尔的场论极具革命意义，它取代了牛顿的"质点"概念，因为在牛顿力学中，物质实在是由时空中的质点来表示的，而麦克斯韦尔却用时空中的"场"来表示，而且，"质点的概念连同粒子的运动方程都可以由场方程推导出来"。① 这也就否定了牛顿的质点空间观，对于爱因斯坦来说具有巨大的思想解放作用。可以说，爱因斯坦的相对论就是对麦克斯韦尔场论的进一步发展。

第三节 思想系统

在个人与群体那里，思想与行为都是以一定的模式展开的，如习惯与思想系统，它是由见识系统协调感受直觉系统与推理理性系统构成的，因为人的心智是一个不断结构化的生成活动，是一个整体协调的活动。可以说，这是一个"三重加工"的思想系统（见图 16）。其

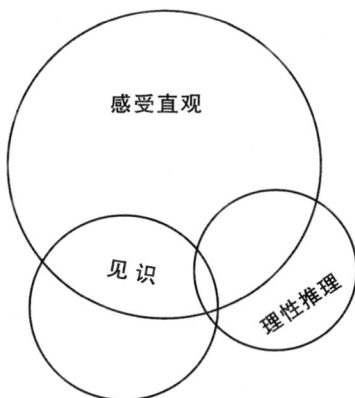

图 16 "三重加工"（佘碧平绘制）

---

① 《爱因斯坦文集》(增补本)，第 1 卷，第 18 页。

中，最基本的是"感受直观"，它是人对于人与周遭世界的基本理解与感受。不过，这种理解却有着模糊性。其次是基于理性推理的自然知识、社会知识与人文知识等。它们可以通过理性推理或实验来证实。最后，人还有协调感受直观与理性认识的见识与智慧。可以说，个人、群体，乃至文明体，都有着自身的思想系统。我们从中能够窥见人的感受、理性、机智、幽默、反讽与自嘲。

不过，人类的思想不是孤悬于社会生活之上的。相反，人类的思想总是有"意向性"的，并通过自身与生活世界的相互开放及其象征系统而表现出来。换言之，人类的思想是与地理环境、技术和制度（如审美品位、经济方式、法律与政治体制、道德风俗与宗教制度）紧密相关的，并且相互影响。

具体说来，人类在世界上的生存，是人与世界相互开放，相互置入对方之中，共同形成了一个生活世界。换言之，人会在对象中发现自身的意义，或在自身中理解对象的意义。总之，人类生活的自然世界其实是一个具有象征意义的符号系统。比如，初次见到外国人，我们可能听不懂他的话，但是，我们仍然能够从他的手势、步态中了解他的意向与性格。

从目前资料来看，最早具有"灵魂"意识的可能是尼安德特人。在10万年或8万年前，尼安德特人开始为死去的同伴举行"葬礼"，并献上鲜花。这一葬礼仪式意味着尼安德特人已经有了"灵魂"意识，他们一定会追问"亡灵"会去哪里。此外，在世界各主要文明体中，"灵魂"一词的词根都是"呼吸—气息"。先民们最初认为自己是与神灵"呼吸"相通的。换言之，人可以通过"呼吸"来感受和思考自然和世界。这样，"气息"就成了"精神""灵魂"和"思想"等词语的词根。另外，在先民看来，"气息"还是"生命力"的表现。在拉丁文中，"灵魂"（anima）就是指"生命力"或"生命能量"。这与中文中"精气神"是一致的。

可以说，"灵魂"意识的形成是人类对于自身与周遭关系及其终极意义的最初反思。英国人类学家弗雷泽在《金枝》中认为，人类思想经历了从巫术、宗教到科学的过程。这种说法过于简单，其实，在各个文明体中，情况更为复杂，巫术、宗教与科学探究相互纠缠。可以说，它们都是人类追求智慧的不同方式。比如，"哲学"作为一门学科源于古希腊。据说毕达哥拉斯只承认自己是"爱智慧"的人。于是，"哲学"（爱智慧）一词就出现了。不过，古希腊人追求智慧的方式（即哲学）是与古波斯人的"巫术"（magi）、印度的佛教、中国的道论、古埃及的祭祀、希伯来人的《旧约》等不同的。古希腊哲人总是用理性的方式从变化万千的世界上探寻普遍不变的因果关系或本质结构，并用数量或图形关系来定量或定性地说明它们。比如，莫斯在《一般巫术理论概要》中，曾描述过土著人的"玛纳"（Mana），它是贯穿事物中的神秘力量与原因。后来，古希腊哲学家用"实体"（Substance）来解释事物存在的根据和原因，已经是用理性来看世界了。

因此，古希腊人所倡导的"哲学"传统注重的是人类心智结构中的理性推理系统，而中国思想传统却更注重感受直观系统，凡事讲"情理"，也即感受的逻辑。由此可见，"思想"要比"哲学"外延更广。而且，"哲学"也是一个晚出的概念。从现有的材料来看，欧洲思想最早可以追溯到公元前4000年美索不达米亚和埃及的思想。当时近东思想主要以神话、史诗和原始宗教为主，不断由东向西扩散、变形，并经希伯来人、赫悌人、腓尼基人、波斯人各自的创造，影响到了西方的希腊人。大约在公元前8—前6世纪，希腊人实现了"从神话到理性"的思想突破。最初，希腊人把对自然和世界的思考称为"theoria"和"historia"，前者意为"看和观察"，而后者则是指"探究"。而"哲学"（philosophia）则是在两个世纪之后才出现的，源于对世界起源的理性探究，其代表人物就是泰勒斯等自然哲学家。① 根据"七贤"的说法，"七贤"中除了泰勒斯等哲学家外，还包括梭伦等政治家、诗人。这说明当时希腊人是把哲学、诗、政治等区分开来的，换言之，哲学只是希腊思想中的一个分支。当然，希腊哲学概念随后不断"扩张"自己的地盘，到了柏拉图和亚里士多德那里，已经渗透到所有学科之中，但是，哲学与其他学科的分野从根本上看，并未改变。比如，在亚里士多德那里，哲学的主要范围还是形而上学（即存在论—神学—逻辑学）、物理学、伦理学等，而与政治学、天文学、诗学、气象学、动物学等是有区别的。因此，要描述和研究欧洲人的思想传统，仅仅以哲学为对象，显然是远远不够的。

从思想的分类来看，它包括哲学、数学、历史、医学、艺术、法律、宗教、科学等学科。而且，这些学科在不同文明中有着不同的表现方式，但是，都包含着存在论—神学—逻辑、宇宙论、灵魂论、道德伦理、法律—政治和审美等方面问题的共识与认定。美国学者托马斯·库恩就曾指出，任何科学体系都有着对世界是由什么实体构成的存在论的回答。② 这是人类思想系统的核心。在这一核心之外，还存在着有关宇宙论与人学方面问题的探究与解答。而在这两个同心圆之外，才是有关"器物"的各门具体科学，如物理、化学、天文学、生物学、社会学与政治学等。（见图 17）

----

① 据第欧根尼·拉尔修的记载，"哲学"一词可能有两个来源：一是它可能来自波斯、印度或埃及；二是由毕达哥拉斯首次提出的。（参见第欧根尼·拉尔修：《名哲言行录》，徐开来、傅林译，广西师范大学出版社 2010 年版，第 1—6 页。）不过，据现有材料来看，公元前 6 世纪之前的波斯只有神话、史诗和宗教思想，尚未从"神话转向理性"，即使有诸如"哲学"（爱智慧）这一术语，也无实质的思想突破。而古希腊人在毕达哥拉斯之前的泰勒斯那里，已经实现了"从神话转向理性"的思想突破。所以，说古希腊人创造了"哲学"，才名副其实。

② 托马斯·库恩：《科学革命的结构》（第 4 版），金吾伦等译，北京大学出版社 2012 年版，第 4 页。

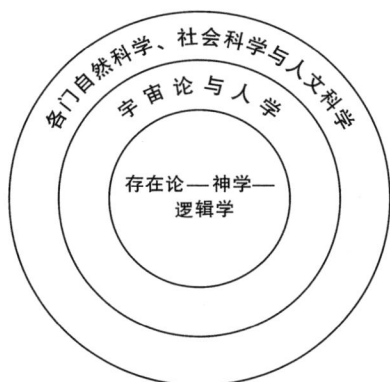

图 17 人类的思想系统（佘碧平绘制）

　　而且，人的思想系统会在适应周遭变化的过程中发生转变。一旦周遭发生变化，人首先会根据以往经验作出直觉判断，因为以往的经验智慧是经过生存考验的，具有可靠性。不过，它们未必就一定适合当下的情况。于是，人转而对以往的经验模式与学习到的新的经验模式进行归纳与推理，提出新的模式假说来试错，然后根据试错的结果来调整与修改假说。一旦经过反复证明是有效的，那么这些新的假说就会取代旧的模式成为新的思想系统的核心，而人的思想系统也随之发生根本的转变。因此，人的思维逻辑遵循的不是线性的理性推理，而是具有自组织性的博弈逻辑。即，面对复杂的周遭环境或他人，人们会推测对方的意图与下几步的计划，通过试错不断调整自己的计划与行动。

第三部分

心智的功能

第六章
表　达

如前所述，人的心智是人对自己与周遭之间物质、能量、信息与意义的交换行为的自反性意识。它既是自反性的意向行为，也是自反性的理解、交流与表达行为。因此，心智的意义就在其表达行为中，而且，人也是通过表达行为来相互理解的。因为表达行为，如言语行为，是象征与指代行为，包括自身与他者、部分与整体、种与属的象征与指代等。而指代与象征行为也是隐喻行为，具有多重意义。而且，"共感"也是通过这一交流活动演化出来的，它让人能够理解与读解他人的意向行为与表达行为。

第一节　交流场

人的欲望与情感体验作为特殊的能量与意义，总是以各种形式表达出来。而且，表达主题也与欲望、情感的种类有关，涉及衣食住行、性爱、社会地位等。究其表达形式，有着感受、理性与辩证的向度。感受表达占主导的，有舞蹈、诗歌、音乐、小说等，理性表达占主导的，有数理科学等，而辩证表达占主导的，则有哲学。

在人的心智表达中，这三种表达是交融在一起的。换言之，它们是人的心智表达的三个向度，在任何表达作品中，都会有这三个向度，只不过侧重点不同而已。其中，感受体验式向度是最源初的，而理性推理式向度与超越反思式向度只是对它的再加工而已。

因此，人的表达是与人的心智相辅相成的。在与周遭进行物质、能量、信息与意义的交换活动中，特别是与他人的合作与博弈过程中，人不仅要理解与猜测对象，特别是他人的意图与动机，还要有能力说服他人理解或认同自己的感受、想法与论据，因此，不仅人的理性推理与论证能力发展起来，而且人的修辞能力以及超越性反思能力也发达起来。这在许多小说里对人物的心理变化的描写中可以见到。比如，面对别人的悲惨处境，自己会感同身受，但是经过权衡再三，却没有施以援手，事后又会感到良心受到谴责。

可以说，人与周遭世界之间的共感关系其实是象征符号的互动关系。换言之，这一共感场就是交流场。如前所述，通过意、气、力相连以及身体与周遭世界相连，自我意识在身体与周遭之间穿越、分布，并通过手势、舞蹈、音乐、语言、书画、生产、贸易、祭祀、礼仪、政治活动等表达出来。可以说，后者都是心智的不同表达形式。换言之，自我意识已经是表达了。

前面也说过，人的意识与其周遭对象的相关性也是通过人的想象来表现的，换言之，人所意识到的对象也是人想象到的对象，也即"形象"，因为人总是把意识对象想象成"象什么"。因此，想象就是"象征化"，而形象也就是象征符号。它虽然是对实在对象的描述，但却不一定是单义的，既然是象征，就会有寓意，让人不免产生比附与联想。如在《诗经》中，"关雎"让人联想到"情侣或夫妻之爱"。而且，这些比附与联想可能是多重的，甚至会无穷无尽。在日常生活中，人们常常会把一些不起眼的小事进行比附与联想，口耳相传之后，竟然被添油加醋成了长篇精彩故事。远古时代的宏大传说、史诗与神话最初就是源于人们在夜晚篝火边所说的故事，后来经过反复比附与联想加工而成。

这些传说、神话与史诗还具有文化认同的凝聚力，促使人们形成部落、城邦、国家，乃至帝国等"共同体"。可以说，这些共同体也是想象的或虚构的共同体。其中的各种规范都是人们想象与虚构出来的。而且，人们在这些想象的共同体中，既有传统的偏见（过去积淀下来的想象与虚构），也有对未来的想象，即"乌托邦"的理想。人们总是根据过去的记忆与未来的期望来创造的，而且最终总是用新的想象与虚构代替旧的想象与虚构。

根据唐纳德的看法，猿人是没有语言的，只有情节记忆或事件知觉，即对具体事件或情境的情节意识。① 这是一种顿悟与直觉，即对周遭世界与自身关系的情境意识。这是因为当时的环境危机四伏，随时会被其他食肉动物掠食，这让人类逐渐演化出了对周遭世界的警觉意识。这种直觉或顿悟"只可意会、不可言传"。显然，这是前语言的意识。不过，它却可以通过在"游群"（the band）中重演或模仿（如手语、舞蹈或音乐等）这一事件意识，将其意义呈现出来。可见，直觉或顿悟也是有象征意义的，即"符号意义"。我们可以称之为直觉的"象征语法"。以后的手语语法、舞蹈语法、音乐语法、岩画语法、语言语法等就是先后由此演化出来的。

随后，在部落阶段，人们可以叙述一连串的事件过程，出现了"神话思维"。因为从"游群"开始，人类的表达已经从黑猩猩群体中的"梳毛"演进到了"闲聊"，群体组织的复杂程度及其合作关系开始让人的心智得到长足的发展。根据邓巴的研究，群体的复杂程度一般会在 150 人左右。② 在处理这些复杂关系的过程中，闲聊让各种声音的意义得以约定成俗，逐渐形成语言的语法结构。

---

① Merlin Donald, *Origins of the Modern Mind*, Harvard University Press, 1991, pp.148—153. 不过，这种直觉尚未超越自身的处境，更未对自身的存在意义作超越性的思考。

② 邓巴等人：《进化心理学》，万美婷译，中国轻工业出版社 2012 年版，第 108 页。

　　而且，人类对自身来源的追忆通过口耳相传，逐渐结构化与条理化，形成神话与史诗。比如在中国贵州境内流传的傩戏，其中就有一出"变人戏"（"撮泰吉"）。它叙述了人类是如何从森林里的猿猴转变成人的故事。①作为文化的活化石，它极可能是长期口耳相传而来的有关人类自身来源的回忆。

　　在人的演化过程中，随着人利用自身器官、技术及其工具与外在环境互动，开始使用"象征记号"来表达意义，如岩画、刻痕、文字等。这些象征记号包括数字符号、图形符号等，大大强化了人的想象力和抽象力，许多记号逐渐成为抽象概念，如汉字的表意、形声和假借。而这些活动反过来也使得人的大脑演化出新皮层，用以调控人的表达与抽象能力。在人的大脑中，调控人的语言表达的是韦尼克区与布洛克区，前者接受外来感觉刺激后加以储存与整理，然后上达额叶中的布洛克区进行理性加工。

　　不过，必须指出，表达的生理机制只是给人提供了进行表达活动的可能性，而人如何进行交流和表达，还有赖于他所处的社会环境与制度。因为表达是"格式化"的，带有既定的感受模式、理性框架与见识框架，而这些模式与框架都是社会性的和历史性的。人类无法撇开这些"白手套"而直接表达。

第二节　表达的协同性

　　因为人的心智是结构化的，所以其表达也是完整的与协同的。如婴儿在牙牙学语时，不仅以某个发音指称许多东西，而且总是表情、声音与肢体动作并用。其实，在很多情况下，成人亦是如此。而且，在"思维大转变"之后，人的心智在情景意识的基础上，产生了超越性的想象力，它能够穿越一切事物，并把它们连为整体。其中，每个

---

① 李红友主编：《撮泰吉根源》，贵州民族出版社 2015 年版。

东西都不是孤立的，而是与其他东西相关联。而其象征表达，也是如此。每个东西都以各种方式表示或暗示着其他东西，反映了自然与社会的方方面面。可以说，在与周遭的互动中，人的欲望、情感、理性认识与批判意识，会自然地或扭曲地表达出来。

一、三种表达方式

心智的表达也包括三个方面：感受式表达、推理式表达与超越性表达。首先，感受式表达是一切表达的基础。它最初表现为歌与舞等原初艺术形式。《毛诗大序》中说："诗者，志之所之也，在心为志，发言为诗。情动于中而形于言，言之不足，故嗟叹之，嗟叹之不足，故永歌之，永歌之不足，不知手之舞也，足之蹈之也"。[①]

当然，绘画也是感受表达的原初形式之一。与歌、舞一样，绘画的"象征"能力是指用某个东西来表示非物质性的存在、观念或性质的能力。这种能力是人类在与周遭的"共生"活动中发展出来的。在共生的情境下，人与周遭之间存在着相互意味的意义交织。比如，在狩猎时，野兽、狩猎者、武器、地点与时间等在这一情景背景下不断展现各自的意义。

相比较而言，语言的出现比较晚。最初，人类在交流时的表达方式类似于"洋泾浜语言"。参与者相互分享一些语词，但是，并没有共同的语言语法。于是，参与者在特定的语境下，用分享的词语以"谁对谁做了什么？"的模式来表达。不过，其中"主语""谓语"与"宾语"之间的位序在不同语言中是不同的。以后，人类又慢慢发展出"方向—位置"和"时间—事态"等状语。

不过，人具有结构化的思维本能，即，把已知的语词与新知的语

---

① 见《毛詩正義》卷 1-1，第 1—2 页，载《十三经注疏》(附校勘记)，上册，中华书局 1979 年影印版，第 269—270 页。

词重组并纳入"有机秩序"中，而且，这一有机秩序是可以自身调整或纠错的。比如，幼儿在学习语言的过程中，常常会把一些词做不同的意义处理。平克曾在研究幼儿语言能力的发展时，发现幼儿的语言表达是可以调整的或纠错的。当孩子告诉父亲"我把雨水关掉了"时，父亲疑惑地问道："你是把水喷头关掉了吧？"孩子接着应到："我把浴池的水喷头关掉了"。[①] 慢慢地，幼儿就区分开了"雨水"与"水喷头"了。可以说，幼儿最初的"有机的表达秩序"是非常简单的，只是几个词，如"妈妈""爸爸""喝"等；然后，在与父母等人的"联合注意"与"分享交流"中，不断纠错，也不断丰富词汇量与表达方式，形成自己的风格。

值得注意的是，人在语言上的"有机秩序感"是有节奏的。幼儿喜欢在有节奏的语言游戏中学习表达，并在掌握了最基本的语言规则后，变化出许多花样来。比如，《三字经》是中国传统的识字课本，其作者就采用三字一组的方式，强调语言的节奏性，读起来朗朗上口。可以说，人的感受语言是以这种有机秩序感为基础的，而推理语言却相反，它只是确定的与抽象的。

究其原因，从 4 万年前开始，经历"思维大转变"的人类发展出了超越性思考的能力。于是，人类的表达既有逻辑，又有说服、夸张和反讽等修辞力量。这种具有超越性的象征能力的形成，标志着人类心智的成熟。从此，人类除了生活在物质世界之中，还可以在想象的世界中驰骋、飞扬。在象征能力的形成过程中，人类大脑的神经系统也日渐发达，先后形成了"镜像"能力和"整合"能力。这样，人的心智就能形成有关对象及其性质的"印象"和观念，并把不同印象与观念联系起来，整合为抽象的观念或概念，理解与猜测对象行为的意

---

① 史蒂芬·平克：《思想本质》，张旭红等译，浙江人民出版社 2015 年版，第 49 页。

图与情感。

不仅如此，人类还倾向于在各种印象与观念中，探寻其中或背后的本质联系或因果关系。于是，人类"猜测"、"假设"的能力也日益发达起来，并在猜测与假设之后，不断进行求证。而且，正是由于超越性的象征能力的形成，人类的心智世界也开始相对独立于物质世界。于是，人类的心智世界不是简单地、亦步亦趋地适应与反映物质世界，而是具有虚构性和创造性，包括自由想象、夸张、暗示、隐喻、反讽，乃至欺骗等。

总之，人的心智活动具有结构性、约定性、象征性和意向性等特点。而其意向实现的过程也就是象征意义实现的过程。因此，心智活动同时也是意义表达的过程。

首先，心智的表达是通过各种感觉—情感方式表现出来的，如音乐、舞蹈、手势、画画、口语等。而为了保存记忆，人类开始刻痕记数、结绳记事，形成了书写文字系统。通过语言与文字，人类不仅对万事万物进行分类和命名，还通过联想把它们联系起来，形成固定的关系。所以，出生之后，人就开始学习和继承已有的传统与知识，通过语言和文字这些象征符号系统来思考与交流。

可以说，心智的表达是为了人际之间的交流。交流的首要目的就是要让别人理解。而要让人理解，那么表达就要讲"逻辑"。而逻辑包括"感受逻辑"与"推理逻辑"。首先，我们感受世界的方式总是以结构为导向的，即先验地把自身与周遭相关者纳入某个结构之中。所以，人感受世界的源初方式是天人合一的，其中，人与周遭是交织地联系在一起的。人会把周遭也拟人化或灵化。比如，在各个文明体中，对星辰、山川、石、树等都以拟人的方式命名，引为同类。这尤其表现在神话传说、童话、寓言等中。

其次，感受亦是共感，其中，不仅有分享，还有博弈与竞争。为了向他人证实自己的感受与想法，需要理性推理与证实，于是，推理理性式表达就出现了。此外，作为共感的感受，其中就有穿越自身与周遭的超越性"召唤"，如"良知"的呼唤。不过，它却超越了推理理性。但是，为了向自己与他人证实这一感受，就会有神话思维或哲学思考。这就是超越式的表达。

换言之，人的感受空间的自身生成过程，也是自身表达的过程。不过，在群体生活中，人为了证实自己的感受，一定会使用形式化的理性推理。因此，人的心智在感受直观系统之外，以后还演化出了理性判断系统。换言之，人的理性判断系统会对感受空间及其生成过程进行分析、综合和证明。于是，抽象的概念、范畴、判断、推理就会出现。可以说，在人的心智中，存在着感受空间与理性空间，两者相互交织。比如，在产品设计与制造中，两者是相互交织的。在语言表达中，亦是如此。可以说，人的语言感受与语言分析都是有天赋的，并在后天的社会环境下，得到发展。

不过，人的心智表达活动也是协同的。人还会对自己的感受与理性推理进行反思。因此，人的心智表达还有着超越的向度，比如神话思维。可以说，人类是通过神话来寻求与实现另一个自我，即超越性的自我。根据美国神话学家坎贝尔的研究，神话总是以此岸世俗世界与彼岸诸神世界的划分为前提的。而神话英雄一开始也是一个不起眼的平凡之人，后来却幸运地有了一番神遇，学到了一身的超人本领。然后，他又回到人间，惩恶扬善，成就了一番伟大事业。[1] 比如，在《西游记》中，孙悟空最初只是一只石猴。后来，他离开花果山，四处游历，寻访名师。幸运的是，他碰上世外高人菩提祖师，学到了一身本事，如"七十二变"与"觔斗云"。出师后，他回到花果山，先后清除恶魔，降服龙王，获得神器——如意金箍棒。后来，为了颠覆

---

[1] 约瑟夫·坎贝尔:《千面英雄》，黄珏苹译，浙江人民出版社 2016 年版，第 24 页。

不平等的仙魔世界，要求与玉帝平起平坐，他屡败天兵天将，最后竟得其所愿，成为"齐天大圣"。

即使是在轴心时代之后，人类开始用理性思考（如哲学）取代了神话，但是也会为自身的思想与表达寻求形而上学的根据。比如，在近代社会，像笛卡尔这样的大科学家，也对于自己的科学研究提供了超越性的根据。在《谈谈方法》与《论世界》等著作中，他就认为，上帝创造了物质实体与精神实体。而且，在创世的同时，又分别在它们之中置入了数学规律。所以，人生来就有了理性直观对象本质的天赋能力。[①]

二、表达的协同性

前面我们说过，感受不仅是弥散性的，无边无际，还是自反性的，即在感受者与周遭世界之间有着开放的环路。这一感受环路是感受者与周遭世界互动、呼应的律动场，长久下来，会在感受者身上留下印记，形成记忆、感应、感觉和体验的功能。从原初层面上看，这种功能是一种"时空定向能力"，它能确定和重新确定感受者与周遭世界之间的时空方位，并使之数量化和可计算。可以说，感受者的时空定向能力奠定了感受者的范畴能力，如实体、位置、数量、模态、关系等；不过，由于感受者的时空定向能力是不断变动的，所以感受者的范畴也是变化的，否则，无法反映千变万化的感受律动场。

人的感受还是通过语言展现出来的。前面我们说过，人的感受是人与周遭世界相互开放、互动的过程向人展现的现象；当然，这一过程也向其他事物、动物等展现，但是，唯有人可以理解它，并追问其意义。这一现象就是我们感受到的本质；不过，这些本质是生成变化的。以苏轼的"庐山"诗为例，"庐山"的真面目就是"横看成岭侧

---

① 笛卡尔：《谈谈方法》，第35页。

成峰，远近高低各不同"这些不同的本质相。而且，这些本质的生成变化的过程也就是人用语言来感受与表达的过程。

首先，人就是通过语言来感受的。当然，人是语言的动物，这是长期演化的结果。比较语言学史研究表明，最初出现的是"动词"，表达的是行为过程；然后才出现动词的"主语""宾语""表语"等。比如，在印欧语系中，先是出现"去""来""跑"等动词，然后才有了动名词"going""coming""running"等。① 即便后来出现越来越多的抽象语言，但是，我们仍然可以发现其根源在于感受语言。

其次，人对世界的感知活动，其实就是人与外在环境的信息交流活动。而这种信息交流活动就是原初的语言表达。而人的感受直观系统中本身就有"象征感"，即意义的表达。而且，人是会说话的动物，其语言首先传达了人的感受的意义。

那么，人是如何与外在世界进行信息交流的呢？首先，在前反思的层面，这种交流是通过身体图式展开的。身体图式是指人通过身体与外在世界联系的方式，即，人在所生活的世界上完成各种任务中展现的方式，也即占有、覆盖、分享世界的方式。换言之，从里到外，在所有方面，人的身体与生活世界之间存在着无以数计的、相互侧显的、可逆的、相互分享的意向关联。好像双方都来自对方的"内部"，对对方"知根知底"似的。而且，这种相互侧显的意向关联构成了（或呈现为）"背景"（或地平线、视域），随着人的身体的运动（转向运动），相互侧显的意向关联也会相对于身体由"前"变为"后"，由"左"变为"右"，由"内"变为"外"；反之亦然。于是，空间就这样展现出来了。比如，许多美洲印第安人的语言就是按照人的身体姿势，如"站着""坐着""躺着"等，来给事物分类和命名的。②

---

① Ernst Cassirer, *The philosophy of symbolic forms*, vol.1, translated by Ralph Manheim, Yale University Press, 1953, p.291.

② Ibid., vol.1, p. 296.

随着身体的转向运动，各种相互侧显的意向关联还会相对于人展现"过去"与"将来"的形态（如记忆与期望），不断地由当下的"统觉"联为一体。于是，时间就呈现出来了。

而且，人类的情感让人想象丰富，把不同的事物联系起来，因为情感具有移情作用，穿透各种事物。这也就是早期先民能够创造"神话"与"史诗"的原因。不过，这种移情作用也会让人把万物"泛灵化"。

可以说，身体的感受（即"感性直观"）就是在身体的转向运动中显现（或建构）其意义的。在英语、法语中，"感觉"（sense/sentir）兼有"感受"、"方向"和"意义"的含义。不过，在身体的转向运动中，人所感觉到对象的意义，如玫瑰的红色，却是在具有无以数计的、相互侧显的意向关联的背景下的"有限整合或完形"。所以，"红色"这个性质一旦被确定意义，就脱离了具有无以数计的、相互侧显的意向关联的背景。前者就成了"概念"或"范畴"，而后者则是前者的意义来源。换言之，我们可以不断地加深对"红色"这种性质的理解。

在前反思的层面上，人的身体与生活世界有着无以计数的、相互侧显的与相互分享的意向关联结构。这种结构随着身体的转向运动而不断变形，呈现出千奇百怪的形态，而人的感受就借此散发开来、表达出来。这些形态不只是直线、三角形、正方形或立方体等，而是不断生成着的、千奇百怪的形状。而直线、三角形等倒是作为背景的这些形状的有限完形与整合。从塞尚开始的现代艺术就是力图表现这些源初的、不断生成变化的形状。

这种身体图式也是"可逆的"。换言之，人在与周遭世界中的人、物打交道时，彼此之间的身体图式或感受是相互交织的，所以也是可以相互理解的。当工匠选择木料做家具时，观察、触摸木料同时也受到木料的肌理、色泽、硬度等的触动，好像自己与木料之间在相互感受对方。具体说来，在这一打交道的过程中，各人随着地位的改变（身体运动），角色或感受也会改变，时而和睦，时而冲突，这些都是可以理解的，因为即使"牙齿也会咬到舌头"。

因此，在这类共感中，表达已经发生了，因为各方理解对方的意指象征。而且，随着身体图式及其可逆性因为情景的变化而变化，各方的意指象征也会变化，换言之，表达处于自身生成变化之中。而且，人类（其他动物也是，不过方式不同）善于用五种感觉方式——视觉、听觉、触觉、嗅觉、味觉——及其相互关联来表达自己丰富的感受及其生成变化。因此，感受语言包含着完整性与超越性。前者相当于当下情境下的"具身语言"，如根据人的身体结构与方位来指示对象，如"山脚""山头""山腰"等。后者则是超越性语言，把整个宇宙、自然人格化、灵化，用寓意丰富的语言来表达。

其实，这种感受语言是拟人化的，即，人通过身体图式把整个周遭世界都拟人化了，换言之，人与万物之间的关系是不同灵魂之间的关系。它们之间自然会产生"共感"与"共情"。不仅人与人之间如此，如在男女之间会出现"心有灵犀一点通"，而且，在李白与敬亭山之间也会产生"相看两不厌、唯有敬亭山"的情境。长此以往，这种"共感"与"共情"就会演变成渗透并超越整个世界的"流动的神灵"。在远古时代，人类非常强调表达要包含真情实感。无论是在舞蹈、音乐、祭祀仪式中，还是在人际交往中，古人都注重真情流露。孔子强调"诚"，即"真诚"，如"祭神如神在"。其实，这种"诚"就是人与周遭世界的"共感"。

不过，人的感受性本身就是"表达"了。而且，人还是会说话的动物。如果说人的感受通过身体的运动而表达出自身的意义来，那么，语言结构（句法学）也是通过自身的用法（语用学）来表达自身的意义的（语义学）。可以说，语言结构根本上是隐喻的。而且，在语言结构中，动词是中心，而句子是基本单位，换言之，词只有在句子中才有意义。而这一意义的实现过程遵循索绪尔的"约定性"原则和"差异性"原则。其中，词与词之间的连接既是弥散的，又有一定的逻辑性。其弥散性也是可理解的，是以人的联想和想象为基础的。其弥散空间与逻辑空间是交织的。随着各种约定的变更，以及联想和想象的弥散性（不断突破边界），特定时代的心理空间与语言表达模式也会转变。

具体说来，人的身体表达主要包括手势语、口语和文字。人在与对象交流感受时，首先使用的是自身的身体器官，不仅指手画脚、手舞足蹈，而且发出各种声音。前者就衍生出了手势语、舞蹈等，后者则产生了音乐、语言、文字等。

可以说，人的心智就是人在世界上生存的能力，也是人利用和加工自己的身体与工具、并协调它们，与环境形成动态配置的能力。这一让自己身体各器官、工具、环境相互匹配的过程，其实就是人的各种"姿势"表达过程，它们也是人的心智最原初的表达，即"手势语"。

口语也是人的身体表达之一，即"口头表达"，是从人的声道中发出的，是人的神经系统与声带等器官协同作用的结果。可以说，言语也是人类长期演化的结果之一。即，人在与环境打交道时，不仅使用和改造外在的对象作为技术工具，而且首先会就近取材，使用人的身体，包括声道。比如，尼安德特人的声道只是单道共鸣系统，发音能力很有限。这导致尼安德特人的语言能力低下，影响了人际之间的交流与合作。而现代人却有着复杂的声道，能够发出多种多样的声音。可以说，口语也是身体象征体系的组成部分，与姿势一样。所以，直到如今，婴儿仍然会"呀呀学语"，即练习神经系统与声带肌肉等的协调。

与手势语、口语相比，文字的出现最晚。它不仅是为了纪录口语，而且也是手势语的延续，如古代中国的"书法"，它是与绘画、舞蹈、音乐、教化等相通的。而且，文字与人类的视觉思维有关。除了汉字有着象形功能外，在古希腊文中，许多概念源于"图像"视觉，如"theoria""idea"等，都是以视觉图像为基础的。

由此可见，最初人类在表达思想时，是视觉图像、声音节奏与肢体触觉等并用的。所以，舞蹈、图画与音乐是与语言表达的出现息息相关的。这也正如《毛诗大序》中所说的，言之不足，则歌之，歌之不足，则舞之、蹈之。

第三节　表达行为

从潜在的意义上看，表达行为就是交流行为，即使是内心独白，亦是如此。而且，表达行为构成了一个在时空各个向度上都是无限的交流场，召唤他者来理解与质疑。因此，表达的意义从未定型，而是可塑的，它犹如"流动的能指"，不断滋生出新的意义来。在中国古代文学中，人们常常使用"比兴"（如"托物寄情"等）叙事手法来展现表达意义的生动变化。因此，读者可以从中读出多重意义来。

不过，读者的读解也是表达行为，它大致包括三个阶段：

1. 开始阅读文本，就是进入文本的场域；换言之，就是把读者自己的理解场域与文本所具有的理解场域连接起来，形成更大的交错场域。

2. 读者在这一更大的交错场域里，从当下特定的处境出发，让自身已有的记忆—期望与文本场域中的某些要素"综合"成一个看法结构，即某种"解释"。套用格式塔学派的"背景"与"图景"的术语，这一看法结构（或解释）就是从读者所处的那个更大的交错场域中凸显出来的。

3. 随着读者视角的改变，如文本的情节变化，其看法结构或解释也会"移步换景"。

其实，所有表达都是隐喻性的，因为它们处于某种情况或背景中，与周遭各种要素有着千丝万缕的联系。换言之，在中心意义之外，还有许多边缘意义。如"模特在 T 台上走猫步"。其中，"猫步"就隐含众多意义。换言之，在此情景下，模特与猫之间不是单线的意义关系，而是多重的。进一步说，能指与所指、声音与概念之间的关联绝不是单一的，而是多重的。可以说，某个能指具有多重所指。而且，能指也不仅限于声音，还包括手势、舞姿、图画、音乐、雕塑、文字等。由此，有着多重所指的能指以一定的方式结合在一起，就会烘托出意义特别丰富的意境，甚至是"魔幻般的意境"。比如，《三国演义》开首的词《临江仙》："滚滚长江东逝水、浪花淘尽英雄。是非成败转头空：青山依旧在，几度夕阳红。白发渔樵江渚上，惯看秋月春风。一壶浊酒喜相逢：古今多少事，都付笑谈中"。[①] 其中，逝水、浪花、英雄、成败、青山、夕阳、渔樵、秋月、春风、浊酒、笑谈等词语在中国文化中皆有多重意义，让人产生无尽的联想，而它们出现在此词中，则烘托出了别致的意境，暗示着某种特殊的历史洞见或人生感叹，意义多重、深远。

当然，能指与所指的多重关系是集体文化的约定与积淀，如"沉鱼""落雁""闭月""羞花"不仅仅指自然现象，而且还特指中国古代的四大美人。这种多重关系只有放入特定语境中才凸显出来。而人的心智结构或精神世界，也只有在特定情境中才会凸显出来。

对于这一多重关系及其交错所从出的情境或背景，我们不能用抽象演绎方式来分析，即从某些一般性的概念或公理出发，推演出具体结论与意义。相反，我们要从个案出发，从任意一个地方介入，激活其中的多重意义，可以用倒叙、插叙、转叙、直叙等方式，其间有和谐、冲突、乃至对抗等。因而，其意义是含混的、歧义的。换言之，即使是表面的完满统一，也难掩内在的歧义。

---

① 原出自明代杨慎的《廿一史弹词》。

从人的角度来说，所有的表达都绽现或折射出人的心智世界。而且，人们一般都是以三种方式来表达，一是感受式的表达，二是推理式的表达，三是超越性表达。无论是陀思妥耶夫斯基的《罪与罚》，还是笛卡尔的《谈谈方法》，它们都以不同方式折射出了作者的心智结构，即，感受直观系统、抽象推理系统与超越性的反思系统。

一、陀思妥耶夫斯基的心智世界：对《罪与罚》的读解

这里，让我们先从陀思妥耶夫斯基的作品入手。陀氏一生著述甚丰，但尤以《地下室手记》（1864年）与《罪与罚》（1866年）最为出名。《地下室手记》犹如一篇哲学宣言，阐述了他对"人心"的独特观点。他认为，人心是极其复杂的，仅靠理性是无法约束的，因为人主要受自己的欲望与意愿驱使，追逐"自由与权力"。[①]而且，"地下室人"是俄罗斯大多数人的真实写照。他具有双重性，一方面追求"美与崇高"，但是，另一方面却又软弱无力，卑鄙无耻，多行不义。[②]针对这种病态的心理，陀氏在《罪与罚》中进行了超越性的反思，认为"地下室人"必须经历各种"苦难"，像耶稣那样，通过苦难来洗涤灵魂，获得拯救。

为此，陀思妥耶夫斯基在《罪与罚》中曾生动描述了良知的超越性呼唤，即，良心自责。在该书中，有一位学法律的大学生拉斯科尔尼可夫一直梦想获得绝对的自由与权力，像拿破仑那样主宰他人，改造世界。一次，他愤而杀死了放高利贷的老妇人阿里奥娜·伊凡诺夫娜，以为是为民除害。很幸运的是，他事后竟然未被怀疑。但是，他时时感到良知在折磨着自己。这种良知呼唤竟然超越了他的世俗理想（获得权力与自由），最终在妓女索尔娅的开导下，向警方自首。

---

① 陀思妥耶夫斯基：《地下室手记》，臧仲伦译，漓江出版社2012年版，第25页。
② 同上书，第2页。

最早发觉拉斯科尔尼可夫是嫌疑犯的，是办理此案的律师包弗利·彼德洛维奇。他在调查每一个在被杀的老妇人那里典当的人时，发现只有拉斯科尔尼可夫没有来认自己的典当物。① 这让他想起了自己曾读过拉斯科尔尼可夫发表在《期刊评论》上的文章《论犯罪》。在此文中，拉斯科尔尼可夫把所有的人分成"普通的"和"特殊的"两类。普通人必须服从法律生活，不能违反法律。但是，特殊的人服从的是内心的良知，只要为了实现他的理想，比如为了全人类的利益，就有权利违反法律。比如，开普勒与牛顿为了让全人类知道自己的发现，不得不牺牲许多人的生命，那么，开普勒与牛顿就有权利消灭这些人。此外，像吕库古、梭伦、拿破仑等人，都是违背过去神圣的法律，建立新法，并且杀掉那些捍卫旧法律的人们。如果按照旧法律，这些先贤都是罪人。但是，为了全人类的利益，他们又有权利这么做，因为普通人"永远是当今的人"，而特殊的人"永远是未来的人"。"第一类人保存这个世界，并为这个世界繁衍居民，第二类人则推动这个世界，领导它朝向目标而去"，而这个目标就是实现"新耶路撒冷"。只有到了这个新世界，所有人才会有平等的生存权利。②

可以说，这套信仰或神圣感正是拉斯科尔尼可夫立身处世并杀死放高利贷老妇人的动机。换言之，这样做不是犯罪，而是"替天行道"，因为"那个老妇人的钱可以用来做成百上千的好事，可以用来帮助成百上千的年轻生命"。③ 为此，拉斯科尔尼可夫进行了精心的推理与筹划，决定第二天七点左右到放高利贷老妇人的家里，因为那时她的妹妹会离开家，家里只剩下老妇人一个。到了第二天，

① 陀思妥耶夫斯基：《罪与罚》，陈逸重译，上海文艺出版社 2015 年版，第264 页。
② 同上书，第 271—272 页。
③ 同上书，第 69 页。

他从老妇人住所的门房里偷了把斧子，藏入袖中。然后，在进入老妇人的房间后，乘其不备，一斧子砸死了她。随后，他赶紧搜罗一番，把找到的各种各样的首饰塞满自己的裤子与外衣口袋。不料想，这时候，老妇人的妹妹却回到家中，于是，拉斯科尔尼可夫又接着杀死了她。随后，他还从容地清洗双手、衣服与斧子上的血迹，并重新把斧子放回门房，然后溜之大吉。总之，一切都好像做得天衣无缝。

二、笛卡尔的思想结构：对《谈谈方法》的读解

从笛卡尔与巴尔扎克（Jean-Louis Guez de Balzac）的通信中，我们大致可以推知笛卡尔曾答应用通俗语言写一本书，介绍自己的"精神史"。而这本书就是 1637 年出版的《谈谈方法》。[①] 该书分为六个部分。在第一部分里，笛卡尔详细介绍了自己探寻真理的心路历程。他最后发现，经院学校的学习并没有给他带来什么真知识，那些神学、历史等学问并不可靠。相反，在离开学校之后，他却在自然世界这本大书中学到了真知，其中，以数学知识最为可靠。而数学知识的可靠性在于它的直觉性与演绎性，即从直觉到的公理出发，推演出各种理论或学说，这种理性演绎法具有普遍必然性。于是，笛卡尔就把这种理性演绎法作为研究一切学问的方法。

在研究自然现象方面，笛卡尔认为上帝在创造自然世界与人类时，同时把数学规律分别置入自然界与人的灵魂之中。[②] 所以，人在探寻自然时，必须转向自我，追寻人的灵魂中先天就有的"天赋观念"，如数学规律。而且，人可以直觉到这些天赋观念。不过，由于这些天赋观念数量庞大，与自然界中的规律如何正确地匹配，这是人

---

① Jean-Marie Beyssade, *Etudes sur Descartes*, *l'histoire d'un esprit*, Editions du Seuil, 2001, pp.14—15.

② 笛卡尔:《谈谈方法》，王太庆译，商务印书馆 2000 年版，第 34 页。

后天遇到的问题。换言之，人可能会把它们匹配错误，这就是"谬误"的来源。为此，笛卡尔也重视后天的经验与实验，要求人通过实验来实现正确的匹配。①

尽管笛卡尔在自然科学的研究方面获得很大的成功，但是，在人文与社会科学领域，却是步履艰难。他不敢把理性演绎法推展到人的实践领域，而只是提出了"临时行为守则"。因为人的实践活动是有目的的活动，旨在实现人的欲望与情感。当然，其中需要使用理性推理，但这却是为实现人的欲望与情感服务的。在此，问题的关键是如何协调好人的感受与理性的关系。为此，笛卡尔要求人们遵循"中道"原则，听从最明智的人的见解。

当然，笛卡尔也意识到了人的存在的有限性。在第四部分中，笛卡尔对人的存在进行了超越性的反思。这包括两个重要命题，一是"我思故我在"，二是"上帝存在"。首先，人的存在的独特性在于他是有思想的存在，即，他可以进行反思与追问自身的存在。为此，人可以怀疑一切，甚至上帝的存在、自身的存在，但是，他却无法怀疑这一怀疑活动的存在，否则就会陷入逻辑上无穷倒退的悖论。而这一怀疑活动是思想活动，所以"思想"作为实体是存在的，也即"我思"。不过，我思这个实体却是存在于人脑中，为肉体所限制，所以，我思是有限的、不完满的。但是，在我思中，却存在着完满的观念，而它只能来自无限的上帝，所以，上帝存在。换言之，上帝作为无限的实体，是我思与物质这两个有限实体的创造者与根据。

从《谈谈方法》来看，笛卡尔以其特有的理性主义的方式，展现了人的心智的基本结构，即，感受系统、推理系统与超越性的反思系统。当然，笛卡尔高扬的是理性推理系统，即使是在以感受领域和超越性领域里，人也必须以理性来证明或指导。

---

① 笛卡尔：《谈谈方法》，王太庆译，商务印书馆 2000 年版，第 51 页。

第四节　表达的隐喻性与创造性

如前所述，感受是直觉的表达，而推理是理性的表达。因为人的心智是结构化和象征化的，换言之，人是用象征符号体系来思考的，所以，人的思考就是一个象征过程。不过，象征却是多重的、互涉的。如在"雨中山果落、灯下草虫鸣"[①]"春潮带雨晚来急、野渡无人舟自横"等诗句中，一种超越具体实用目的的"共感"与共情的世界绽现出来，其中，各种生命存在相互指涉与映射，自由自在地滋生着自身的生命意义。

从生理上看，我们对于生活事件的描述是有神经运作的基础的。即，我们是通过各种神经回路感知到对象的形状、属性、空间位置、与环境的关系等，并利用既有的神经回路，或建立新的神经回路，形成故事情节，并把不同故事情结构成为完整的"故事"。

不过，大脑神经组织对生活事件（如对象及其关系）的感知不是像照相机那样"客观的"，而是"心理表征"，而且具有程度的变化。如"红色"只是"心理表征"，外在世界中并不存在客观的"红色"。举例来说，在"太阳是火红的"中，就用"火"来比喻"红色"的程度，并用这种程度的"红色"来比喻"太阳"。如果说大脑神经组织对生活事件的感知只是"心理表征"，那么，作为这种表征方式的语言，其本身就是"隐喻"的，即"解释性"的。不仅文学叙事如此，而且科学解释也是隐喻性的。从笛卡尔以来，现代科学强调身心二元论，要求科学家用客观的、价值中立的语言来描述与解释对象，所以科学语言力戒隐喻与寓意，强调清楚、明白和单义性。不过，科学研究的实际过程远非这么简单。根据爱因斯坦在"自述"中的说法，科

[①]《秋夜独坐》，载陈铁民：《王维集校注》，第二册，中华书局1997年版，第482页。

学研究的本质在于自由想象，即通过联想、类比，推测出自然隐含的意义，并以此提出各种假说，然后交由实验来验证。①

而文学叙事则没有这样的要求，它反映了人类心理表征的"隐喻"特性。换言之，文学叙事是有寓意的，可以让人反复解读。比如，四百多年来，莎士比亚的戏剧被人们反复解读，著作汗牛充栋，但是，它仍然历久弥新，有待新的阐释。

而且，心理表征还受制于集体的约定和规范。因为心理表征是在人的行为中完成的，带有一定的情感指向与目的。而人是生活在集体中的，其情感指向与目的总是受制于集体的约定与规范，因此，心理表征就带有属人的规范与目的，具有寓意指向。

一、自身与他者的隐喻指涉

在人类文化中，自身与他者之间的指代是最基本的隐喻指涉之一。从古希腊开始，西方人有关"文明"与"野蛮"的分类就不断发生变换。在古希腊时代，希腊人认为在城邦里生活的才是文明人，而在城邦之外存在的只是野兽。而且，说希腊语的是文明人，而讲非希腊语的人是野蛮人。至今，在英文中，"Barbarian"（野蛮人）就是源于古希腊语，即"βαρβαρος"，意为古希腊人听不懂的外国话。

在亚历山大大帝东征之后，为了便于统治，亚历山大大帝采取了怀柔政策，不仅让手下的将领与士兵迎娶波斯等地的贵族女子，而且在文化上也采取包容姿态。于是，在希腊化时期，人们开始跨越了文明与自然之间的对立，认为自然与人是"大小宇宙"的关系，其中，自然是大宇宙，而人是复制自然的小宇宙。这种斯多葛主义的世界观也为罗马人所接纳，并且成为罗马帝国的官方学说，许多罗马皇帝都是斯多葛主义的代表人物。其中，斯多葛主义的"自然法"还成了罗

———————

① 《爱因斯坦文集》（增补本），第 1 卷，第 4—46 页。

马市民法和万民法的哲学基础。因此，在希腊化与罗马时期，在城邦生活之外，还存在着一种更根本的自然生活方式。这在西塞罗、塞涅卡、维吉尔等人的作品中皆有描述。那种田园牧歌式的生活一时成为人们梦想的生活方式。于是，庄园式生活成为风尚。

不过，进入中世纪后，由于基督教一统天下，人们追求彼岸世界，鄙视世俗生活，包括自然生活方式。在基督教的"存在之链"中，自然界处于最低层次。这种情况一直延续到文艺复兴时期。由于黑死病与教会大分裂，西方人对官方基督教的说教几近失望，转而诉求古代世界的文化或异域文明。于是，古罗马时代的斯多葛主义开始复活。蒙田就积极倡导斯多葛式的自然生活方式，并在西方世界产生了广泛的影响。于是，世俗化与对自然的探求就成了推动西方世界进入现代社会的主要动力。

对宗教异端的排斥也是自身与他者的隐喻指涉的典型例证。在"罗马书"中，保罗把基督徒与不信基督教的犹太人对立起来，认为后者已经失去了上帝的选民的资格。[①]此后，中世纪基督教会更是把"基督徒"与"异端"区分开来，把异教徒视为"异端"。在拉丁—西方基督教世界，非基督徒在教义上是无立足之地的。所有人一出生，就必须尽快接受洗礼，成为基督徒，否则就是异端。这一"自身"与"他者"的区分也是后来基督教文明向外扩张的动力。如前所述，哥伦布发现新大陆的动机是通过寻找黄金与香料通道，积累财富来发起新的十字军东征，从伊斯兰教徒手中夺回圣地耶路撒冷。后来，麦哲伦环球航行的目的亦是如此。可以说，在西方海外扩张中，传教士是与军人、商人相伴相行的，旨在让基督教普世化，消除"异端"或"他者"。

---

① 《新约·罗马书》，11-11："反倒因他们的过失，救恩便临到外邦人"，中国基督教协会 1996 年印。

当然，在经历灭绝人性的"三十年战争"之后，西方人开始痛定思痛。约翰·洛克率先倡导"宽容"思想，希望持不同信仰的教派能够通过协商理性求同存异，建立一个政教分离的社会。后来，这一宽容观念经过卢梭与康德等人的改造，发展成了超越地域与种族的普遍道德理性。①

二、表达的创造性

其实，人一出生，就与周遭世界之间存在着缄默的象征意义交流，不过，一开始，幼儿的表达却是混沌的，具有意义多样性。比如，幼儿在说"电话"时，既可以表示电话铃响了，也可以指自己看到了一部电话，还能够表示自己在电话上说的话。随着交流的增多，幼儿会不断分解这类混沌语块的成分，形成语词、句子和语法的概念来。②

人的表达活动也是"创作"活动。在人与周遭世界之间的意义交流中，随着"移步换景"，意义交流也会发生结构转换，人的心境也会起起落落。人的心智中的"情感直观系统"与"理性推理系统"都会在表达中起作用。所以，在人的表达中，不仅有理性分析（如圈套与狡计），还有细腻的情感流露（如良知与激情）。孔子说过，"《诗》，可以兴，可以观，可以群，可以怨。迩之事父，远之事君，多识于鸟兽草木之名"。③ 从内容上看，《诗经》三百首包括"风"、"雅"和"颂"，是周朝时期各阶层人民心声的表达。所以，孔子要求学生们学习《诗经》，是很有道理的，因为这是训练学生心智及其表达的很好方式。换言之，学习表达也就是学会怎样做人、行事。因此，孔子又

---

① 参见本书第四章"理性"。

② Michael Tomasello, *Constructing a language: A usage-based theory of language acquisition*，外语教学与研究出版社 2010 年版，p.xii.

③ 《论语·阳货第十七》。

说："不学《诗》，无以言"。① 在孔子看来，通过学习和背诵《诗经》，孩子可以训练自己如下心智能力：

1. 观察（观）：怎么观察？

2. 命名：怎么命名对象？

3. 想象（兴）：怎么联想？

4. 交往（群）：怎么与人合作与交流？

5. 抱怨（怨）：怎么发牢骚？

可以说，《诗经》展现了周朝时期中国人心智活动的结构化、象征化和规范化，特别是人的"天性"、"习俗"和"礼仪"。孔子在给学生讲解《诗经》时，不仅强调它"思无邪"，而且，要求在人的天性倾向——"仁"——的基础上引申出"礼仪"制度。孔子试图从这些质朴的情感表达（如爱情、抱怨等）中引申出恰当的规范，进行新的制度安排。即，仁而好礼。比如，他曾让自己的儿子伯鱼多读读《诗经》中的《周南》《召南》等篇，因为其中反映了人伦的基础——夫妇之道。② 正如我们前面说过的，根据神经科学的研究，人具有共感或共情的能力。可以说，这些能力是"仁"的生理基础。一旦人出生后，在群体中生活，这些能力经过教化就会成为现实的"仁爱"之心。

在表达中，自由想象是创造性的来源。无论是科学家，还是艺术家，都强调自由想象的重要性。在《自述》中，爱因斯坦就认为，科学家要从自由想象出发，不受任何既有的理论或观念的束缚，然后形成特有的概念或概念结构来说明自然现象，使用数学等手段，形成假说或模型，交给实验来判决。而且，爱因斯坦特别强调"怀疑"的作用。自从 15 岁失去宗教信仰之后，他就一直处于怀疑状态，也即不

---

① 《论语·季氏第十六》。

② 见《论语·阳货第十七》："子谓伯鱼曰：女为《周南》、《召南》矣乎？人而不为《周南》、《召南》，其犹正墙面而立也与？"。

断地"自由想象"。而且，他具有极强的勇气，敢于坚持自己的发现，直到为科学界所公认。

在艺术创作方面，亦是如此。唐代画家张璪曾说，绘画要"外师造化、中得心源"。① 首先，绘画不仅仅是"形似"，即，完全模仿外在自然对象及其变化。若是如此，画作就会俗气，苏轼曾作诗讽刺道："论画以形似，见与儿童邻。赋诗必此诗，定知非诗人"。② 当然，绘画也不单纯是画家的随意发挥。相反，绘画是创造。它所创造出来的世界恰恰是人的意识体验与其对象的相关结构的显现。这一相关结构既非单纯外在的，也非单纯内在的，而是人对自己与万物一体的体验意识的显现。明末清初的石涛曾在《画语录》中称之为"一画"。他认为，

> 以一画测之，即可参天地之化育也。测山川之形势，度地土之广远，审峰嶂之疏密，识云烟之蒙昧。正踞千里，邪睨万重，统归于天之权、地之衡也。天有是权，能变山川之精灵；地有是衡，能运山川之气脉；我有是一画，能贯山川之形神。此予五十年前未脱胎于山川也。亦非糟粕其山川而使山川自私也。山川使予代山川而言也，山川脱胎于予也，予脱胎于山川也。搜尽奇峰打草稿也。山川与予神遇而迹化也，所以终归之于大涤也（"山川章第八"）。③

由此可见，经过长达五十年的生活体验，石涛已经与山川、天地、万物融为一体。而且，我（如石涛）与万物（如山川）又分别从

---

① 周积寅编著：《中国历代画论》上册，江苏美术出版社 2013 年版，第 73 页。
② 出自苏轼的《书鄢陵王主簿所画折枝二首其一》，载《苏轼诗集》，第五册，（清）王文诰辑注，孔凡礼点校，中华书局 1982 年版，第 1525 页。
③ 石涛：《苦瓜和尚画语录》，周远斌点校、纂注，山东画报出版社 2007 年版。

这一生命体验的相关结构中"孕育"、"诞生"出来。不过，此时的"我"已是"新我"，而"山川"也是"新的山川"了。这与"主客分立"时的"我"与"山川"不同了。前后两种看法已是不同的两种境界了，而这两种境界恰恰是绘画创作的必经阶段。

三、表达空间的生成变化

自索绪尔以来，许多学者对心智的表达中"能指"与"所指"、表述与对象的关系进行过深入的探讨。虽然他们之间仍存在分歧，但是都认为心智活动是有意向的，换言之，它是对象化的活动，其对象是与心智本身相关联的，而且存在于心智的各种表达形式中，如语言、手势、文字、绘画、神话、宗教、道德、艺术和科学等。因此，要研究心智是如何运作的，只要研究心智如何在语言、神话、艺术、宗教、道德和科学等表达活动中实现对象化，也即，心智对象的意义，就足够了。

索绪尔曾在《普通语言学教程》中提出了两个著名原则。一是约定性原则。即，符号中的"能指"与"所指"之间的联系是社会约定的，具有规范性。二是差异性原则。即，符号的意义在于它与其他符号的区分与差异。[①] 具体说来，人的心智无时无刻不在运作，而其运作就是符号之间差异化的表达；换言之，人的心智空间其实就是符号之间差异化的表达空间。

除了这两个特点之外，符号还是体系化的，并在语境中展现其意义。不过，符号体系及其语境不仅是开放的，而且是自身生成的。我们可以称之为符号体系的开放原则和生成原则。

如果说约定性原则与差异性原则构成了符号化表达的语法结构，

---

① 索绪尔：《普通语言学教程》，高名凯译，商务印书馆1980年版，第102—106页。

那么，生成原则就是指人的心智具有进行符号差异化表达的能力，即，在各种具体场合下组合各种词语实现自己的意向指向。而开放原则是指表达的语法结构是向人所处的社会语境开放的，人的心智可以从这一开放的和不断变动的语境背景中发现"图景"，比如，国人常常在群山之中发现"卧佛"图景，因为群山等背景已经"符号化"了，而无此文化背景的外人是看不出的。

具体说来，符号体系的开放原则是指，符号是"晶体性的"，比如苏轼的"庐山"一诗中，庐山这个符号就是晶体性的，1. 横看是岭，2. 侧看是峰，3. 远的山峰看上去是低的，4. 近处的山峰看上去却是高的。总之，它的意义随着人的视角的不同而不同。

必须指出，心智运作的可理解性在语言、艺术、神话、宗教、道德和科学等表达形式中，是不同的。换言之，符号的约定性、规范性与差异性在这些表达形式中是不同的。比如，在语言中，出现最早的是"动词"这些表达事件过程的符号，然后是"主语""宾语"等补充符号。它们之间的连接与转换是人对事件过程本身的感受与思考的符号化表达，每个符号的意义就在于这些连接与转换中与其他符号的差异。因此，在某种意义上，艺术、神话、宗教、道德、政治与科学等表达形式也类似于语言，都是心智空间及其运作的符号差异化表达。当然，各有特点。

值得注意的是，在生活中，人的心智活动是不断把主观对象化（即人的心智活动是向世界的开放与展布）和把对象主观化（把对象想"象"成什么，即象征符号）的过程。这一双向过程同时就是符号差异化的过程，即，意义实现过程。而意义的实现是通过对符号的约定和符号在语境中与其他符号的差异化完成的。由于符号的多义性和语境的不同，人在把主观对象化与把对象主观化的意义实现过程中，会巧妙地使用符号的多义性及其约定的历史变化，让符号在与其他符号的差异化中表现出新意，如自嘲、挖苦、威胁、指责、利益诉求、力量展示、友爱与善意等价值与情感取向。于是，在人际、族际交流中，这类意义实现比比皆是。比如，在鸦片战争之前，中国人大多秉持"华夷大防"，强调"中土"高于"洋人"。但是，在屡败屡战之后，许多国人开始认识到自己的落后，在民间，"洋气"竟成了褒义词，而"土气"成了贬义词。这表明在符号差异化的意义实现过程中，存在着人的欲望偏好、情感偏好和既定的价值体系的冲突，结果或屈从，或妥协，或变革。

换言之，人的心智活动就体现在人的欲望偏好与情感偏好的实现过程中，而这一过程也就是把主观对象化与把对象主观化。而且，这一双向过程同时是符号差异化的意义实现过程。不过，必须注意，这一符号系统已经被社会或集体所分类，即，"约定俗成"，其中，各符号的界定与区分都具有特定时代的价值取向，如真假、善恶、美丑。当然，随着时间的推移，人的欲望也会发生变化，其中，某些人"敢为天下先"，引发表达空间的转型。

在人的心智运作中，把主观对象化与把对象主观化的符号差异化过程，其实就是感受直观系统的运作，其中，各个概念相互交织、渗透、激发，不断实现新的意义。它们的运作会逐渐瓦解一直稳定不变的概念系统，并为新概念系统的重建铺平道路。在这个过程中，那些引领潮流的人们会起到巨大作用。

比如，在西方历史上，文艺复兴时期是大转折的时代。整个社会的集体心态从晚期中世纪的基督教信仰开始转向近代的理性思考（17—18世纪）。其中，一些伟大人物的发现或作品，起到了巨大的解放作用。从他们的所思所想中，我们也可以窥见人类心智表达的创造性。

从时间上看，文艺复兴时期起自14世纪初，终结于1618—1648年的"三十年战争"。从13世纪下半叶开始出现的百年战争、教会大分裂和黑死病，让拉丁西方基督教徒发生了不同程度的信仰危机，传统思维模式开始龟裂，词与物、词与词之间传统约定关系的结构慢慢解体。而传统思维结构，也即词与物、词与词之间约定关系的结构其实是人的心智情结，一旦解体，就会出现"癫狂"现象。比如，《堂吉诃德》中的"堂吉诃德"就像个"疯子"。此外，像哥白尼、哥伦布、伽利略、布鲁诺等人，个个怪诞不已。因为新的思维模式尚未形成，而从旧的思维模式来看，他们无异于"怪人"或"疯子"。

在自然神学方面，晚期中世纪的主流是托马斯主义，即，自然是上帝从无中创造的，而从上帝到此岸世界，存在着"一条巨大的存在链条"。即，从上帝、天使、人类、动物、植物到无机界，存在着由下而上的等级制。而且，整个世界的中心是地球，所有星球都围绕地球旋转。这不仅是认知结构，而且是"心智情结"，基督徒对此充满了虔信的激情。一提起"自然"，基督徒就会瞬间把这些词或概念连接起来，对自然进行解释。

但是，从 17 世纪初开始，托马斯主义的自然观就逐渐被近代自然神论所取代。笛卡尔就认为，神在创造世界，并把数学规律分别置入自然与人的灵魂中之后，就不再干预自然，而是让自然界像一架机器一样，按照力学规律一直运作下去。因此，人类只要反省自己的灵魂，就能读懂自然这本大书，认识到自然内在的数学规律，从而让自然为人类服务。

第七章
决　策

　　人生存的目的就是实现自身生命的意义。其调控者就是意志力。换言之，意志力就是人实现自身生命欲望与目的的力量。它是人这个生命体的规范性。人在生存中，就是通过意志力来整合与调控情感与理性，以便作出决策，达成目的的。其神经机制就在人脑的前额突触区。不过，人的意志力是与人的感知能力密切相关的。人的感知能力分为感受直觉与理性推理两个层面。根据美国科学家利贝特的研究，在人作出决定之前的数百毫秒间，大脑已经提前作出自主决定。换言之，人源初的感受直觉是最早出现的，它可能与随后出现的理性判断是不同的。这往往让人左右为难；许多人习惯于跟着直觉走，不做理性反思；而有些人却坚持"三思而后行"。至于哪种方式更好，只能由人的意志力根据具体情况而定。

　　虽然感受直觉先于理性意识作出决定，但是，理性意识随后仍然可以对之作出否决。因为人的意志力具有延迟与协同效力。即使是在大脑自动作出的直觉判断的情况下，也不能完全说人不是意志自由的。因为人脑不仅是生物脑，更是社会脑。人的感受直觉也受制于社会规范（如良知）。即使是欲望与情绪冲动，也已经社会化与情境化了。而且，唯有经过理性的认识，人的欲望与情绪冲动才会转化为明确的目标与坚定的意志力，推动人以合理的方式实现之。只有在此情况下，人才是意志自由的。比如，在金庸小说《倚天屠龙记》中，张翠山一家与谢逊漂流到火地岛。一日，谢逊魔性大发，出手欲杀害张翠山一家，但是，就在这千钧一发之际，张妻殷素素生产了，随着婴儿一声啼哭，竟让谢逊放下屠刀。[①]不过，这并非只是小说家言，在现实生活中也确实存在过。

自从利贝特发现人的大脑自主决定先于理性判断数百毫秒之后，许多学者开始主张人不是意志自由的，认为人的决策只是大脑的直接生理反应。在《未来简史》中，作者赫拉利就持这类看法。他认为，人的决定只是大脑神经系统的化学物质的反应，人类只要强化这类化学反应，就可以创造出超人或神人。而且，他预测未来将是少数"神人"（Homo Deux）的天下，而大多数人要么消失，要么沦为多余。[②]这一看法显然是不能成立的。因为人脑不只是化学物质的大脑，更是社会脑。任何增强大脑化学物质的科技发明，只能改变人际博弈的手段，而无法取消人际博弈的社会性。

毫无疑问，人是有意志自由的；换言之，人可以自我控制，即对自己的欲望偏好与情感偏好具有控制力。而且，意志力强的人具有更强的忍耐力，可以为最后的胜利忍耐一切。比如，爱美的女人会为了身材苗条而节食，控制自己对于许多食物的偏好。而在控制情感偏好方面，曹刿论战就是著名一例。故事说的是公元前684年，齐国派兵攻打鲁国。鲁国大夫曹刿随同鲁庄公前往长勺（今山东莱芜）迎战。当鲁庄公下令击鼓进攻时，曹刿说尚不到时候。等到齐军击了三通鼓之后，曹刿才说是时候击鼓进攻了。于是，鲁军一举击败了齐军。此战结束后，鲁庄公向曹刿询问获胜的原因。曹

---

① 金庸：《倚天屠龙记》，第 1 册，广州出版社 2008 年版，第 212 页。"只听得婴儿不住哭嚷，突然之间，谢逊良知激发，狂性登去，头脑清醒过来……"
② 尤瓦尔·赫拉利：《未来简史：从智人到神人》，林俊宏译，中信出版社 2017年版，第 40—41 页。

刿回答道：打仗靠的是勇气。当击第一通鼓时，将士们的勇气就振作起来；当击第二通鼓时，他们的勇气就开始减弱了，等到第三通鼓时，他们的勇气就耗尽了。所以，这时候我们击鼓进攻，他们的勇气耗尽了，而我方的勇气却高涨起来，这样就一举打败了他们。①

由此可见，曹刿极其善于调控人的情绪，利用敌我双方"勇气"起伏变化的时间差，一举击败齐国的军队。而这一智慧恰恰是人的自由意志的表现。

第一节　决策的基本要素

在日常生活中，人们往往跟着感觉走，不假思索就作出了各种决定。比如，人都有着"厌恶损失"的心理倾向。我们总是对旧家电进行维修，而不愿换新家电，以为这是节约，其实，认真分析一下，我们就会发现，旧家电的长期维修成本可能早就超过了新家电的价格。不过，真要是冷静思考的话，我们又会发现，人的决策往往是艰难的。人不仅需要见识与想象力，更要有良知、激情与勇气，而且常常要考虑到各种制度的制约力量。大致说来，人的决策包括形势、意图、计划与决心等基本要素。

具体说来，人的决策心理过程是在共感场中完成的，即，人首先会猜测或预测周遭对象的行为意图与情感，并尽可能搜集相关信息，形成一连串的心理联想，如"我以为他认为我会如何……"。然后，在此基础上，人会进行"假言推理"，也即提出各种"如果……那么"的推想，形成各种计划，并为可能出现的意外情况作出预案。最后，人会在风险与期望值之间下定决心，做出决策。

---

① 李梦生：《左传译注》(上)，"庄公十年"，上海古籍出版社 2004 年版，第120—122 页。

一、形　势

如前所述，人的生存动力是实现自身的欲望与情感。而人的欲望与情感是有体验效用的，或递减，或递增，总之是不断变化的。又由于共感作用，人与人之间存在着这些体验之间的沟通与一致，也有着分歧与冲突。于是，在各种相同的与不同的体验习惯之间，通过理性的协助，逐渐形成各种制度与规范。可以说，习惯与制度是相对稳定的，而人的欲望与情感及其体验却是不断变化的，往往会与既存的习惯、制度发生冲突。因此，人在决策过程中必须充分关注自己与周遭他人的动机（即对欲望与情感的体验效用）、各种习惯与制度，以及人们的情绪特征。

为此，决策的首要要素是了解"形势"，即，在自己所处的情境中，各方力量的关系态势及其可能走向。这种态势既包括各方的势力对比，也有心理与制度的影响力。早在春秋时期，孙武在《孙子兵法·计篇》中就如何认识形势，提出了"五事"与"七计"。他认为要从五件事情（"五事"）上了解形势，"一曰道，二曰天，三曰地，四曰将，五曰法。道者，令民与上同意也，故可以与之死，可以与之生，而不畏危；天者，阴阳、寒暑、时制也；地者，远近、险易、广狭、死生也；将者，智、信、仁、勇、严也；法者，曲制、官道、主用也"。① 然后，比较敌我双方在七个方面的表现，看看谁更强（即"七计"）："主孰有道？将孰有能？天地孰得？法令孰行？兵众孰强？士卒孰练？赏罚孰明？"②

后来，《鬼谷子》的作者在"揣篇"中也说，"古之善用天下者，必量天下之权而揣诸侯之情"。③ 而"量权"就是了解天下大势，即实

---

① ② 《孙子兵法》，陈曦译注，中华书局 2011 年版，第 3 页。
③ 《鬼谷子》，许富宏译注，中华书局 2012 年版，第 77 页。

际政治的格局与走向，不仅包括"天时"（什么时机有利？什么时机有害？）与地利（各国的地理、人口、财富与生产力），还包括"人和"（君臣关系、民心向背与谋士的能力等）。而"揣情"就是要了解作为决策者的诸侯的欲望偏好与情感偏好。

虽然孙武与鬼谷子对"形势"的理解都有针对性，前者关注的是战争的形势，而后者只是针对战国时期纵横家如何"游说"君主的技巧，但是，它们对于研究决策仍有普遍的意义。不难发现，孙武与鬼谷子都注意到，形势不仅包括天时、地利等硬实力，也包括心理与制度等软实力。

关于硬实力，人们大多很看重。但是，心理与制度等软实力同样重要。因为与自然界不同，人的行为难以预测。古人早已察觉到这一点。为此，为了集体行为的有效进行，人类最初就采取神权或王权来设立规范与制度，违者严惩，以求对人民的行为进行可控的管理，不至于出现失序或失范。即使到了现代社会，人的身份等级制让位于契约制，规范与制度的惩罚特征并未改变，因为契约也是在人际之间确保信任关系，否则严惩，其目的就是使得人的行为可控与可预期。因此，要完全解释人的行为，特别是集体行为，仅仅靠发现因果关系是远远不够的，更需要建立规范与制度。

前面已经说过，人类一开始就生活在群体之中。而在人际交往中，就要有"规则"，如习惯、风俗。这些就是原初的"制度"。从最初的"亲情偏好""友情偏好"的封建制，到超越亲情与友情的"选举制"（如中国的"科举制"、希腊的"民主制"、罗马的"共和制"）等，都是人类在不同历史时期的规范与制度。这些制度也会影响和制衡人的决策。因此，人在决策时也要善用制度的力量。

比如，马基雅维里就较早窥见到了政治生活中"专断"与"民主"之间的共谋关系，强调"共和制"是一种混合政体，兼有"君主制"中的"专制"成分（如执政官）、"贵族制"中的"精英"成分（如元老院）、"民主制"中的"民主"成分（如平民大会和保民官）。① 换言之，政治生活中确实存在着"专断"等不道德的地方，但却可以通过共和制度的制衡来消解。因为在行政中，如果官员不能专权落实政策，那么政府就不能有效地为民众提供好的公共服务。不过，官员的执政过程与结果还要受到"问责"，避免出现"暴政"。

当然，了解形势是有目的的，这就是从所处的形势中窥探它的种种可能走向，追问是否存在有利于实现自身意图的走向。如果存在，那么从何处入手，努力强化于己有利的力量关系，最终实现自己的目的。如果不存在，那么又如何积蓄力量，让各种力量关系逐步向有利于我的方向转变。

二、意　图

在人与周遭进行物质、能量、信息与意义的交换活动中，人与人之间必然会为了追逐利益、权力与荣誉等，相互博弈，换言之，各方在动机方面存在着潜在的或现实的对抗与冲突。为此，在了解形势的同时，决策者也要搞清楚包括己方在内的各方的意图与动机，包括欲望偏好与情感偏好。

虽然决策源于人的动机，但是，人的动机却并不单纯。人可能具有多重动机——隐性的与显性的、近期的与远期的、直接的与间接的，等等。因为人在与周遭的博弈活动中，不只是"见招拆招"，而是能够"深谋远虑"。邓巴的研究发现，人最多能够预见到 5 个回合后的博弈结果。当然，许多人是不会想这么多的，但是，也有些人会立足长远，把当前目的与长远目标区分开来，通过多回合的博弈来实现长远目标，从而获得最大收益。比如，在改革开放初期，中国许多地方政府通过改善投资环境，如修路、建立工业园区、减免税收等方

---

① 　马基雅维里：《论李维》，冯克利译，上海人民出版社 2005 年版，第 71 页。

式来招商引资，甚至让外商能够"拎着皮包"就能入住、开业。从短期来看，当地政府是在做赔本买卖，但是，从长期来看，却留住了外资，增加了就业与收入。

为了实现自己的真实意图，人也会用各种虚假的表象来隐藏自己的最终目的。孙武曾在《孙子兵法·计篇》中总结出一条战争规律，即，"兵者，诡道也。故能而示之不能，用而示之不用，近而示之远，远而示之近。利而诱之，乱而取之，实而备之，强而避之，怒而挠之，卑而骄之，佚而劳之，亲而离之，攻其无备，出其不意"。[1] 在商场上也是如此。商家常常会通过"削价"吸引顾客的注意力，激发他们的购买欲，从而推销自己的产品，实则是薄利多销。更有甚者，有些奶粉厂家会为新生婴儿免费提供奶粉。其实，天下没有白吃的午餐。厂家的真实意图是想操控婴儿的口味，让他们从小喜欢上自己的奶粉，从而对其他品牌的奶粉产生排他性。

因此，善于用一系列显性的、间接的目的来实现最终的意图，应该是决策者智慧的表现。孙武就说过，"不战而屈人之兵，善之善者也。故上兵伐谋，其次伐交，其次伐兵，其下攻城。攻城之法，为不得已"。[2]

三、计　划

决策的第三个要素是"计划"。它包括直觉判断与理性分析两个部分。首先，直觉判断有其重要性，即，感受直觉具有"代入感"，总体上把握所处情境的基本态势，感受到其可能的变化与走向。当然，要证实自己的直觉判断或灵感，还需要进行细致的理性分析，即在详尽的资料收集与归纳的基础上，进行理性推理，得出合理的结论。

---

[1] 《孙子兵法》，陈曦译注，中华书局2011年版，第10页。
[2] 同上书，第37—41页。

不过，在制定计划与预案时，善于控制与调控利益偏好、情感偏好、环境与制度偏好，对于正确决策是十分重要的。因为感受偏好会影响到我们的直觉判断。古人早就意识到了情绪与决策之间的联系。就拿"灵魂"的词源来说，它就是"气"。国人常说"精气神""意气奋发"等。一方面，这表明人的精神就源于"气"，而气是人的情绪的表现。所以，情绪对于人的决策是至关重要的。后来，人们对于这类经验进行总结，就发现了规律，如孙武说过"三军可夺气，将军可夺心"。①换言之，善于利用情绪，人可以克敌制胜。此外，正义感与神圣感激发起的勇气是十分强大的，如"得道者多助、失道者寡助"。②

当然，避免情绪失控，也是决策的关键之一。比如，人是有许多独特的心理禀性的，如厌恶损失、容易自信、情绪感染等。为此，人必须通过自己的意志力来调控情绪。前面说过，意志力就是人这个生命体的规范能力。它是人在世界上的生存处境中的"倾向"、能力、禀性的集中表现。面对人在处境中宣泄出的各种"情绪"（价值倾向），它可以调动和整合感受（包括道德情绪—良知等）以及理性、信仰，作出决断。

总之，自由意志是人在世界上生存的倾向，只要人生存于世，他就有意志。不过，人凭着自由意志作出的决定，并不一定是道德的和理性的。具体说来，人的意志分为"任意"和"执意"，前者是康德所说的"Willkür"，即，感性的意志，而后者则是受道德或理性支配的意志。人类最初从灵长类演化而来时，也是具有感性的意志，即，本能性的关心、同情心与公平感等，这在孩子身上还可以见到，即对他人（如陌生人）的好奇、关心；而且，孩子不世故，对于不公平的

---

① 《孙子兵法》，陈曦译注，中华书局 2011 年版，第 129 页。
② 《孟子·公孙丑下》。

现象会自发地反对，正如老子所说的"含德之厚、比于赤子"。不过，这类感性的意志带有本能的随意性。

除此之外，人在制定计划时，还要有见识，不能墨守陈规。前面说过，机智是人的见识系统的表现。它是协调与整合感受系统与理性系统的智慧。具体说来，它就是深入了解自身与他者的动机及其背景，如自己与他者的知识体系，以及触发其动机的缘由，然后根据现实的条件，作出决策的智慧。它有如下三个步骤：

首先，从共感场中"窥见"人们对衣食住行、性爱与社会地位、荣誉等方面的追求中，哪些会成为共同趋势，也即"流行的时尚"。在这一方面，某些企业家有独到的眼光，比如美国企业家雷·克洛克在 20 世纪 50 年代发现，随着富裕社会的到来，人们更喜欢到外面用餐，于是创办了快餐连锁店——麦当劳。不久，麦当劳就风行天下，成为快餐文化的代名词。①

其次，在以上基础上，加快科研步伐，证实自己看法的可行性。当然，反过来，科技发明也会促使人们创造出新的流行时尚。

最后是反思批判。对于快餐会导致肥胖症的缺陷，人们又要寻找新的方式来改变，比如倡导素食或多餐少食等，或者创造新的流行时尚。

当然，在很多情况下，由于信息不充分等因素，人不可能对情况做全面的分析与综合，然后作出决策，所以，人的理性在这些情况下是有限的，人只能抽取样本进行概率计算，然后作出决策。此外，人的理性还会受制于社会规范，后者构成了人的社会理性，如契约、承诺、互惠性等。

如前所述，人的心智不是机械构造，简单地由情感直观系统、理性推理系统与见识系统所构成，而是人在周遭世界中为实现自身的欲

---

① 约翰·利浦金斯基：《话说商业》，北京大学出版社 2010 年版，第 8 页。

望与目的而对这些系统的灵活运用。可以说，灵活、机智是人类心智的本质特征。它最集中地表现在人的决策活动中。而人的决策能力在很大程度上就是人预测他人意图并作出自己决策的能力。这种能力可以追溯到人类的近亲——黑猩猩那里。美国古生物学家德瓦尔经过长年研究，发现黑猩猩就具有预测同伴意图并决策的能力。①

具体说来，人在制定计划时，首先要推测对方的意图和预期，然后，通过说服、威胁、利诱、示弱或逞强等措施，来改变对方的预期和意愿，或者，通过妥协，相互改变预期，达致"虽不满意、却能接受"的共识。

那么，人如何作出"创造性"的决策呢？具体说来，人类的心理机制是人预判自己、他人的欲望与意图，并分析其中种种或然的、无关的和必然的联系，然后采取各种策略来维护、改变这些联系，或创造新的关系，让形势朝着有利于己的方向发展，最后实现自己的目的。而这一过程亦是比拼意志力、良知、想象力、激情、习惯、感知和分析—综合能力的过程。在《孙子兵法》中，孙子不仅强调力量与形势（天时、地利、人和等），而且认为将领的素质与能力也是至关重要的。

即使是科学研究，情况亦是如此。科学家的研究与孙子的"知彼知己"的战略一样，也是首先提出各种理论模型或假说，然后据此设计各种实验，让物质对象显露出各种表现，探求其中可能存在的因果关系。一旦被判决性实验证实，那么该理论模型或假说就会被接受为科学理论。当然，随着应用范围的扩大，必然会出现反例，于是，科学家又会进一步修正已有理论。总之，理论假说与实验设计就是科学家窥测物理世界变化规则的主要方式。

---

① 弗朗斯·德瓦尔：《黑猩猩的政治：猿类社会中的权力与性》，赵芊里译，上海译文出版社 2014 年版，第 27 页。

当然，在决策时，人在不同时期还受制于不同的道德要求。如在中国春秋时期，战争还讲究某些道德规则，如不杀"二毛"（老人），不半渡而击等。这些规范类似西方中世纪的骑士精神。而在西方世界，从拿破仑时代开始，战争规范发生了根本的变化。不仅技术手段先进，而且大规模的战争开始出现，为了赢得胜利，开始采用大规模的歼灭战形式。后来，为了人道性，西方也出现了"红十字会"组织，以及各种交战守则，如"日内瓦公约"等，以此来规范交战各方的战争行为与决策。

综上所述，我们可以对作为决策要素之一的"计划"作一细致的定义与分类。首先，计划是指，人根据自己对周遭环境中各种人与人、物的关系及其发展趋势的预判，采取各种策略改变这些关系，营造有利于己方的态势，最终实现自己的目的与意图的艺术。为此，人必须明了自己的目的，而目的亦包括长期目的、中期目的与短期目的。对于周遭环境中各方关系、实力及其发展趋势，要深入了解，特别是预判各方的目的与实力，做到"知己知彼"。然后是采取各种策略来改变各方的预期，造成有利于己方的态势，如威慑、承诺、妥协等。这些都属于"伐谋""伐交"的范畴。如若不成，也要预先制定好各种备选方案来战胜对手，实现自己的目的。这属于孙子所说的"伐兵"和"攻城"的范畴。

其次，人还要进行分类，仔细观察对方和周遭的种种迹象，一方面进行"实然"分类，即，把它们归入各种物质的或精神的存在范畴中，另一方面进行"应然"分类，即，价值分类，把对象归入善或恶、有害或无害、有利或无利、美或丑等价值范畴中。当然，在现实中，有些人不愿长大，拒绝把"梦想的世界"与现实的世界区分开来，不去分辨好坏。这是心理机制未成熟的表现。

为此，人必须对收集到的各种数据资料进行细致的分析，推测其中可能的联系，为实现自己的目的提供根据。特别是在当今"大数据时代"，企业可以通过对大数据的分析，判断出消费者的购物体验、消费习性以及未来需求的可能走向，甚至能够以此为根据制造新的流行时尚，影响或引导消费者的购买趋向。比如，亚马逊网站就根据顾客购买的图书内容，了解他近期阅读的兴趣点，有针对性地向顾客发送邮件，推荐相关作品。无疑，这对于顾客的下一步的购物倾向起到了"助推"作用。

所以，决策体现的是人的智慧，它不等同于知识，而是善用知识。从古至今，决策过程愈来愈复杂，但是，策略与谋划只能是因势利导，根据各方力量在不同时期、地点的消长，来避实就虚，逐步赢得胜利。换言之，虽然"兵者诡道也"，但是，任何谋略决不等同于简单的欺骗，都必须建立在善用实力的基础之上。在这一方面，拿破仑的军事指挥艺术及其成果就是重要的典范之一。拿破仑极善于"机动作战"，利用法国大革命带来的高涨士气与献身精神，敢于根据战场形势快速地集中或分散部队，进行内线作战，并采取大迂回的战略行动，切断敌人的退路或粮草供应，各个击破敌人。在著名的乌尔姆战役中，拿破仑把自己的军队分成 7 个军团，从正面向乌尔姆北部的多瑙河地区推进。到了 1805 年 10 月 6 日，法军到达多瑙河，不仅把奥地利军队与俄军分割开来，而且兜到了据守乌尔姆的奥军的身后。显然，拿破仑的这一大迂回战略就是要在乌尔姆地区围歼奥军。等到奥军将领麦克察觉到这一点时，为时已晚。最终，除了斐迪南大公带领一部分部队向北逃逸外，麦克不得不率军在乌尔姆城向拿破仑投降。①

四、决　心

不过，有了计划还不够，决策还需要有"决心"。而下决心不仅

---

① 　阿彻·琼斯：《西方战争艺术》，刘克俭、刘卫国等译，海南出版社 2017 年版，第 308—309 页。

要有合理的计划，还要有良知、勇气与风险意识。因此，决心更是"智慧"的表现。

具体说来，人在决策时，直观感受系统与抽象理性系统会先后运作起来。不过，这两套系统常常会让人左右为难。有人习惯依赖自己的直觉冲动，把当下的处境与过去的经验进行习惯性的"匹配"，常常会犯"经验主义"的错误；不过，也有些人只相信抽象理性的判断与推理，常常会脱离实际的处境，犯"教条主义"的错误。而真正创造历史的人则是"两条腿走路"，兼用直观感受系统和抽象理性系统。不过，相比较而言，由于直观感受系统不仅让人与周遭世界融合为一，"感同身受"，对自己的处境产生整体的领悟与直觉，而且其中亦有类比、匹配、妥协的理解理性，因此，它比抽象理性系统更加重要。当然，抽象理性系统的作用也不能低估，它可以对人的直观感受进行客观冷静的比较、分析，发现其中的因果关系，从而让人避免作出简单化的决策。不过，从总体上说，抽象理性系统只起着辅助作用，因为决策的动力，如欲望、毅力、勇气、理解等，都来自直观感受系统。换言之，抽象理性系统如同现代军队里的参谋系统，为首长（也即见识系统）的决策提供合理的建议与方案。

那么，人在决策过程时是否遵循一定的逻辑呢？答案是肯定的。但是，决策逻辑不是抽象的，因为抽象就是抽取，即从我们所处的开放的复杂世界中抽取一定量的因素和关系，寻找其中的规律。而人在作决策过程中，未来尚在未定之天。我们知道，只有当人回望自己的历史时，过去的一切已经尘埃落定，人不难看出历史事件的来龙去脉与因果关联；不过，面对尚不确定的未来，人的决策只是历史实现过程中的一部分。因此，人的决策逻辑是具体的、可塑的，是与整个博弈过程"共生"的。英国进化心理学家罗宾·邓巴发现，人在博弈活动中能够心算到5步之后。这虽然是人类在长期演化之后达到的心算境地，但是，这还不是决策逻辑的关键。可以说，人的决策逻辑的核心是因地制宜、与时俱进地实现自己的欲望与理想。它取决于人的理想、见识、毅力与勇气。

因此，人类的决策总是存在着种种风险。从人类历史上看，人类早期的风险意识源于对恶劣的生存环境与不确定的未来的担心与恐惧。除了对"近因"的探寻之外，人们还会追问其"终极原因"，把风险最终归因于超越的神灵，并通过巫术仪式与宗教崇拜祈求神灵保佑，给予人以希望。比如，在中国商朝时期，从狩猎、出征到农耕，商王总要占卜，寻求确定性。

当然，风险的来源很多，但是主要有两个：一是人是在与周遭交往中实现自身意义的；换言之，人的生存意义分布在自身与周遭之间，人并不能完全掌握自身的意义，周遭与他人也分享着其部分意义。即使共感作用让我理解他人行为的意图与情感，但是这种共享意图与情感并不能涵盖我与他人的全部意义，因为"人心隔肚皮"，人际之间的误解常常会发生。二是人在事件尚未发生或结束前，就必须作出决策。因此，人对未来的想象与期望是不同于未来的实际结果的。因此，人不得不防范风险。而其举措多种多样。其中，有三点至关重要。一是决策时要留有余地，比如分散风险，给风险定价，纳入成本考量之中。二是要意识到人不完全是理性的动物，人的理性推理是与情感联动的，会受制于自己的情绪。三是人在决策时获得的信息不可能是完备的，而且在获得的信息中还存在着"噪声"，这些都会干扰人的决策。

第二节 反 常

如前所述，人的心智活动是人对自己与周遭进行物质、能量、信息与意义交换活动的自反性意识。它首先是一种无止境的、多向度的和开放的显现场。在每个人那里，这一显现场表现为情感直觉、抽象推理与超越性意识的交织。而且，这一显现场又与其他人、物的显现场交织成更广大的"共感显现场"。其中，各部分之间不仅会有情感共享，如慈悲心、美感等，还会有竞争、冲突与对抗。当大义灭亲时，即使在认知—推理系统方面是理所当然的，但是，这又与人的情感直觉系统有冲突，让人痛苦不已。即使是在消灭敌人之后，虽然有大获全胜的喜悦，但是，人亦会有"杀伐太重"的感受。

因此，人的心智只有在与周遭世界的共感结构中，才能展现出来。而这一共感结构只是各方心智的交织，不可能是完全和谐的。换言之，即使是和谐，那也是表面的，潜在的思想冲突尚未凸显出来。前面说过，人的心态与行为，乃至外在的现实，都是一体两面的，后者是前者的外显与延展，而前者是后者的内在化。这种一体两面的共感结构有着潜在的或公开的冲突。比如，在上海西外滩，东北向的外国建筑群与西南向的南市中国居民区之间，表面上看"争奇斗艳"，但是从深处想，却存在着两种生活方式与心态的对峙。

共感结构有着自身生成的逻辑，即不断克服、涵化内在冲突，包容他者，把反常纳入正常化过程之中。如前所述，人具有实现自身生命意义的动力，也即意志力。这一实现过程就是不断正常化，即涵化反常，实现自身生命的意义。在与反常现象对抗时，人不免会使用"策略"，甚至改变（或收缩、夸大）自己的习性。

一、反常只是另一种心智生活方式

因为人脑的神经回路具有可塑性，所以人可以通过不同的神经回路来运思。但是，人是在群体中生活的，其思想也是有规范的，所以其中有些思路是不被规范所允许的，被视为反常思维。不过，这种反常思维往往会造成人的心理与生活被压抑与扭曲，甚至伤害到人的生命健康。莫斯曾提到，在澳大利亚土著人那里，道德与宗教等集体规范对人的身体有着强烈的影响。"一个人受了伤，即使是轻伤，如果他以为长矛中了邪，那么他就没有任何机会康复了；他要是摔断了手或腿，那么只有当他遵守了他曾违反的规则后，才会快速康复"。①

由此可见，人的社会性、生理性与精神性是相互契合、相互影响的。人的心智中欲望与情感、理性判断和批判意识都会自然地或扭曲地表达出来。其实，对于人的生存活动来说，任何自然只是正常的别名而已。在隋唐之后，中国人开始时兴起让女人裹小脚，以三寸金莲为美。这在今人看来，无疑是病态的审美心理。不过，从当时崇尚男尊女卑的封建伦理来看，裹小脚既是正常的，亦是病态的。许多父母并非不知道裹小脚是对女儿的生理摧残，但是，又不得不狠心让自己的女儿裹小脚，否则，女儿长大后会嫁不出去。

再往上追溯，许多原始人喜欢文身或者戴面具来表现神灵附体，以便驱除恶鬼。此外，中国人还很在意自己的居住环境，选择能够"藏风聚气"的地点作为居所。虽然后来科学的发展，表明其中有许多迷信与不实的地方，但是，强调人与周遭之间和谐共生的理念，却是不错的。只不过，这种理念在当时被扭曲了。

必须指出，病态或反常有两种类型。一是由于生理变化造成的。

---

① 马塞尔·莫斯：《社会学与人类学》，第347—348页。在这方面，澳大利亚卡卡杜（Kakadu）地区的一位老人穆卡拉基曾向英国人类学家斯宾塞讲过一个有趣的故事。"他年轻的时候不小心吃了一条他这个年龄禁食的蛇。一个老人看到了，就对他说：'你为什么吃了它呢？你还是一个小孩子……你要生大病了'。他非常惊恐地回答道：'什么，我要死了？'这个老人大声喊道：'是的，慢慢地死去'。十五年之后，穆卡拉基开始生病。一位老巫医就问他：'你吃了什么？'他回忆并叙述了过去的经历。这个土医生就答道：'好吧，你今天就要死了'。他在这一整天里感觉愈来愈不好。需要三个人才能按住他。蛇的精灵缠绕在他的身体之中，而且渐渐地把他从前额中赶出来，在他的嘴中发出嘘嘘声，等等。这令人害怕。人们就到很远的地方去找一位转世的著名巫医。这个叫做莫尔庞的人及时赶到了，因为蛇与穆卡拉基的痉挛愈来愈可怕。他让人们回避，然后静静地凝视着穆卡拉基，看了一眼神秘的蛇，把它抓住，放入衣袋中，再把它带回到自己的地方，把它放入一个小坑里，对它说待在这里。穆卡拉基'感到自己得到了巨大的解放。他大量出汗，然后入睡，第二天早上醒来就康复了……如果莫尔庞不到场驱除蛇的话，他就死了。只有莫尔庞有能力做到这一点'"（同上书，第352页）。

比如，美国医生奥利弗·萨克斯在《火星上的人类学家》等书中所描述的自闭症者等的日常生活。二是由于社会规范所造成的扭曲现象。不过，这两者不是绝对对立的，后者也会造成生理性的反常。因为人是社会性动物，即使是生理变化，也是在社会背景下发生的。

具体说来，社会性反常是由集体意识的规范性造成的。集体意识的最重要的特征是规范性。康吉扬（Georges Canguilhem）经过研究发现，疾病只是生命正常运转的一部分，因为生命常常通过生病、痊愈而不断更新。[①] 所以，病态不是与正常绝对对立的。同样，在人的心智活动中，正常与病态也不是绝对对立的。不过，各个社会往往把理性与迷狂对立起来，近代社会更是如此。福柯在《古典时代疯狂史》中认为，近代社会对癫狂的排斥其实是集体意识建构起来的产物。这表明人的心智具有很强的可塑性，即自身调节与适应环境的能力。

如前所述，人的心智取向是人与周遭世界交织作用的"合力"使然。这种交织作用并非总是和谐的，有时也表现出扭曲、压抑、屈从、妥协等病态现象。比如，鲁迅在《阿Q正传》中描写了一位擅长"精神胜利法"的阿Q。阿Q在被别人暴打之后，并不正视现实，而是用"儿子打老子"的说辞来安慰自己。这种"精神胜利法"其实是心理扭曲的病态表现，也是奴性的表现之一。鲁迅撰写此书的目的不仅仅是揭示当时中国人国民性的病态一面，更是要激发国人起而奋争的生命力，最终克服自身的心理变态，实现自我更新。为此，鲁迅也撰写过《故事新编》，塑造了女娲、嫦娥等一系列与命运抗争的人物。

不过，人在生存过程中对于病态现象的克服，却不是一劳永逸的，而是像"钟摆"一样，反复来回。当抗争与革新到了一定程度时，重组后的各种力量又会形成合力，阻止人再向前，并让人像钟摆一样来回摆动。沈从文在小说《萧萧》中所塑造的人物"萧萧"，其

---

① Georges Canguilhem, *La connaissance de la vie*, J. Vrin, 1992, p.214.

命运就是如此。萧萧是个童养媳，比丈夫大九岁。当时已是民国，城里"女学生"的形象成了自由女性的化身，能够上学堂，特别是可以自由恋爱、结婚。萧萧的爷爷，还有周边人，常常拿萧萧来说笑，说萧萧长大了也会是女学生，虽然萧萧满口否认，但是，这个新鲜观念还是往心里去了。以后，她真的与家中的一个帮工花狗"好"上了，并怀了孩子。事发后，夫家本想把她卖了，可是一直到年底都没有主顾来看人。后来，萧萧生下了一个男孩。夫家都很喜欢这孩子，这样，萧萧就不用嫁别处了。多年后，她与丈夫也为这个孩子娶了童养媳，当新媳妇进门的时候，萧萧挺着大肚子远远地看着，而这个新生命却是与自己的丈夫生的。读到这里，读者的心情一定与萧萧一样，"百味杂陈"，新的观念可以改变人，改变乡间生活钟摆的"幅度"，但是，它们终不能改变"回摆"的惯性。传统仍然在延续。

因此，在人与周遭世界之间进行物质、能量、信息与意义的交换活动中，也即在人的谋生活动中，人能够感受到贯穿人与周遭世界的、不断变化的节奏与韵律，这些节奏与韵律是人渗透到周遭之中与周遭渗透到人之中的各种力量相互交织的结果，换言之，正是这种"合力"机制不断生成、变化的结果。也正是这种合力机制造成了"钟摆"现象。正如老子所说的，"反者道之动"，人生就像"钟摆"一样，在正常与病态之间来回摆动，不断通过克服病态来实现正常化的。而且，这一正常化过程永无止境。

在人类历史上，有规范，就有压抑，而有压抑，就有可能造成扭曲与病态现象，并引发抗争。而不断的反抗亦会导致整个社会与文化的紊乱，引发重构。不过，新的规范机制仍会再生产出新的压抑与病态现象。可以说，人类的心智史就是一个不断正常化的历史。而正常化就是不断寻找（或制造）并排斥（或消除）各种"异端"（也即反常）。

早在远古巫术时代，各地就存在着五花八门的"禁忌"。比如，在献祭时，人们要力求"洁净"，如沐浴更衣等。这在世界各地文化中都有。此外，在古希腊时期，苏格拉底因为"毒害青年与亵渎神灵"而被判死刑。这是在"轴心时代"之后出现的"搜巫运动"的较早案例。

其实，异端只是持不同意见者。而在人类的生存活动中，有不同看法正是人的本性所在。如前所述，由于人的心智的超越化，人才会追问自身存在的意义，而且会不断追问。每一次追问都是彻底的和创造性的，与以往、他人都会有所不同。因此，正常与反常其实是共存的，甚至是同谋的。

二、正常化的权力机制及其再生产

在人与周遭世界之间进行物质、能量、信息与意义的交换活动中，所有的物、人与规范—制度都成了符号，具有象征意义。这一象征体系是人类心智活动的外在面相，即"处世"的一面。具体说来，人的精神活动，如欲望、情感、直觉、抽象理性等，这些内在面相会通过手势、语言、文字、绘画、戏剧、规范、制度等外在面相表达出来。这两个面相却是"一体两面"的，而且其中的象征体系具有调节性的权力机制。比如，我们常常会有"思想斗争""精神压力"，这是象征体系的权力机制运作的内在表现，也即观念形态上的表现。而其外在表现则是人居空间、生产与消费空间、伦理、道德与政治空间、审美空间、信仰空间中的压抑与反抗以及转型。当然，其权力机制的运作是开放的，其中任何一个因素都是与其他因素相关联的。比如，当人有了新的精神追求时，就会抵制主流规范，并且力图改变它。

正如福柯在《词与物》中所说的，人类的话语是有秩序结构的，他称之为"知识型"。[①] 在古代中国，不仅话语，而且听、视等方面，

---

① Michel Foucault, *Les mots et les choses*, *Une archéologie des sciences humaines*, Gallimard, 1966, p.13.

也都是有秩序结构的，这就是"礼"。孔子说："非礼勿视、非礼勿听、非礼勿言、非礼勿动。"① 而"礼"就是一套秩序结构，规范了人的言行，包括经济、伦理、道德、审美、政治与信仰等所有方面。

即使象征体系有着规范性的秩序结构，但是，由于象征符号具有隐喻性，因此也就存在让人进行多义解释的可能性，也即"从权"的可能性。这也就为人们创造性地想象、解释与改变象征体系提供了可能与契机。这在古代中国史中比比皆是。

此外，文明之间的交流与冲撞也是激发人们想象力的动力之一。在16世纪初，利玛窦在中国传教就引发了中西之间"礼法"之争。当时的士大夫阶层仍然坚执于"九州"即"天下"的观念，视域外为"夷狄"，更没有兴致去了解与研究。而同时期的西欧已进入文艺复兴晚期，近代科学革命更是高奏凯歌。可以说，当时西欧各国已经开始进入"现代性"的世界，而中国社会还停留在前现代时期，两个文明体的差距已经不可以以里计了。②

可以说，"乾嘉盛世"只是徒有其表。从1840年鸦片战争开始，清王朝面对西方列强，屡战屡败。起初，曾国藩等人以为西方人的优势只在于"船坚炮利"，中国人只需"师夷之长技"，而"政教"之事还是中国人的好。稍后，张之洞在《劝学篇》中，把这一系列主张概括为"中学为体、西学为用"。不过，与湘乡、南皮同时代的郭嵩焘却对西方文明有着完全不同的想象。作为第一位派驻英法的公使，郭嵩焘近距离地观察了这两个当时西方世界最先进的国家，认为西方人的优势在于其"政教"，即政治制度，这是"本"，而"商贾、造船、

---

① 《论语·颜渊第十二》。
② 虽然康熙帝曾组织中外学者编撰了《数理精蕴》，吸纳了一些当时西方的科学知识，但是这些科学知识只是供皇帝与士大夫满足个人爱好的手段，远没有成为当时国家教育的主要内容，更没有转化为现实的生产力，从而推动社会进步。

制器"只是"末"。①

不过，正常化权力机制不同于政治与法律领域的暴力机制，而是人与周遭相互塑造的力量。在古代中国，这一权力机制就是"礼制"。中国号称"礼仪之邦"，"礼仪"不仅具有压抑性，还有着生产性；换言之，从最早产生《周礼》的周王朝一直到清末，这一权力机制不断繁衍与更新自身，包容或同化来自内外的"异质因素"，不仅规范着人们的思维、话语、行为，而且规定了国家的体制。可以说，它构成了中国人思维的内在密码与秩序。

到了清末，国人面对西方列强，发现对方不仅科学技术上优于我们，而且在规范与制度方面（也即"政教"）也更文明、更人性化。当时，英法美等国不仅早已完成现代政治革命，而且正在经历空前的工业革命，其制度文明包括宪政民主（权力分享与制衡）、市场经济、自由贸易、公民社会与主权至上等。由于清王室最终拒绝了"宪政民主"，"共和"与"民主"成了大多数国人的共识。纵然民国初期出现过"洪宪帝制"与张勋复辟等丑剧，但是，封建礼制已是明日黄花，无法独自规范国人的思维了，不得不与来自西方的现代文明规范共存，甚至让位于后者。以至于在民国初期，社会上出现了许许多多的反常现象，如鲁迅先生所刻画的"假洋鬼子"，还有各种特立独行的革命者与保守派。

可以说，从清末到民国的社会转型，恰恰是中国社会克服反常现象的正常化历程，也是中国文明包容性发展的结果。因为从汉武帝"独尊儒术"开始，一直到1840年"鸦片战争"，中国社会一直靠儒家文化来维系，即使遭遇外族入侵，也能够用优势文化来同化对手。但是，从1840年"鸦片战争"起，中国人逐渐意识到自己面对的是一个更具优势的文化，李鸿章认为这是"数千年未有之变局"。

---

① 熊月之编：《郭嵩焘卷》，中国人民大学出版社2014年版，第232页。

　　1895 年，甲午战败震惊了全中国人，原来被国人视为"倭人"的日本人居然经过"明治维新"之后，打败了天朝大国。痛定思痛之后，朝野上下急欲效法日本，向西方学习，走维新之路。到了 1905 年，新崛起的日本更是击败了老牌列强俄国，成为与西方列强并驾齐驱的新强权。清王朝情急之下，同意袁世凯、张之洞的请求，下令废除"科举制"。于是，传统儒家教育体制让位于现代西方教育体制。蒋廷黻在《回忆录》中这样写道，"1895 年日本战胜中国，全国震惊。知识分子开始自问：日本何以能够如此？大部分人（虽然也有少数例外）都认为是明治维新的结果。……待 1905 年日本战胜俄国，维新之议已成不争之事实。中国必须循着日本的成功之路去维新，去改革。其中一项最具体的措施是建立新教育制度。即使是最反对改革的慈禧太后也同意废除一向为人向往的科举"。①

　　从历史上看，面对现代西方文明这一"反常"力量，中国士大夫阶层由反感、对抗转而有保留的吸收、学习，最后在 1905 年废除"科举制"，引入西方现代教育模式。如果说"科举制"是儒家文化与封建专制制度的再生产机制，那么废除"科举制"与建立新学堂就意味着旧文化的终结和新文化的崛起，中国正式进入了现代社会。不过，这一克服与消化"反常"力量的正常化过程却是极其漫长的，至今尚未完成。

　　必须指出，教育体制是文明的再生产机制，也即思维与象征体系的再生产机制。不过，科举制不仅如此，它还是文官体制的再生产机制。从原则上说，中国封建政治制度是皇帝与文官系统共治天下，而在隋唐之后，文官主要来自通过科举考试选拔出来的优秀学子（士子），即"学而优则仕"。即使是身处农村的贫寒子弟，也可以通过科举考试进入统治阶层，即"朝为田舍郎、暮登天子堂"。而出身名门

---

① 《蒋廷黻回忆录》，中华书局 2014 年版，第 36—37 页。

望族的子弟，如不走科举之路，就很难获得官职。由于科举制是通向统治阶层的唯一通道，这就激发了整个社会读书、求学的热情，如果高中举人、进士，那就不仅是家族的喜事，而且是当地州县的荣耀。

在古代中国社会里，"皇权不下县"。换言之，县以下的乡村社会是靠乡绅自治的。而乡绅是由那些有功名的或读过书的绅士组成的。他们依靠儒家的"礼教"来治理家族与乡村。即使在 1905 年废除科举制之后，乃至辛亥革命之后的民国时期，源自西方的现代文明尚未完全入主乡村。中国乡村还是靠儒家礼教来运转。

不过，在废除科举制之后，在州府等城市里，新式学堂开始占据主导地位。新的教育体制与旧的私塾、书院不同，实行专业教育，以培养职业人才为目的。它强调的是理性主义，用科学的方式来研究自然与社会，让学生获得谋生的知识与技能，而不再刻意要求学生"修齐治平"，只要学生遵纪守法就可以了。

当然，像 19 世纪末、20 世纪初的西方世界一样，过于强调经验、理性与知识，就会导致"祛魅化"，即世俗化，造成严重的精神危机。因为人的精神生活不仅包括经验与理性认知，而且还有审美、道德与信仰等超越性的体验。在五四新文化运动中，就发生过"科学与玄学论战"。由此可见，在废除科举制之后，特别是在五四新文化运动之后，占据主导地位的理性与科学也具有了规范性的权力，也开始对人们的精神生活进行宰制。

第三节　自　由

由于人与周遭环境之间物质、能量、信息与意义的交换过程也是规范化的过程，因此，人与周遭世界的存在是与规范、价值、情感等分不开的。我们固然可以用科学的因果关系模式来分析与解释人类生存活动及其历史中的内在规律，并加深我们对于自身的理解，但是，这种中立、静观和客观的研究方式只是部分地或侧面地反映了人类生存活动及其历史，远未触及人类生存活动及其历史的"活的机理"。换言之，这一"活的机理"不是自然科学所说的"必然性"，而是人的存在中的"必需"。

如前所述，人生在世，其目的就是实现自身生命存在的意义。不过，人也无法独自存在，而是在与周遭不断交换物质、能量、信息与意义的过程中，实现自身存在的意义的。因此，人无法独自拥有自身存在的全部意义，相反，人的存在意义只是动态地分布在自身与周遭之间。换言之，他人甚至可能比自己更了解自己。

与自然世界不同，人与周遭、他人之间存在着"亲缘性的纠缠"。首先，人不同于周遭、他人，具有独特的生命意义。但是，其生命意义是与周遭、他人交织在一起的。这种共感结构并非同质的，还有着现实的或潜在的冲突。在这一点上，人与周遭之间的共存关系不同于自然界中物理的或化学的因果关系，后者是纯粹物质—能量的相互作用，而前者却是各种意向关系的交织与对抗，其中渗透着情感、欲望、直觉与理性等。换言之，在这些共感关系中，存在着歌德所说的"亲和性"，如"爱情""亲情""友情"与"交情"等"人情世故"。它们是有约束力的。即使敌对双方有着深仇大恨，彼此相害，但是，那也是人对人自身的伤害。耐人寻味的是，在英语中，"person"就兼有"人"与"个人"双重含义。

可以说，人与周遭世界的共存关系是生存论意义上的，而以因果关系为导向的认知关系只是前者的一个向度，常常在特定情况下被利用或扭曲。比如，善意未必有善报。换言之，人的心智在于其用法之中。人与人之间的协作或冲突表现为不同意向或态度的协作或冲突，也即表现在各自对身体、欲望、情绪、他人、群体、制度、周遭事物等的用法的协作或冲突之中。这些不同用法的冲突、妥协，乃至共识，构成了人类的历史。

人与周遭之间的共感结构还会"移步换景"。其中，各种意向关系（并行的、逆向的、对抗的、内在的、外在的等）的交织，在一定时空条件下，会构成暂时的"态势"，并随着某个或多个意向关系的变动，又发生"移步换景"，转换成新的态势。具有远见卓识的人就会抑制或改变自己的情感、欲望与打算，主动迎合这一态势，从而实现自己的意义与自由。

具体说来，每个人都是有主观意图与目的的。换言之，他至少是可以自由想象，无论是自主选择，还是被迫选择，至少是他个人的选择。面对各人的选择，我们可以进行分类，即把趋同或一致的选择归为一类，而不同类的选择之间又会出现博弈，到了一定的时候，就会出现大多数人的趋同选择，成为一时的主流与决定力量。但是，随着各人意图的变化，原先趋同的选择又会瓦解，进行新的博弈。所以，人类的历史与社会制度不是理性设计的结果。换言之，理性是有限的。

因此，自由是显现，是从共感场中涌现与诞生出来的。衡量自由程度的标准，就是在共感场中，也即在社会生活中，如何最大程度地实现每个人的自由。这就要求建立起包容的制度。换言之，每个人的自由感是通过制度来表现的。为此，制度要极具灵活性，容许多样性的选择。

不过，我们也不得不承认在人的自由感与实际自由之间存在着差距。如同美感、道德感与神圣感，人的自由感是超越性的，无法简单地化约为理性推理层面上的"因果决定论"。而人们总是喜欢用因果决定论来解释人实际的自由，或现实的自由。其实，人的自由感总是超出对现实自由的因果分析之外。比如，楚汉相争最后以刘邦胜出、项羽身亡而结束，这一历史结果当然有其原因，历朝历代对此的分析也是数不胜数。但是，为什么历代都有同情项羽之人呢？而且，同情者中也不乏智者。这是因为人们的历史感受或自由感要比任何因果决定论的分析深刻的多。换言之，因果决定论的分析无法穷尽人的自由感或历史感受。而且，人们的感受也各不相同。唐朝杜牧对于项羽的失败很是惋惜，写道："胜败兵家事不期，包羞忍耻是男儿。江东子弟多才俊，卷土重来未可知"（《题乌江亭》）。[1] 而李清照在南渡时，对项羽却是赞赏的口吻："生当作人杰，死亦为鬼雄；至今思项羽，不肯过江东"（《夏日绝句》）。[2] 相比较而言，杜牧的诗读出了历史事件发展的多种可能性，项羽的垓下大败还不是历史事件的终结，他还有反败为胜的可能性。而李清照的诗则揭示了勇气在历史事件中的永恒意义，项羽失败了，却不失为大丈夫与英雄。

一、"必需"

前面说过，人类的生存活动是通过共感与共情结构展开的。要共存或共处，就要有妥协，强调"将心比心"、各让一步的共情。而妥协达成规范与价值追求，就会制约群体人的行为。"物以类聚，人以群分"。人是通过认同习俗与价值系统而归属不同群体的；而不同群体之间的博弈，也体现在不同习俗与价值观的博弈之上。马基雅维里就认识到这一点。他认为政治决策必须因地制宜。比如，要在具有悠久自由传统的地方建立专制统治，就无法长久；反之亦然。而要改变之，就要先行改变群体的习俗与价值观。

为此，马基雅维里批评了基督教与古典人文主义，认为善意未必会有善报，人类历史并非是由因果必然性支配的，相反，人类历史之中存在某种"必需"。[3] 他发现，人在与周遭世界的博弈中，会陷入某

---

① 《全唐诗》（增订本），中华书局编辑部点校，第八册，卷 523，杜牧四，第 6028 页，中华书局，1999 年 1 月第 1 版。

② 《全宋诗》，傅璇琮等主编，第 28 册，卷 1602，第 18006 页，北京大学出版社，1998 年 4 月。

③ Nicolo Machiavelli, *The Discourses*, edited with an introduction by Bernard Crick, using the translation of Leslie J. Walker, S.J., with revisions by Brian Richardson, Penguin Books, 2003, p.43.

些"逼区"的状态，即各方势力互动中形成的"合力"态势，即"必需"。人身处其中，可供选择的机会受到极大的限制，但是，这并不意味着人丧失了选择的自由。作为这一博弈活动的自身反思，人的心智活动仍然有着自由想象的空间。但是，这一想象必需"因地制宜"，根据传统与现实进行权衡，然后作出决断。

必须指出，"必需"不同于"必然"。必然是指普遍的规律性。但是，在人类的生存活动中，人是有目的与意图的，他可以随时调整自己的行为，从而使得自己所处的历史情景重新洗牌。于是，人们又进入了新的历史情景之中，博弈又具有了新的特点，不同于以往的情景。这些历史情景之间虽然有着某种连续性，但是决不存在普遍的必然性。

具体说来，在各方势力互动所形成的态势中，人的努力与事件过程是相互影响与塑造的。前者会促使开始或进一步展开。但是，与此同时，事件的展开又反过来影响与塑造人的努力。这一互动关系也就是索罗斯所说的"反身性"。[1] 经过多轮反复较量之后，事件的发展或结果已与各方原先的想法或预期有所差距，或完全相反。比如，著名的淮海战役最初只是粟裕设想的一个规模较小的战役，[2] 后来随着形势的发展，演变成了关系国共双方生死存亡的大决战之一。这是当时包括粟裕在内的所有人都始料未及的。因为决策的时候，事件尚未结束，决策者对于整个事件过程所知有限。

前面说过，人的生存目的就是实现自身的欲望与情感，而且，情感与欲望之间也会冲突，有些人会用美感、道德感或神圣感等来约束自己的欲望。此外，情感还会让人与他人沟通与理解，达成共识，从而改变原有关系。因此，人的努力与事件之间的反身性不完全是利益

---

[1]　乔治·索罗斯：《金融炼金术》，孙忠、侯纯译，海南出版社 2011 年版，第 4 页。

[2]　粟裕：《粟裕回忆录》，解放军出版社 2007 年版，第 524 页。

博弈，也可以是情感共享。而且，这一情感共享会演变成价值诉求的趋同性，从而成为"必需"，并会沉淀为制度或传统，极大地影响事件的走向。

由此可见，虽然必需跟人的选择与策略密切相关，但是，人的选择与策略不都是无情的。在理性之外，人还有"人情世故"。比如，在公元前200年，汉高祖刘邦率30多万大军北击匈奴。由于轻敌冒进，刘邦带领的先头部队在山西大同白登山被40万匈奴骑兵包围，岌岌可危。在这种情况下，刘邦要想全身而退，几无可能。但是，刘邦手下谋士陈平却向刘邦建议，利用匈奴单于妻子阏氏的女性心理，送礼于她，并告之汉地有许多美女，如单于获胜，入主中原，就可能宠信这些汉女，危及她的地位。结果，刘邦依计而行，阏氏果然被说动，劝说单于，最后让刘邦走出重围。① 之后，刘邦汲取了这一遭遇战的教训，采纳了娄敬的和亲政策，让大汉得以休养生息，经过"文景之治"，国力逐渐强盛，为最终扫灭匈奴，奠定了基础。

总之，必需就是"命运"。命运中含有"运气"。如唐朝末年诗人罗隐在总结诸葛亮一生成败时说的："时来天地皆同力，运去英雄不自由"。即，英雄造时势是有运气的，比如孙刘联军在赤壁大败曹操，为三分天下奠定基础，实在是有运气的，即天时、地利与人和都偏向孙刘联军一边。

二、妥　协

实际上，人的感受中具有亲和力，它可以通过共情作用改变人与周遭世界之间的关系态势。由于有镜像神经元，人具有识别与猜测他人情感与意图的能力。因此，人与人之间存在着吸引对方并相互结合在一起的"亲和力"。不过，即便通过亲和力结合在一起，彼此之间

---

① 司马迁：《史记》，第6册，中华书局1959年版，第2057页。

在认知与感受上还是存在着差异。无论是在爱侣、友人之间，还是在信仰团体、国际社会中，这一差异如果扩大，就会导致亲和关系的破裂，以悲剧收场。

尽管在各个团体内部，成员之间在认知与感受上也存在差异，但是，只要这些团体尚未解体，它们就有着各自共同的认知—情感指向。因此，在这些团体之间，既存在着相互吸引并结合在一起的亲和力，也有着互不待见的敌意。而在国际社会中，要实现永久和平，也必需尽量消除敌意，相互妥协，增加亲和力，实现彼此选择的趋同性。这里，我们不妨举例说明。

1. "做人的道德底线"：胡适之的婚姻选择

根据白吉庵先生的《胡适传》，胡适之在年轻时曾与美国姑娘韦莲司有过恋爱关系，如果单凭理性或利己目的来选择，那么胡适之断不会选择由母亲包办的婚姻和江冬秀。但是，胡适之幼年丧父，与母亲相依为命，实不忍伤母亲的心，又加上江冬秀已是名义上的未婚妻，弃之则后果不堪设想，而且超出了胡适做人的道德底线。所以，他最终选择江冬秀为妻。后来，胡适曾与高梦旦谈及当时的心情，"假如我那时忍心毁约，使这几个人终身痛苦，我的良心上的责备，必然比什么痛苦都难受"。[①] 而且，胡适对待中西方文化是有自己的取舍的。他曾在日记中写道："吾于家庭之事，则从东方人，于社会国家政治之见解，则从西方人"。[②] 由此可见，人的选择不完全是理性的与利益偏好的，更可能是情感偏好或规范偏好使然。

2. 在"均势"中崛起：黎世留与俾斯麦的外交决策

在公元476年西罗马帝国覆灭之后，西方人一直力图统一欧洲。不过，从查理曼大帝、拿破仑到希特勒，试图通过独霸的方式来一统

---

① 白吉庵：《胡适传》，人民出版社1993年版，第100页。
② 同上。

欧洲的努力无不以失败而告终。倒是法国的黎世留与德国的俾斯麦能够面对现实，在最大限度地保持欧洲各势力均衡的范围内，先后让法国与德国崛起为欧洲主要强国。

黎世留主政法国时正值"三十年战争"。为了遏制以奥地利为代表的神圣罗马帝国，黎世留不惜与信仰的敌人，也即信仰"新教"的北部德意志各邦国，结成联盟。果然，在三十年战争之后，法国从战前的"二流国家"一跃而为欧洲的主要大国。因此，在黎世留的眼里，为了法国的崛起，个人或国家的信仰偏好也必须让位于利益偏好。

到了19世纪中叶，普鲁士的势力不断壮大，直接威胁到周边法国、奥地利与俄国的利益。不过，当俾斯麦上台后，他冷静分析了普鲁士的国际处境，断然采取了"重叠结盟"的策略，在不根本上破坏欧洲均势的范围内，逐步扩大自身的势力与地盘，并让周边各大国相互牵制。他认为，"当下情势迫使吾国难以向他国先许以承诺。吾国无力于依本身意旨决定列强间之关系，但可保有行动自由，随机善用彼此关系间之优势。吾国与奥、英、俄之关系不应构成与任一国交好之障碍。唯与法之关系须谨慎从事，以便视需要随时可与之往来"。① 正是凭借着这种"重叠结盟"的外交政策，俾斯麦让普鲁士在列强之间左右逢源，最后在1871年的普法战争中一举击败法国之后，让普鲁士国王在凡尔赛宫镜厅宣告德意志帝国的诞生。

不过，比起法国的崛起来，德国的崛起要艰难和复杂得多。但是，俾斯麦可谓长袖善舞，利用"重叠结盟"，力图与周边各大国维持亲和关系，然后在各方相互牵制的心理态势下，实现自己最大的国家利益。换言之，俾斯麦与黎世留一样，决不愿"独霸"欧洲，让自己的国家成为列强的"众矢之的"，而是在保持欧洲均势的前提下，

---

① 转引自亨利·基辛格：《大外交》，海南出版社1998年版，第113页。

实现国家的崛起。

3. 城市空间的再生产中的"互惠性"

在城市空间再生产中，投资商、开发商、土地供应方、买房者（用来自家居住的人）、买房者（用来出租的人）、租房者之间的互动与互惠关系是较为复杂的。投资商与开发商在造房之前，一定会对土地价格、未来购房者的经济资本、社会资本、文化资本以及当地的大环境作一番市场调查，凡是在土地价格高、大环境好的地方，楼盘的档次都比较高，瞄准的未来购买者也是社会中上层人士。这样长此以往，必然使得整个城市的居民布局呈现出大众阶层居住区、中产阶级居住区和富人区的区分。

房东与房客之间的互动与互惠关系亦是如此。一般来说，房东每年都想涨租金，房客则认为涨租金实属理所当然，但是同时也要改善房内的居住条件，如换上新的家具，重新装修等。这样一番讨价还价之后，租金涨了，居住条件也得到了改善。不过，收入未增加的房客则不得不另觅他处了。为此，要避免城市中出现不同群体居住区的高度分裂，公共治理当局就要采取措施，如建设平价的公租房体系，或者通过征收"房产税"来压低房价。

三、三种自由

如前所述，在与周遭的互动中，为了占有物质、能量、信息与意义，人与人之间不仅存在着潜在的或现实的竞争与冲突，还有着对他者的责任与尊重。因为每个人的生存意义不仅在其自身中，还分布在周遭的他人与物上。只有在与他者达成一致时，人才能获得自由。

不过，人的自由却不是单一的，而是三重的。首先，人的自由是在与周遭的共感场中呈现出来的，而且，人是与周遭共享生活世界的。换言之，因为人在生存论的意义上是代入式地生存在这个世界上的，所以，人的存在已经"融入"了整个生活世界。可以说，人具有无限丰富的自由感。这就是人的生存自由。当然，共感场也是博弈场，人心常常是"隔肚皮"的。因此，为了分清权责，人们又会用法律制度的方式确定人的自由限度。这就是形式的自由。此外，人还有超越性反思与想象能力。即使身处桎梏之中，人仍可以自由地想象与批判。

1. 生存自由

从生存论上来看，尽管人际之间存在着潜在的或现实的竞争与冲突，但是，人是无法脱离他者存在的，因为每个人的生存意义不仅仅存在于其自身之中，还分布在周遭的他人与物之上。所以，人要完全实现自身存在的意义，也要以实现他人与物的意义为前提。换言之，只有成物，才能成己。反之亦然。

因此，人不仅处于与周遭世界的"共生"活动中，而且还与周遭世界"共享"生存自由。在这一方面，双方有着"同谋"关系。可以说，它是人与周遭世界最原初的生存关系。随着人们的"移步换景"，这一生存关系也会发生变化。但是，不管如何变化，只要人类还生存在世界上，那么这种共生关系就一直存在。而且，"成己成物"的生存自由作为人类生存的基本视域与目的，也一直支撑与引导着人类的生存活动。

2. 形式自由

不过，人的生存自由不可能是一蹴而就的。它总是在时空中生成着、展现着。因此，在具体的处境下，人的生存自由又是有限的。而且，人际之间并不总是和睦相处的，而是存在着各种竞争与冲突。因此，在人际合作中，经过反复博弈之后，一定会形成具有约束力的规范与制度，规定每个人的权利与义务，也即人的形式自由及其限度。

如前所述，美国学者道格拉斯·诺斯等人经过长期研究，发现人类历史经历了三种社会秩序：觅食秩序、权利限制秩序与权利开放秩序。可以说，它们分别对应着三种形式自由。不过，权利开放秩序及其相应的形式自由并非人类生存的终极目的，因为人类与周遭互动的感受体验是无限多样与不断变化的，而社会秩序与形式自由却具有稳定性与滞后性，因此，双方的互动将会更新人的形式自由。

3. 想象自由

虽然人的心智在 4 万年前开始超越化，超脱了当下境遇，可以对自身的存在进行整体上的反思与重构，但是，这种想象自由只是在潜在的意义上是无限的，而在现实的意义上，它只是对自身与当下社会的境遇进行自由的想象。换言之，它只能在这一处境的边缘之外来反思，并与这一处境本身密切相关。总之，人还是无法脱离自己的时代，他的自由想象仍然会打上了自己时代的烙印。这正是自由想象的吊诡之处。简言之，现实像牵引想象这一风筝的引线，无论风筝飞得多远多高，都会牵制着它。因此，任何乌托邦的理想都多少反映了作者的现实诉求。

可以说，想象自由，其超越性是随着历史情境与空间的重构而变化的。换言之，它是不断超越的。不过，尽管对普遍性的诉求总是带有历史的痕迹，但是，这一诉求依然具有超越时空性。比如，对于中国儒家来说，人只要一心修身正意，就可以成为圣贤。无论顺境，还是逆境，身居陋巷，人仍能抱有仁心，具圣人气象。这一说法不乏实例。而且，在读完饶平如的《平如美棠——我俩的故事》①之后，我们相信，即使平凡如饶氏夫妇，仍可有无论顺境或逆境的挚爱如斯，这不正是自由境界吗？

四、人 性

人类的历史可以说是日益丰富的感受体验与规范理性之间相互冲突与协调的历史。由于人与周遭进行物质、能量、信息与意义的交换

---

① 饶平如：《平如美棠——我俩的故事》，广西师范大学出版社 2013 年版。

活动在深度与广度上不断延伸与扩展，人类会不断拥有新的感受体验，旧的表达形式已经无法传达它，甚至会抑制与阻碍它。所以，对于在感受体验方面"喜新厌旧"的人类来说，如何创造与发明新的感受表达形式，一直是需要不断破解的难题。

面对这一难题，理性推理往往无能为力，因为理性推理只是有选择地处理我们所接受的全部感受信息（即"所与"），即，其处理方式不是像感受直观那样"物我一体"的生命灵动方式，而是主客二分的、可定义的与演绎的方式。虽然理性推理有助于我们把生活体验合理化，从而破除感受直观中可能潜藏的迷信等神秘性，但是，它本身缺乏实现生命意义的动力与目的。

不过，人还有着追问自身存在意义与目的的超越性的元认知能力（即，"见识"）。它会协调感受体验与推理理性之间的冲突。具体说来，感受体验表现为不断变化的、多样性的体验偏好，它们不仅仅是本能欲望与情感的冲动，更是社会性的品味与享受，正是它们推动了历史的进程。当然，每个人的体验偏好各不相同，但是，在它们之间，却可能存在着或即将存在着各种"趋同性"，后者构成了时尚潮流、主流价值观等，并被人们理性化为各种规范化的"制度"。不过，人心中的超越性的思考却会不断解构这些制度，创造出新的感受形式。

比如，从 13 世纪开始，拉丁西方人迷恋于东方世界的一些品味与享受，如香料与黄金等。由于陆路贸易被阿拉伯人所垄断，所以拉丁西方人不得不从海路上探寻通往东方之路。于是，从哥伦布发现新大陆开始，拉丁西方人进行一系列的海上探险，最终把世界各地连为完整的贸易网络，原先只是本地的商品贸易，转化为世界各地之间的物品大交换。从此，人对物品、性爱与社会权力的品味与享受方式急剧变化，也引发了科学、技术与社会制度的快速变迁。

从某种意义上说，人类的历史就是追求与实现感受自我、理性自我与超越性自我的历史，也是这三者之间相互纠缠、对抗与和解的历史。如果说人性就是由这三者构成的，那么人类的历史就是人性不断实现的历史。

当然，由于人的目的性的介入，人的行为从根本上是无法完全预测的。但是，通过制度，我们却可以约束与规范人的行为，把它限制在一定的可控范围之内。比如，在第二次世界大战之后，各国通过建立联合国制度与国际贸易组织来把人们之间的竞争控制在一定的制度范围之内，从而避免了由于无序竞争可能导致的冲突或战争。因此，可以说，制度的进步与完善是人性得以实现的主要杠杆之一。

第八章
心智培养

关心你自己

对于心智的培养，古今中外都很重视。中国古人常讲"养心"，希腊化—罗马人强调"精神修养"。法国哲学史家皮埃尔·阿多（Pierre Hadot）在《什么是古代哲学？》中提出了一个著名论点：哲学是一种生活方式，其内容就是精神修行。[①] 这一论点相当深刻，不过，哲学只是心智活动之一，其实，全部心智活动就是生活方式、行为方式，亦即心智修行活动。

无论中欧，思想的重心都是"自身"及其与世界的关系。换言之，人如何成为"人"本身，并与他人一起，在共同的世界上过上公正和善的生活呢？这不仅仅是一个教育问题，更是存在论的问题。单就欧洲而论，在欧洲历史上，涌现过很多"成人观"。在古代希腊—罗马世界里，人们注重的是"自然目的论"，即，自然界存在着自由、公正和善的目的，人只要按照自然的目的来修身，就能实现"成人"的理想。而在中世纪里，人的"成人"过程就是成为神的"提升"过程，也是神自身实现的过程。到了近现代，欧洲人把自然与人类社会区分开来，并把人的发展与理性能力、政治权利、经济利益结合起

---

① Pierre Hadot, *Qu'est-ce que la philosophie antique*? Gallimard, 1995, p.19.

来。时至今日，中、美、欧、日等国人民的生活质量已经得到很大的提高，但是，问题仍然存在：即，如何在各种理性化的体制下追求人的完善呢？这也是心智培养的关键问题。

第一节　心智培养与制度建设

从晚期智人以来，人类的精神生活一直处于不断克服各种反常的正常化过程中。换言之，精神危机无时不有。而且在不同时期、不同文明体内，它表现各异。比如，在公元前6—公元5世纪前后的"轴心时代"，各文明体都经历了"祛魅化"运动，即，"理性的突破"。不过，人的超越感仍然存在着，只是对于命运、天理等的概括与解释，与以前不同而已。

同样，从近代以来，特别是从19世纪资本主义崛起与工业革命以来，各种反常现象不断涌现，大众化有之，世俗化或祛魅化有之，"物化"现象有之，等等。不过，祛魅化并非只是指对基督教等宗教的祛魅化。精神生活危机的原因在于人的精神的超越性向度被抑制了，因为对于人来说，超越性向度不是可有可无的，而是人的本质属性之一。换言之，人不仅是理性的人、情感的人，更是具有超越想象力的人。也就是说，人天生就有神圣感。但是，经济全球化与科技霸权直接影响到人的精神生活的"超越化""象征化"与"规范化"。

今日，科技霸权表现为生活的"数字化"与"虚拟化"。这对于人的感受活动及其社会性损害极大。因为人的感受活动并非推理理性活动，它追求的是以各种变化的形式展现或宣泄人的情感体验。而且，生活的虚拟化也危害到人的社会性交往，因为现在"低头一族"比比皆是，人们越来越沉迷于虚拟的因特网世界，缺乏或不喜欢面对面的社会交流。

更为严重的是，当前涉及个人信息的大数据有日益为大资本公司所操纵的危险。这些公司通过占有与分析这些大数据，可以了解个人的消费倾向与行为习性，从而有可能利用或操纵人们的行为趋向为己所用。比如，2018 年 3 月 17 日，《纽约时报》报道，英国剑桥分析公司曾在 2016 年盗用 5000 万名"脸谱"用户的个人信息，帮助特朗普竞选美国总统。

因此，当前精神生活的危机就在于社会全球化与制度全球化落后于经济全球化与技术全球化，不仅如此，后两者有着跳脱前两者并且反向构建前两者的趋势。这有违人类的心智结构，因为人的认知与推理理性活动是在社会背景与氛围下展开的，是扎根于人的感受体验之中的。

从生理上看，青少年在 9—12 岁时，大脑的边缘系统就已经发育好，而控制情绪的大脑皮质层中的相关神经机制，却要等到 20 岁左右才发育成熟。所以，在 9—20 岁之间的青少年往往会有"叛逆"意识与行为。不过，即使生理完全发育成熟，它也不代表心智已经成熟。心智成熟更是一个社会的、文化的和历史的概念。人只有在与他人、事物、环境打交道的过程中，才能把握见识、勇气、良知与情感之间的平衡度。这样，人的心智才算成熟。但是，即便是人的心智成熟了，那也不意味着人会事事成功，算无遗策。因为人与环境之间的互动背景是开放的，不是人能完全把握的。而且，研究也表明，人的智力并非固定不变的，而是可以不断塑造的。

古往今来，人们注重通过各种"游戏"活动来培养孩子的心智，如欲望、情感、勇气、理性、共感、同情与神圣感等。孔子曾说，君子"志于道、据于德、依于仁、游于艺"，[①] 其中，六艺有助于人培养自己的心智，也即欲望、情感、勇气、理性、共情、同情与神圣感。而且，在心智培养方面，孔子提出了"文质彬彬"说。即，孔子强调人的天然心智，然后根据个人的资质特点来进行"礼"的教育。值

---

① 《论语·述而第七》。

得注意的是，孔子已经体悟到了人的"性情"（即本性的情绪与情感）是在先的，而道德教化是后来出现的。

由于心智是人在世界上生存的能力，而其根本就是身体的生存运动，也即，身体自身的各器官、神经—骨骼—肌肉系统、基因结构与外在工具、环境之间的动态匹配。即使科学技术发达如今日世界，其根本仍是身体的生存运动，只不过"连接"上许许多多的其他技术系统。所以，训练人的身体生存运动能力，对于人的心智培养是至关重要的。比如，在电脑时代，训练孩子的书法能力、舞蹈能力、武术能力、绘画能力等，有助于提高孩子的心智能力。因为根据研究，主观修为可以改变或重塑大脑的神经系统，改善或治愈自闭症、帕金森症等患者。①

从 1983 年以来，美国心理学家福多（J.Fodor）和加德纳（Howard Gardner）先后提出了"心理模块论"与"多元智力论"，影响深远。不过，这两种学说都带有机械论的色彩，因为人的大脑及其意识活动是"部分整体化的"（mereological），即，每个部分都可以起到整体功能，比如，左脑的功能是语言能力，而右脑的功能是空间定向能力，但是，根据对"割裂脑"现象的研究，如需要，左脑也可以发挥空间定向的功能，同样，右脑也可以起到左脑的作用。所以，硬性地把语言、数理、人际交往、情感、音乐等功能区分开来，不免机械。应该说，人的心智具有相互交织的"多重功能"，而且，"部分也是整体的"，反映了心智整体的所有向度。比如，对孩子艺术能力的培养也同时训练了孩子的理智感、同情心、神圣感等。

此外，家庭、学校与社区环境对于儿童与青少年的大脑发育也是至关重要。根据美国学者的研究，美国贫富差距较大的社区里的儿童与青少年，他们新皮层的厚度存在着很大差异，贫困家庭的孩子的新

---

① 理查德·戴维森、沙伦·贝格利：《大脑的情绪生活》，第 202—203 页。

皮层普遍较薄。因此，智力也较为低下。[①] 换言之，经济的不平等是导致青少年心智发育不平衡的重要原因。因为人的心智是人对自己与周遭进行物质、能量、信息和意义的交换活动的自反性意识，其意义是分布在自身与周遭之间的环路上。因此，周遭生活世界如何（如习俗、家庭情况、社区条件等）对于儿童与青少年的心智培养是至关重要的。

具体说来，社区应该满足人的情感需要与理性诉求。换言之，社区应该以"共感"为基础。不过，"共感"是有层次的，其基础是人的欲望与情感诉求，理性则处于较高层次。早在 19 世纪末，德国社会学家滕尼斯就发现，以人的欲望与情感诉求为基础的传统共同体正日益被新兴的、理性化的现代社会所取代。其实，传统共同体与理性化的现代社会都存在严重缺陷，前者重情感轻理性，而后者则重理性轻情感。

从当前的形势来看，现代社会的工具理性化倾向日益严重，如何协调好人的情感诉求与理性化现实，已经成为人类面临的严峻考验。在这一方面，美国学者罗伯特·普特兰（Robert Putnam）针对目前美国社会的危机，提出了"药方"。首先，他从政治参与、公民参与、宗教参与、工作关系、非正式的社会关系、利他主义、志愿者活动与慈善、互惠、忠诚与信任等方面，对美国的公民社群进行了深入的研究。他发现由于单身化增多、郊区化与通讯工具的发达，导致美国人政治参与的热情下降、社会关系淡化、忠诚和信任度降低。而且，更令人担忧的是，传统结社活动也日益减少。但是，这些公民自治的精神传统恰恰是美国社会制度得以运转的基本条件。[②] 而且，每

---

① 金伯莉·G.诺布尔：《贫穷会使大脑发育不良吗？》，载《光明日报》，2017年 3 月 29 日，第 14 版。

② Robert D. Putnam, *Bowling Alone, The Collapse and Revival of American Community*, Simon and Shuster Paperbacks, 2000, Section II, pp.31—147.

个公民正是通过各种公民社群接受非正式的教育的，如亲戚关系、邻里关系、同事关系、公民关系、自治等，这些是在正式的学校里学不到的。

为此，普特兰认为重建公民社会对于形成民主氛围和感受，至关重要。因为公民社会是由各种不同的"公民社群"构成的。这些社群主要涉及如下四个方面：公民参与、政治平等、团结、信任和宽容、以及强大的协会生活。而各种公民社群中的规范和关系网络对政治体制的运行非常重要。它们主要包括投票、政治参与、了解新闻报道和参与各地的协会等，公民正是通过它们学习和进行"自治"（Self-government）的。①

尽管普特兰重建美国公民社会的构想很有建设性，但是，其理论也只针对美国社会，缺乏全球视野。其实，随着全球化的加剧，任何国家都无法独善其身。在国际政治上，各国，特别是各文明体的人民之间的交往也需要创建自由的氛围与感受。因为人具有感知外物、他人以及物我、人际关系的能力，也能比较不同的社会关系的优劣，所以通过交往，人们就会感受并比较各种规范与制度的优劣。

第二节　公正与制度创新：体验、成本与效率

如前所述，人的感受体验中有着普遍性与超越性的向度，如真实感、美感、道德感与神圣感等。因此，人会"不平而鸣"。换言之，人心中是有公正感的。但是，现实却总是存在不尽如人意之处。具体说来，真正的公正是最大可能地实现每个人的欲望及其情感体验。不过，每个人的欲望与情感体验都是在社会背景下展现的，不仅多变，而且与其他人会有竞争与博弈。为了协调好这些竞争与博弈，人类总

---

① Robert D. Putnam, *Making Democracy Work*, Princeton University Press, 1993, p.14.

是尝试提出与建立各种制度与规范，不断"试错"，让具有比较优势的制度胜出，以便以尽可能低的成本与尽可能高的效率，尽可能满足每个人的欲望与情感体验。

从历史上看，"自由开放与包容的制度"不仅公正，而且成本最低，效率也最高。当然，自由开放的制度并不反对理性计划，相反，它把理性计划纳入自身的试错与博弈之中。换言之，人的感受体验是无法预先被理性设计的。因为人类复杂的神经回路为人的感受直观、理性推理与超越性反思提供了尽可能多的选择，而且神经系统是可塑的。其中，人的感受系统是最根本的，它接受并贮存了人获得的全部所与和信息，而且是活泼泼的与变动的，不断产生出新的感受。另外，人的感受总是以一定的形式表现出来的。不过，其形式是动态的与变化的，体现了生命的律动。但是，感受亦有冲动与非理性的一面，所以，人类会使用推理理性与超越性的反思来规范它。虽然推理理性与超越性的反思有助于感受与体验，但是，这无法改变它们与感受之间的原初关系，即，推理理性与超越性的反思是在感受范围内起作用的，而不是在感受之外重新设计它。

而且，人的感受是在对衣食住行、性繁衍与社会地位的欲望追求中所产生与经历的情感体验及其意味，如喜怒哀乐等情感，特别是真实感、美感、道德感与神圣感等普遍的与超越的情感。不过，欲望与情感并非总是一致的，有时恰恰相反，人的神圣感会抑制人的某些欲望，如佛教徒厌恶杀生，伊斯兰教徒不食猪肉。当然，人的情感也会助长人的欲望。比如把圣地耶路撒冷从阿拉伯人手中夺回来的神圣感，也是促使哥伦布进行海上探险、发现通往东方黄金与香料之路的主要动力。

此外，在对衣食住行等生活资料、性繁衍与社会地位的欲求中，人们在群体内外展开各种博弈。为了实现这些欲求及其情感体验，人们会发明各种技术手段与制度体系。不过，在这些欲求与品味、技术与制度之间，存在着各种历史的匹配与协同。在古代社会，由于技术手段低下，群体规模受限，品味的种类也不多。但是，到了地理大发现之后，物品在全球范围大交换。各地的享用体验与品味也无远弗届，相互影响。于是，商品的生产与交换不仅追求低成本与高效率，更是以消费者的消费体验为导向。在增强消费者的消费体验方面，越是成本低与效率高的技术与制度，就愈能在博弈中胜出。在19世纪，清朝的朝贡制度不仅成本高，而且阻碍自由贸易，因此无法与英帝国的资本主义自由经济相抗衡。即使在列强之间，法、美、德等国因生产与制度的成本高与低效率，也无法与英国的海外贸易相竞争，于是不得不采取贸易保护主义。

因此，制度创新一直是人类历史发展的主要杠杆之一。即使是在近代中国乡村社会，在地权方面，亦有许多制度创新。在上世纪二三十年代陈翰笙领导的无锡农村调查中，人们发现当地存在着多种租佃制度。① 其中，最基本的形式是"灰肥田"，其地权被分割成"田底权"与"田面权"，也即"双层地权"。地权属于地主，而佃农享有地面权，后者通过向前者缴租而获得永久地面权。而且，地面权是可以买卖与转让的。拥有地面权后，佃农会精心保护土地，在保持与增加其肥力的基础上，增加产出。这在当时情况下，不失为一种双赢策略。

---

① 见汪效驷：《江南乡村社会的近代转型——基于陈翰笙无锡调查的研究》，安徽师范大学出版社2010年版，第114—115页。该书引用了陈翰笙的调查报告，其中，陈翰笙写道："无锡农村的租佃形式有以下几种：（1）灰肥田——亦称租米田，田底权属于业主，田面权属于佃户，如拖欠租额超过田面价格时，业主即强行收回。灰肥田的业主绝大部分是地主富农，其他阶层极少。（2）借种田——田底与田面权均属业主，佃户无永佃权。（3）转佃田——亦称三租田，又称盖头田，享有永佃权佃户将灰肥田转租第三者耕种故名转佃田，数量不多。（4）押田——又名活卖田，大部分由借债而产生，如债务期满不还，随即转为灰肥田。（5）典田——农民或其他阶层，因借贷关系，将田出典给债主耕种，典价高低依时限长短而定，在出典期间，地不起租，钱不生息，满期不赎即行结田。"

同样，美国学者埃莉诺·奥斯特罗姆也发现在国家与市场的制度之外，许多群体的自主制度安排也能很好地进行治理。比如，在土耳其的阿兰亚，当地有一个捕捞范围较小的渔场，约有 100 位渔民。在20 世纪 70 年代以前，他们常常为了争夺较好的捕捞点发生冲突。从70 年代开始，当地渔民们自主设计了一种制度，即每年 9 月开始确定每位渔民的身份，并划分捕捞点，然后通过抽签分配给每个渔民一个捕捞点。从每年 9 月到次年 5 月，每个渔民每天向东迁移一个捕捞点。从 1 月到 5 月，每天向西迁移一个捕捞点。这样，每个渔民都有了平等利用渔场资源的机会。[①] 事实证明，这种自主设计的制度非常有效，便于监督与管理，不易发生纠纷。

第三节　全球意识

在当今全球化的形势下，制度创新又遇到了文明多样性的挑战。如何在不同文明体之间创建自由开放的国际制度，是当今各国面临的关键难题。从人类的演变史来看，包容与开放是人类文明得以延续的基础。因此，为当今计，全球性的制度建设要首重"开放进入的秩序"，摒弃限制与压抑。其次，力争全体一致的原则，如若不行，则要在大多数一致的基础之上，或采用多边主义的方式，尊重并帮助持异议的少数国家与人民。而要实现以上两条原则，又必须以加强与促进各国人民的交往为前提与基础。其中，全球意识的培养至关重要。

首先，全球意识意味着生活方式与感受方式的多样性与包容性。其中，各种制度相互竞争，相互学习。为此，在当今全球化的形势下，全球意识也应兼顾人的情感与理性，在共感的基础上理性协商，追求"合情合理"的效果。因为人类的历史就是各种感受、知识与想

---

① 埃莉诺·奥斯特罗姆：《公共事物的治理之道》，余逊达等译，上海译文出版社 2012 年版，第 24—25 页。

象大交换的结果。比如，全球化源于资本与人员的全球性流动。这一流动性造成了一个全球性的"陌生人社会"，传统本土的"熟人社会"被抽象的"法理社会"所瓦解。不过，要在全球层面把从各地本土社会中脱离出来的、彼此陌生的人们纳入一个崭新的"法理社会"，进行经济、文化与政治的交流，就要创建一系列的新制度，如全球贸易制度。但是，这些由抽象理性所确立的"法理制度"要想持久，还必须与各地人们的"私生活"，也即人的生活感受融合起来，成为全球的共感意识。

在人类历史上，最早的全球化发源于1492年哥伦布的"地理大发现"。随后，在西班牙人、葡萄牙人、荷兰人与英国人先后主导的海外殖民与扩张活动中，英国人所建立的"日不落帝国"是影响最大的全球化模式，也是当今全球化运动的主要来源之一，对于解决当今全球化所面临的问题与危机，具有启发意义。

可以说，英国人的全球化模式为陌生人社会不仅建立了一套自由贸易体制，还确立了以较为灵活的普通法为基础的官僚体制。不过，正是这套较为自由与灵活的制度，最终让美国等殖民地得以独立，让日不落帝国的实力范围急剧萎缩。不过，让人始料未及的是，在"第二次世界大战"之后，特别是冷战之后，由美国主导的全球化也遇到了同样的问题。一旦世界自由贸易体制与各地的本土社会想融合时，就会让某个或某些边缘大国逐渐发达起来，甚至有超越美欧日等核心国家之势。今日中国的急速崛起就是这一突出现象。毫无疑问，今日中国的发展趋势就如同美国从英国所主导的全球化中独立并崛起之势，客观上会让美国所主导的世界秩序发生紊乱。因此，如何在世界自由贸易的基础上，重建各本土社会的平衡，是当今世界面临的最大问题。如果相对衰落的美国仍然把持世界霸权，遏制或破坏新兴大国的发展，那么冲突与战争或不可避免。

此外，在陌生人的社会中，本土人与"邻人"或"他者"之间也存在着博弈，甚或"排外"。这也是全球化过程中不可避免的现象。当然，在本土人与邻人、我与他者的博弈过程中，一定会产生如"良心""正义感"与"神圣感"等"第三者"意识。而这正是"全球意识"的核心。

总之，随着全球范围内的自由贸易与人员流动的加速，信息的传布无远弗届，各地的风土人情、规范制度也在急速交流、碰撞。不过，让具有不同感受传统的"陌生人"结合成水乳交融的全球共同体，这要比在陌生人之间建立联合国、世界贸易组织与世界银行等抽象制度体系困难得多，而且耗时更长。不过，历史也表明，人类具有超越的想象力与虚构力，可以灵活地协调抽象的全球制度体系与各地的感受传统之间的矛盾。可以说，降低全球化的交易成本，不仅要减少抽象的制度成本，还要降低各地感受传统所带来的成本。因此，人类不仅要加强全球制度体系的协商，如改革联合国、世界贸易组织与世界银行等，还要进行多边谈判，达成各种多边的或区域性的制度协定，让它们在竞争中"优胜劣败"，从而为减少全球化的交易成本寻找新的典范。

当然，面对全球化的浪潮，世界各文明体并非毫无思想准备。从古至今，在世界各地都存在着"互惠""好客"的精神传统。单就中国文化传统而言，中国人也有着确立"全球意识"的思想资源。这就是儒家"成己成物"的思想。它源出于《礼记·中庸》："诚者，非自成己而已也，所以成物也。成己，仁也；成物，知也。性之德也，合内外之道也"。在儒家看来，君子的志业就是行道于天下，"成己成物"。中国人常常说"真诚"，即"真"与"诚"合讲，也即存在与应当合一。而真诚就是人参与到天地的化育之中，成己成物。而在这一生活世界中，要实现"成己成物"的目标，就是实现他人、事物、自己的价值与意义。孔子的办法是"得君行道"，为此，他周游列国，试图变"天下无道"为"天下有道"。不过，孔子的理想在当时却行不通。于是，他不得已退而整理古代文献，专心教授弟子，力图通过传道授业来影响当世与后代，达到"觉民行道"的目的。[①]后来，孔子创立的儒家文化成为了维系中国文明的关键纽结，而且成效显著，一直让中国文明处于东亚世界的中心。而且，中国人对自己文明的自信心在鸦片战争之前一直未动摇过。

但是，从晚清道光帝开始，中西文明直面相撞，屡屡刀兵相见。一次次的失败，让中国士大夫们开始怀疑自己文明的先进性了。为此，曾国藩等人主张"习夷之长技"，发起"自强运动"，先后建立制造局、送学生留洋等。但是，一旦自强运动从器物层面上升到制度设计的层面，却为清廷与保守势力所不容。其实，"数千年未有之变局"的实质在于"道亦变"。即今日之道已经不是传统意义上的"三纲五常"或"天地君亲师"的信条，而是自由平等的价值观念。换言之，在现代法律制度下，明确自己、他人的权利与义务，实现自身与他人的人生价值与意义。为此，人要成为君子，必须爱自己、爱家人、爱邻人、爱社区、爱自己所服务的单位、爱自己的城市、爱自己的国家、爱这个世界，不仅尊重文化的多样性，而且保护物种的多样性。因为"爱心"既是"共情""同情"，也具有"神圣感""崇高感"，所以，人只有通过修身养性，才能培养这种爱心，成为君子，然后"行道于天下"，成己成物。

不过，仅有爱心还不够，还要有宽容、协商、妥协的理性能力与勇气。随着人的谋生在广度上不断扩大，在深度上不断延伸，人的心智与周遭世界也会同步扩大与延伸。而且，从人的谋生角度来说，"心有多大、世界就有多大"与"世界有多大、心也就有多大"是一体两面的说法，换言之，心智与世界是人的谋生活动中的两个相互关联、交织的方面。只要人类还继续存在，那么人的心智与周遭世界就是开放的。原来认为是错误的或邪恶的看法或观念，随着人的谋生活动的

---

① 见余英时：《中国文化史通释》，三联书店 2012 年版，第 23 页。

扩大与深化，有可能转而被人类所接受。人们会发现，正统的观念与被视为"异端"的观念其实只是"横看成岭侧成峰"。因此，对"异端"或"异见"的宽容是十分重要的，也是一个健康社会的主要标志。

因此，要成为君子，人要从"情感直觉"与"抽象理性"两个方面来培养自己。其中，要把"道德感"与"政治—法律秩序"区分开来，不让人的道德冲动破坏法律秩序。比如，儒家强调的"爱有差等"，即把爱从自己身边的亲人扩展到其他人身上，这当然符合人的情感直觉；但是，现代法律制度却超越了亲情与非亲情之间的差别。所以，在这一方面，人要培养起自己的政治理性，来约束自己的亲情偏好。比如，孔子所说的"父为子隐，子为父隐，直在其中矣"①，这种亲情偏好是违反现代政治理性的。此外，中国人中常见的"拉关系、走后门"等私情偏好，也是有违现代政治理性的。即"公私不分"。为此，人们可以采取亲情回避制度。这样，既合情，又合法。

当然，君子的天职还在于对于人的存在意义进行超越性的追问，批判现实存在。在这一方面，君子类似于西方近代以来的知识分子的形象。知识分子不专属于某个民族或国家，而是真理、正义和理性的维护者、践行者，是社会的"良心"。因此，知识分子就是当今的"新君子"，兼有入世情怀与出世精神，用普遍与超越的眼光来批判现实，关怀世人。

为此，在今日的学校教育中，必需在情感教育、知识教育和批判意识三个方面着手。在情感教育中，要求学生在自治团体中互助，参加公益、慈善活动，比如社区劳动等。在知识教育方面，则要通过课堂讲授与考试，掌握前人的知识成果与研究方法。而在批判意识方面，则要强调讨论班的作用，让学生自由思考，质疑正统的理论，学会创新。

---

① 《论语·子路第十三》。

结论
人的心智是一件未完成的作品

经过漫长的适应性演化，人类形成了自己独特的心智机制，并利用情绪、理性、良知、信仰等来决策。不过，哪怕出于善良愿望，决策的后果往往适得其反。即使进入文明史之后，人类经历的暴力、战争、屠杀、种族灭绝等，史不绝书。历史的这些黑暗面常常会让人掩卷长叹，禁不住自问：这个世界会好吗？

最近，美国著名心理学家斯蒂芬·平克在《人性中的善良天使》中，对此作了肯定的回答。他认为，大脑中存在着"恶魔"和善的天使。① 这一说法有一定根据。根据埃克尔斯在《脑的进化》中的描述，大脑中的边缘系统（脑垂体、杏仁体等）既有快感的神经机制，也有与暴力相关的神经机制。随着人类的进化，人类本性中与愉快感受有关的机制超过了与好斗有关的机制。② 不过，即便在生理机制上有这种倾向，但是，社会机制与文明冲突却未必容许"善有善报"，让善战胜恶。即便如今，那些打着善的旗号行不义之事的人，并不鲜见。

如前所述，人的心智活动实际上是一种社会现象，也受制于社会规范。人的思想自由与意志自由不是没有代价的，换言之，天下没有

---

① 斯蒂芬·平克：《人性中的善良天使：暴力为什么会减少》，安雯译，中信出版社 2015 年版，第 5—6 页。
② 约翰·C.埃克尔斯：《脑的进化自我意识的创生》，第 120 页。

白吃的午餐。因为在现实中，"人以类聚"，即，人是生活在群体社会中，即使在同一个群体社会中，人们又分属不同的阶层。而不同阶层在对生存意义的追问与界定上，也各不相同。有不同就会有比较。人与动物不同之处，就在于不为生物本能所困，不断追问和赋予自身生存的意义，这是人类文化演化与社会演化的不绝动力。

因此，人喜欢比较，常常会有"人比人气死人"的感受。在同一群体社会之内，或不同群体社会之间，人们常常相互"攀比"，对于对方的吃穿住行的方式，以及解决物质需要的制度设计等方面，进行模仿、改变和创新。比如，在农业社会里，农民对于贵族、地主的奢侈生活方式很向往，这也是促使他们勤劳工作、发家致富的动力。而在不同社会之间，一旦开始交流，就必然出现对彼此生存意义及其定义的比较、模仿、改变和创新。而生存意义的界定涉及生活品位（吃穿住行等方面）、风俗习惯、道德—法律等制度设计、宗教信仰。比如，在地理大发现之后，全球贸易首次把各国联系起来，给予了各国人民模仿、比较、改变和创新生活方式及其制度、信仰的机会，也使得各国人民有了心智进一步开放的可能。

尽管历史是不可预测的，但是，人类仍不可放弃努力，因为没有人的努力，也就不会有什么历史。目前，除了科技霸权可能的威胁之外，种族、阶级与文明之间的冲突也是威胁人类生存的原因之一。那么，如何消除冲突呢？仅仅靠理性协商是不够的，最重要的是诉诸人的心智中最深层的"感受"，通过与身体感受相关的交流，世界各地的人们一定会"感同身受"。为此，人类必须善用各种表达感受的物品，即使是商品，也要让它体现人的独特品位。总之，要"动之以情、晓之以理"。

不过，人的心智仍然处于不断演化之中，而且，它不仅仅受制于外在环境的变化，而且更取决于人的生存能力与社会的变化。特别是在进入分子生物学与神经科学大发展时代，人类对于自身心智的改造能力日益增强，如基因改进与神经修复等。不过，道德风险也同步增大。

随着人与周遭进行物质、能量、信息与意义的交换活动在广度与深度上不断延展与丰富，人的心智也会不断具有更多新的感受体验。换言之，人会有更多新的看待世界的方式与介入世界的方式。由此，理性推理、超越性反思与感受直观之间的博弈会不断延续下去。

为此，人类要意识到感受直观、推理理性与超越性见识之间实际上是存在着某种均衡机制的。的确，从19世纪中叶以来，人类已经认识到推理理性的有限性，明白人类的生存及其制度不可能是理性设计的结果，而且对未来的超越性反思也大多只是乌托邦，往往以悲剧收场。不过，我们也要认识到，人类的生存不完全是自然过程，人的理性与见识是能够塑造人的生存及其制度的。

但是，无论人的理性推理与超越性反思如何强势，它们都像人无法拔着头发跳出地球一样，无法跳脱人的感受体验。否则，它们就会变成无源之水，因为人是在与周遭进行物质、能量、信息与意义的交换活动中实现自身生命意义的，也是在这一来回互动中意识到自身的。所以，只要这一生存方式不改变，人的心智结构就不会根本改变。换言之，人的感受直观，也即"参与式"与"代入式"的体验方式，是心智活动的根本与基础，也是人生存的动力；而理性推理与超越性反思只是对前者的再加工方式，也是人在长期演化过程中发展出来的能力。无论科技如何发达，理性推理与超越性反思都不能脱离感受体验这一"大地"。

从20世纪末以来，随着信息技术与生物技术的突飞猛进，人们日益担心发达的人工智能会超越或取代人的智能。但是，直到目前为止，这种担忧仍然没有成为现实。① 人工智能只是增强与优化了人的理性推理与分析能力，还无法脱离人机协作系统而独自具有像人类那

---

① 沃尔特·艾萨克森：《创新者》，关嘉伟等译，中信出版社2017年版，第519页。

样的创造力，特别是人类的感受直观能力（如美感、道德感与神圣感等）。因此，它没有从根本上改变人类心智的"三重加工"系统及其联动性。当然，除非未来科技从根本上改变了现有人类的生理架构，让推理理性系统跳脱感受直观系统，成为主导的要素，那么"现代人"也就不存在了，而是让位于新的人类。至于它是否就是《人类简史》的作者所说的"神人"，① 我们无从知晓。马克思说过："人们自己创造自己的历史，但是他们并不是随心所欲地创造，并不是在他们自己选定的条件下创造，而是在直接碰到的、既定的、从过去承继下来的条件下创造"。② 我们唯一能做的，就是从历史的当下处境去想象未来，而未来总会超出我们的想象，带给我们惊喜与悲伤。

无论是挫折，还是惊喜，人们总是对未来充满希望，因为超越当下的希望也是人自身意识的一个向度，即超越性向度。因此，去实现未来，也就是实现人自身。可以说，人的一切都在生成之中，而人的心智也是一件未完成的作品。

---

① 尤瓦尔·赫拉利：《未来简史》，林俊宏译，中信出版社 2017 年版，第 41 页。
② 马克思：《路易·波拿巴的雾月十八日》，载《马克思恩格斯选集》，第 1 卷，人民出版社 2012 年版，第 669 页。

参考文献

绪　论

1. 罗宾·邓巴等人:《进化心理学》,万美婷译,中国轻工业出版社 2011 年版。

2. 梁漱溟、艾恺:《这个世界会好吗?》(增订本),三联书店 2015 年版。

3. 季羡林:《季羡林谈人生》,浙江人民出版社 2016 年版。

4. 笛卡尔:《谈谈方法》,王太庆译,商务印书馆 2000 年版。

5. 皮亚杰:《智力心理学》,严和来等译,商务印书馆 2015 年版。

6. 乔纳·莱勒:《想象:创造力的艺术与科学》,简学等译,浙江人民出版社 2014 年版。

7. 迈克尔·托马塞洛:《人类认知的文化起源》,张敦敏译,中国社会科学出版社 2011 年版。

8. 罗伯特·希勒:《非理性的繁荣》,李心丹等译,中国人民大学出版社 2014 年版。

9.《全唐诗》(增订本),中华书局编辑部点校,中华书局 1999 年版。

10. Donald Johanson and Blake Edgar, *From Lucy to Language*, Simon and Schuster, 2006.

11. *The Complete Works of Aristotle*, edited by Jonathan Barnes, Princeton University

Press，1984.

第一章　心智的来源

1. 奇普·沃尔特：《重返人类演化现场》，蔡承志译，三联书店 2014 年版。

2. 约翰·C. 埃克尔斯：《脑的进化：自我意识的创生》，潘泓译，上海科技教育出版社 2007 年版。

3. 尼古拉斯·汉弗莱：《一个心智的历史：意识的起源和演化》，李恒威、张静译，浙江大学出版社 2015 年版。

4. Maurice Merleau-Ponty，*La Nature*，Seuil，1994.

5. Gary Marcus，*The Birth of the Mind，How a Tiny Number of Genes Creates the Complexities of Human Thought*，Basic Books，2004.

6. 大卫·林登：《愉悦回路：大脑如何启动快乐按钮操控人的行为》，覃薇薇译，中国人民大学出版社 2014 年版。

7. 维托尔·德吕舍尔：《从相残到相爱：两性行为的自然演化》，赵芊里译，上海科技教育出版社 2013 年版。

8. 罗伯特·阿克塞尔罗德：《合作的进化》(修订版)，吴坚忠译，上海人民出版社 2017 年版。

9. Andre Leroi-Gourhan，*Le geste et la parole，vol.II，la mémoire et les rythmes*，Editions Albin Michel，1965.

10. 罗宾·邓巴：《人类的演化》，余彬译，上海文艺出版社 2016 年版。

11. 埃马努埃尔·阿纳蒂：《艺术的起源》，刘建译，中国人民大学出版社 2007 年版。

12. 陈兆复：《古代岩画》，文物出版社 2002 年版。

13. 屈原：《楚辞》，"天问"，林家骊译注，中华书局 2015 年版。

14.《宋史》，第 36 册，"朱熹传"，中华书局 1985 年版。

15. Robert Boyd and Joan B. Silk，*How humans evolved*，W.W. Norton & Company，7th edition，2015.

16. (汉) 许慎：《说文解字》，(宋) 徐铉校定，中华书局 2013 年版。

17. 安德列·勒鲁瓦-古昂：《史前宗教》，俞灏敏译，上海文艺出版社 1990 年版。

18. Marcel Mauss，*Oeuvres*，vol.I-III，Les Editions de Minuit，1968.

19.《圣经》：中国基督教协会 1996 年印。

20. 张光直：《中国青铜时代》，三联书店 2013 年版。

21. 维特根斯坦：《逻辑哲学论》，贺绍甲译，商务印书馆 1996 年版。

22. 哈伊姆·奥菲克：《第二天性：人类进化的经济起源》，张敦敏译，中国社会科学出版社 2004 年版。

23. James J. Gibson，*The Ecological Approach to Visual Perception*，Psychology Press，1986.

24. 克里斯托弗·博姆：《道德的起源——美德、利他、羞耻的演化》，贾拥民等译，浙江大学出版社 2015 年版。

25. Agustin Fuentes，*The Creative Spark*，*How Imagination Made Humans Exceptional*，Dutton，2017.

26. Daniel L. Everett，*How Language Began*，Liveright Publishing Corporation，2017.

27. 李零：《中国方术正考》，中华书局 2006 年版。

28. 李零：《中国方术续考》，中华书局 2006 年版。

29.《新疆出土文物》，文物出版社 1975 年版。

30. 湖南博物馆编：《长沙马王堆汉墓陈列》，中华书局 2017 年版。

31. Andrew J. Lawson，*Painted Caves*，*Palaeolithic Rock Art in Western Europe*，Oxford University Press，2012.

32. 吉姆·艾尔-哈利利、约翰乔·麦克法登：《神秘的量子生命》，侯新智等译，浙江人民出版社 2016 年版。

33. 理查德·道金斯：《自私的基因》，卢允中等译，中信出版社 2012 年版。

34. 斯科特·考夫曼：《绝非天赋》，林文韵等译，浙江人民出版社 2017 年版。

35. 加斯东·巴什拉：《空间的诗学》，张逸婧译，上海译文出版社 2009 年版。

36. 霍华德·加德纳：《智能的结构》，沈致隆译，浙江人民出版社 2013 年版。

37. 理查德·尼斯贝特：《思维版图》，李秀霞译，中信出版社 2017 年版。

38. 布莱恩·费根：《小冰河时代——气候如何改变历史（1300—1850）》，苏静涛译，浙江大学出版社 2013 年版。

39. 艾尔弗雷德·W. 克罗斯比：《哥伦布大交换——1492 年以后的生物影响和文化冲击》，郑明萱译，中国环境出版社 2010 年版。

40. 埃尔克诺恩·高德伯格：《大脑总指挥》，华东师范大学出版社 2014 年版。

41. 贾雷德·戴蒙德：《第三种黑猩猩》，王道还译，上海译文出版社 2012 年版。

42. 保罗·R. 埃力克：《人类的天性——基因、文化与人类前景》，李向慈等译，金城出版社 2014 年版。

43. 丹尼尔·利伯曼：《人体的故事》，蔡晓峰译，浙江人民出版社 2017 年版。

44.《帝王世系、世本、逸周书、古本竹书纪年》，齐鲁书社 2010 年版。

45. *Plato*, *Complete Works*, edited by John M. Cooper, Hackett Publishing Company, 1997.

46. Thomas Gilovich, Dacher Keltner, Serena Chen, Richard E. Nisbett:《社会心理学》，侯玉波等译，中国轻工业出版社 2016 年版。

47. 迈克尔·托马塞洛：《人类思维的自然史》，苏彦捷译，北京师范大学出版社 2017 年版。

48. 迈克尔·托马塞洛：《我们为什么要合作》，苏彦捷译，北京师范大学出版社 2017 年版。

49. 马克·约翰逊、米歇尔·德·哈恩：《从自然到使然——心理成熟背后的脑机制》，徐芬等译，北京师范大学出版社 2017 年版。

50. Maurice Merleau-Ponty, *phénoménology de la perception*, Editions Gallimard, 1945.

51. 于省吾主编：《甲骨文字诂林》，中华书局 1996 年版。

52. Francis Fukuyama, *The Origins of Political Order*, *From Prehuman Times to the French Revolution*, Farrar, Straus and Giroux, New York, 2011.

53. *Trade and Market in the Early Empires*, Edited by Karl Polanyi, Conrad M. Arensberg and Harry W. Pearson, The Free Press, 1957.

第二章　心智与存在

1. 伯纳德·J. 巴斯、尼科尔·M. 盖奇主编：《认知、大脑与意识：认知神经科学引论》，王兆新等译，上海人民出版社 2005 年版。

2. Giacomo Rizzolatti, Corrado Sinigaglia, *Les Neurones miroirs*, Odile Jacob, 2006.

3. Georges Canguilhem, *La connaissance de la vie*, Paris: J. Vrin, 1952, 1962, 1992.

4. 马塞尔·莫斯：《社会学与人类学》，佘碧平译，上海译文出版社 2014 年版。

5. Francis Fukuyama, *The Origins of Political Order*, *From Prehuman Times to the French Revolution*, Farrar, Straus and Giroux, New York, 2011.

6. *Trade and Market in the Early Empires*, Edited by Karl Polanyi, Conrad M. Arensberg and Harry W. Pearson, The Free Press, 1957.

7. 威廉·戈兹曼：《千年金融史》，张亚光等译，中信出版社 2017 年版。

8. 保罗·布卢姆：《善恶之源》，青涂译，浙江人民出版社 2015 年版。

9. 威廉·卡尔文：《大脑如何思维》，杨雄里等译，上海科学技术出版社 2012 年版。

10. 理查德·戴维森、沙伦·贝格利：《大脑的情绪生活》，王萌译，孙涤校，格致出版社、上海人民出版社 2015 年版。

11. 安东尼·朗：《心灵与自我的希腊模式》，何博超译，北京大学出版社 2015 年版。

12. 《黄帝内经灵枢译释》，孟景春、王新华主编，上海科学技术出版社 2011 年版。

13. 《难经译释》，苏颖、李霞主编，上海科学技术出版社 2016 年版。

14. 李梦生：《左传译注》，上海古籍出版社 2004 年版。

15. 姜诗元编选：《卞之琳代表作》，华夏出版社 1998 年版。

16. E.H. 贡布里希：《秩序感：装饰艺术的心理学研究》，杨思梁等译，广西美术出版社 2015 年版。

17. 中国国家博物馆编：《中华文明史："古代中国陈列"文物精粹》，中国社会科学出版社 2010 年版。

18. 逯钦立辑校：《先秦汉魏晋南北朝诗》，中华书局 1983 年版。

19. 马克斯·布鲁克曼编：《下一步是什么——未来科学的报告》，王文浩译，湖南科技出版社 2011 年版。

20. 斯塔夫里阿诺斯：《全球通史》，北京大学 2004 年影印版。

21. 《爱因斯坦文集》（增补本），第 1 卷，商务印书馆 2009 年版。

22. 阿尔诺德·豪泽尔：《艺术社会学》，黄燎宇译，商务印书馆 2015 年版。

23. 马修·利伯曼：《社交天性：人类社交的三大驱动力》，贾拥民译，浙江人民出版社 2016 年版。

24. 笛卡尔：《第一哲学沉思集》，庞景仁译，商务印书馆 1986 年版。

25. Rene Descartes，*Corréspondence*，vol.1，Gallimard，Paris，2013.

26. 海德格尔：《存在与时间》(修订译本)，陈嘉映、王庆节合译，熊伟校，陈嘉映修订，三联书店 2006 年版。

27. 格雷戈里·希科克：《神秘的镜像神经元》，浙江人民出版社 2016 年版。

28. 《戴震集》，上海古籍出版社 2009 年版。

29. 《周易译注》，黄寿祺、张善文撰，上海古籍出版社 2004 年版。

30. 《卢浮宫指南》，Musée du Louvre Editions，Paris，2005。

31. *L'Empathie*，sous la direction de Alain Berthoz，Gérard Jorland，Editions Odile Jacob，2004.

32. 陈铁民：《王维集校注》，中华书局 1997 年版。

33. 刘知几：《史通》，白云译注，中华书局 2014 年版。

第三章　感　受

1. Libet B.，Gleason，C.A.，Wright，E.W.，and Pearl，D.K.，*Time of conscious intention to act in relation to onset of cerebral activity* (readiness-potential)：*the unconscious initiation of a freely voluntary act*，in *Brain* 106(pt 3)：623—642.

2. Carol Delaney，*Columbus and the Quest for Jerusalem*，*how religion drove the voyages that led to America*，Free Press，2011.

3. L.P. Hartley，*The Go-Between*，Hamish Hamilton，1953；republished by The New York Review of Books，2002.

4. 杨天宇：《礼记译注》：上海古籍出版社 2004 年版。

5. (汉) 高绣注：《吕氏春秋》：(清) 毕沅校，余翔标点，上海古籍出版社 1996 年版。

6. Sukhvinder Obhi，*Power changes how the brain respondes to others*，in *Journal of Experimental Psychology*，2014，vol.143，No.2，755—762.

7. 达契尔·克特纳：《权力的悖论》，胡晓姣等译，中信出版社 2016 年版。

8. 约翰·埃默里克·爱德华·达尔伯格-阿克顿：《自由与权力》，侯建等译，译林出版社 2014 年版。

9. 道格拉斯·诺斯等：《暴力与社会秩序》，杭行、王亮译，格致出版社 2013 年版。

10. 约翰·赫伊津哈：《游戏的人》，傅存良译，北京大学出版社 2014 年版。

11. 列维-布留尔：《原始思维》，商务印书馆 1981 年版。

12. 安妮·鲁尼：《爱因斯坦自述》，王浪译，黑龙江教育出版社 2016 年版。

13. Pierre Hadot，*The Veil of Isis*，*An Essay on the History of the Idea of Nature*，translated by Michael Chase，Harvard University Press，2006.

14. 迈克尔·加扎尼加：《人类的荣耀》，彭雅伦译，北京联合出版公司 2016 年版。

15. 瓦尔特·本雅明：《波德莱尔：发达资本主义时代的抒情诗人》，王涌译，译林出版社 2014 年版。

16. 理查德·尼斯贝特：《认知升级》，仲田甜译，中信出版社 2017 年版。

17. 王国维：《人间词话》，徐调孚校注，中华书局 2012 年版。

18. Marcel Mauss，*Manuel d'ethnographie*，Editions Payot，1967.

19. Edmund Husserl，*l'Arche-originaire Terre ne se meut pas*，trad. fr. D. Frank，in *Philosophie*，n. 1，Jan. 1984.

20. 麦克斯·缪勒：《宗教的起源与发展》，上海人民出版社 2010 年版。

21. *The Psychology of Religion*，Fourth Edition，by Ralph W. Hood，Peter C. Hill，Bernard Spilka，The Guilford Press，2009.

22. Merlin Donald，*Origins of the Modern Mind*，*Three Stages in the Evolution of Culture and Cognition*，Harvard University Press，1991.

23. Roland Barthes，*Oeuvres complètes*，V，Livres，Textes，Entretiens，1977—1980，Seuil，2002.

24. 吴冠中：《我负丹青：吴冠中传》，人民文学出版社 2004 年版。

25. 曼瑟尔·奥尔森：《集体行动的逻辑》，陈郁等译，上海三联书店、上海人民出版社 1995 年版。

26. Philippe Moreau Defarges，*Introduction à la géopolitique*，Editions du Seuil，1994.

27. Lucien Febvre，*La Terre et l'évolution humaine*，Editions Albin Michel，1970.

28. 查尔斯·都希格：《习性的力量》，吴弈俊等译，中信出版社 2013 年版。

29. 《国语》，陈桐生译注，中华书局 2013 年版。

30. 傅璇琮等主编：《全宋诗》第 31 册，北京大学出版社 1997 年版。

31. 吴冠中：《吴冠中画作诞生记》，人民美术出版社 2008 年版。

32. 康定斯基：《艺术的精神性》，载《康定斯基艺术全集》，李正子译，金城出版社 2012 年版。

33. 中华书局编辑部编：《曹操集》，中华书局 2012 年版。

34. 布封：《自然史》，陈筱卿译，译林出版社 2013 年版。

35. 王元化：《文心雕龙讲疏》，华东师范大学出版社 2017 年版。

36.（法）多米尼克·德·维尔潘等编著：《赵无极：1935—2010》，广西美术出版社 2018 年版。

37.《中外交通古地图集》，朱鉴秋等编著，中西书局 2017 年版。

38. 乔纳森·海特：《正义之心》，舒明月等译，浙江人民出版社 2014 年版。

39. 乔纳森·海特：《象与骑象人》，李静瑶译，浙江人民出版社 2012 年版。

40. 保罗·扎克：《道德博弈——爱和繁荣究竟从何而来？》，黄延峰译，中信出版社 2016 年版。

41. 维也纳·桑巴特：《奢侈与资本主义》，王燕平等译，上海人民出版社 2005 年版。

42. 阿瑟·I. 米勒：《爱因斯坦、毕加索——空间、时间和动人心魄之美》，方在庆等译，上海科技教育出版社 2016 年版。

43. 本尼迪克特·安德森：《想象的共同体》，上海人民出版社 2016 年版。

44.《李太白全集》，（清）王琦注，中华书局 2011 年版。

45. 卢守助：《晏子春秋译注》，上海古籍出版社 2006 年版。

46.《白居易集笺注》，朱金城笺注，上海古籍出版社 1988 年版。

47. 亚伯拉罕·马斯洛：《动机与人格》，许金声等译，中国人民大学出版社 2007 年版。

48. 尼尔·弗格森：《基辛格——理想主义者》，陈毅平译，中信出版集团 2018 年版。

49. 徐中舒主编：《甲骨文字典》，四川辞书出版社 2014 年版。

50. 查尔斯·曼恩：《1493：物种大交换开创的世界史》，朱菲等译，中信出版社 2016 年版。

第四章　理　性

1.《理解脑：新的学习科学的诞生》，经济合作与发展组织编，周加仙等译，教育科学出版社 2014 年版。

2. *Space，Time and Number in the Brain，Searching for the foundations of mathematical thought*，edited by Stanislas Dehaene and Elizabeth M. Brannon，Academic Press，2011.

3. Descartes，*Oeuvres et Lettres*，Textes présentés par Andre Bridoux，Gallimard，1953.

4. Descartes，*Le Monde，l'Homme*，Seuil，Paris，1996.

5. Descartes，*Etude du bon sens，La recherche de la vérité et autres écrits de jeunesse（1616—1631）*，Edition de Vincent Carraud et Gilles Olivo，PUF，2013.

6. Descartes，*Corréspondance*，vol.2，Gallimard，2013.

7. Anthony M. Alioto，*A History of Western Science*，Second Edition，Prentice Hall，1993.

8. Jean-Marie Beyssade，*Etudes sur Descartes*，Editions du Seuil，2001.

9. Diderot，*Oeuvres philosophiques*，textes établis par Paul Vernière，Paris，Editions Classiques Garnier，1956.

10. Ernst Cassirer，*Substance and Function*，Chicago: Open Court，1923.

11. Ernst Cassirer，*Einstein's Theory of Relativity*，Chicago: Open Court，1923.

12. Maurice Merleau-Ponty，*La structure du comportement*，PUF，1942.

13. Paul Ricoeur，*La Critique et la Conviction*，Calmann-Lévy，1995.

14. John of Salisbury，*Policraticus*，edited and translated by Cary J. Nederman，Cambridge University Press，1990.

15. M. 克莱因：《西方文化中的数学》，张祖贵译，复旦大学出版社 2016 年版。

16. 保罗·利科：《作为一个他者的自身》，佘碧平译，商务印书馆 2013 年版。

17. 沃尔特·艾萨克森：《爱因斯坦传》，张卜天译，湖南科学技术出版社 2014 年版。

18. 佘碧平：《论保罗·利科的确信概念》，载《同济大学学报》（社科版），2013 年第 5 期。

19. 佘碧平："巴特鲁斯、蒙田、笛卡儿与近代古典理性概念的形成"，载《复旦学报》（社会科学版），2011 年第 5 期。

20. 赫伯特·西蒙：《人类活动中的理性》，胡怀国等译，广西师范大学出版社 2016 年版。

21. Caleb Everett，*Numbers and the Making of Us*，Harvard University Press，2017.

22. 王晓田、陆静怡：《进化的智慧与决策的理性》，华东师范大学出版社 2016 年版。

23. 理查德·尼斯贝特：《逻辑思维》，张媚译，中信出版社 2017 年版。

24. （清）汪继培辑，朱海雷撰：《尸子译注》，上海古籍出版社 2006 年版。

25. 约翰·洛克：《洛克政治论文集》（影印本），中国政法大学出版社 2003 年版。

26. 康德：《康德政治哲学文集》（注释版），李秋零译注，中国人民大学出版社 2016 年版。

第五章　见　识

1. 安东尼奥·R.达马西奥：《笛卡尔的错误：情绪、推理和人脑》，毛彩凤译，教育科学出版社 2007 年版。

2. 戴维·迪绍夫：《元认知》，陈舒译，机械工业出版社 2015 年版。

3. Emile Meyerson，*Identity and Reality*，translated by Kate Loewenberg，Routledge，1930.

4. Jonathan St.B.T.Evans，*Bias in human reasoning*: *Causes and consequences*. Brighton: Erlbaum，1989.

5. Jonathan St.B.T. Evans，*Thinking Twice*: *Two minds in one brain*. Oxford University Press，2010.

6. 丹尼尔·卡尼曼：《思考，快与慢》，胡晓姣等译，中信出版社 2012 年版。

7. Olivier Houdé，*Le raisonnement*，Presses Universitaires de France，2014.

8. Hugo Mercier，Dan Sperber，*The Enigma of Reason*，Harvard University Press，2017.

9. 周积寅编著：《中国历代画论》（上、下编），江苏人民出版社 2013 年版。

10. Maurice Merleau-Ponty，*Elogie de la philosophie*，Gallimard，1953.

11. M.I. 芬利主编：《希腊的遗产》，张强等译，上海人民出版社 2004 年版。

12. *Early Greek Political Thought from Homer to the Sophists*，edited by Michael Gagarin and Paul Woodruff，Cambridge University Press，1995.

13. 第欧根尼·拉尔修：《名哲言行录》，徐开来、傅林译，广西师范大学出版社 2010 年版。

14. 托马斯·库恩：《科学革命的结构》，金吾伦等译，北京大学出版社 2012

年版。

15. *Heuristics and Biases*，*The Psychology of Intuitive Judgment*，edited by Thomas Gilovich，Dale W. Griffin，Daniel Kahneman，Cambridge University Press，2002.

16. 乔治·阿克洛夫、罗伯特·希勒：《动物精神——人类心理如何驱动经济、影响全球资本市场》，黄志强等译，中信出版社 2016 年版。

17. 乔治·阿克洛夫、罗伯特·希勒：《钓愚——操纵与欺骗的经济学》，张军译，中信出版社 2016 年版。

18. F. A. Hayek，*The Sensory Order*，*An Inquiry into the Foundation of Theoretical Psychology*，The University of Chicago Press，1976.

19. 乔恩·埃尔斯特：《心灵的炼金术：理性与情感》，郭忠华等译，中国人民大学出版社 2009 年版。

20. 乔舒亚·格林：《道德部落——情感、理智和冲突背后的心理学》，论璐璐译，中信出版社 2016 年版。

21. 迈克尔·波兰尼：《个人知识》，上海人民出版社 2017 年版。

22. 理查德·泰勒：《"错误"的行为》，王晋译，中信出版集团 2016 年版。

23. 张震泽撰：《孙膑兵法校理》，中华书局 1984 年版。

24. 托马斯·库恩：《科学革命的结构》，金吾伦等译，北京大学出版社 2012 年版。

25. 布莱恩阿瑟：《复杂经济学：经济思想的新框架》，贾拥民译，浙江人民出版社 2018 年版。

第六章 表 达

1. 史蒂芬·平克：《思想本质》，张旭红等译，浙江人民出版社 2015 年版。

2. 李红友主编：《撮泰吉根源》，贵州民族出版社 2015 年 6 月版。

3.《十三经注疏》(附校勘记)，中华书局 1979 年影印版。

4. 约瑟夫·坎贝尔：《千面英雄》，黄珏苹译，浙江人民出版社 2016 年版。

5. Ernst Cassirer，*The philosophy of symbolic forms*，vol.1，translated by Ralph Manheim，Yale University Press，1953.

6. 陀思妥耶夫斯基：《地下室手记》，臧仲伦译，漓江出版社 2012 年版。

7. 陀思妥耶夫斯基：《罪与罚》，耿济之原译，陈逸重译，上海文艺出版社 2015

年版。

8. Michael Tomasello，*Constructing a language*: *A usage-based theory of language acquisition*，外语教学与研究出版社，2010。

9. （清）王文诰辑注，孔凡礼点校，《苏轼诗集》，第 5 册，中华书局，1982 年版。

10. 石涛：《苦瓜和尚画语录》，周远斌点校、纂注，山东画报出版社，2007 年 8 月第 1 版。

11. 索绪尔：《普通语言学教程》，商务印书馆，1980 年 11 月。

12. Gary B. Palmer，*Toward a Theory of Cultural Linguistics*，University of Texas Press，1996.

第七章　决　策

1. 金庸：《倚天屠龙记》，第 1 册，广州出版社 2008 年版。

2. 尤瓦尔·赫拉利：《未来简史：从智人到神人》，林俊宏译，中信出版社 2017 年版。

3. 《孙子兵法》，陈曦译注，中华书局 2011 年版。

4. 《鬼谷子》，许富宏译注，中华书局 2012 年版。

5. 沃尔特·米歇尔：《棉花糖实验》，任俊等译，北京联合出版公司 2016 年版。

6. Alain Berthoz，*La Décision*，Editions Odile Jacob，2003.

7. 劳伦斯·弗里德曼：《战略：一部历史》，王坚等译，社会科学文献出版社 2016 年版。

8. 《沈从文小说选》，人民文学出版社 1982 年版。

9. 奥利弗·萨克斯：《火星上的人类学家》，赵海波译，中信出版社 2010 年版。

10. Michel Foucault，*Les mots et les choses*，*Une archéologie des sciences humaines*，Gallimard，1966.

11. 熊月之编：《郭嵩焘卷》，中国人民大学出版社 2014 年版。

12. 《蒋廷黻回忆录》，中华书局 2014 年版。

13. 萧一山：《曾国藩传》，江苏人民出版社 2014 年版。

14. Nicolo Machiavelli，*The Discourses*，edited with an introduction by Bernard Crick，using the translation of Leslie J. Walker，S.J.，with revisions by Brian Richardson，Penguin Books，2003，p.43.

15. 乔治·索罗斯：《金融炼金术》，孙忠、侯纯译，海南出版社 2011 年版。

16. Machiavelli, *The Chief Works and Others*, translated by Allan Gilbert, vol. I, Duke University Press, 1989.

17. 粟裕：《粟裕回忆录》，解放军出版社 2007 年版。

18. 白吉庵：《胡适传》，人民出版社 1993 年版。

19. 亨利·基辛格：《大外交》，海南出版社 1998 年版。

20. 饶平如：《平如美棠——我俩的故事》，广西师范大学出版社 2013 年版。

21. 以赛亚·柏林：《自由论》(修订版)，胡传胜译，译林出版社 2011 年版。

22. 傅璇琮等主编：《全宋诗》，第 28 册，北京大学出版社 1998 年版。

23. 阿彻·琼斯：《西方战争艺术》，刘克俭、刘卫国等译，海南出版社 2017 年版。

24. 约翰·利浦金斯基：《话说商业》，北京大学出版社 2010 年版。

25. 司马迁：《史记》，中华书局 1959 年版。

26. 马基雅维里：《论李维》，冯克利译，上海人民出版社 2005 年版。

第八章　心智的培养

1. Pierre Hadot, *Qu'est-ce que la philosophie antique*? Gallimard, 1995.

2. 卡尔·波兰尼：《巨变：当代政治与经济的起源》，黄树民译，社会科学文献出版社 2017 年版。

3. 金伯莉·G. 诺布尔：《贫穷会使大脑发育不良吗？》，载《光明日报》，2017 年 3 月 29 日，第 14 版。

4. Robert D. Putnam, *Bowling Alone, The Collapse and Revival of American Community*, Simon and Shuster Paperbacks, 2000.

5. Robert D. Putnam, *Making Democracy Work*, Princeton University Press, 1993.

6. 汪效驷：《江南乡村社会的近代转型——基于陈翰笙无锡调查的研究》，安徽师范大学出版社 2010 年版。

7. 埃莉诺·奥斯特罗姆：《公共事物的治理之道》，余逊达等译，上海译文出版社 2012 年版。

8. 余英时：《中国文化史通释》，三联书店 2012 年版。

9. 诺贝特·埃利亚斯：《文明的进程——文明的社会起源和心理起源的研究》，王佩莉、袁志英译，上海译文出版社 2009 年版。

10. 丹尼·罗德里克：《全球化的悖论》，中国人民大学出版社 2011 年版。

11. 米歇尔·塞尔：《拇指一代》，谭华译，华东师范大学出版社 2015 年版。

12. 朱利安·班达：《知识分子的背叛》，佘碧平译，上海人民出版社 2017 年版。

13. 阿莱克斯·彭特兰：《智慧社会——大数据与社会物理学》，汪小帆等译，浙江人民出版社 2015 年版。

14. 马文·明斯基：《心智社会》，任楠译，机械工业出版社 2016 年版。

15. 马文·明斯基：《情感机器——人类思维与人工智能的未来》，王文革等译，浙江人民出版社 2016 年版。

16. 苏珊·平克：《村落效应》，青涂译，浙江人民出版社 2017 年版。

17. 詹姆斯·弗农：《远方的陌生人——英国是如何成为现代国家的》，张祝馨译，商务印书馆 2017 年版。

18. 杰克·菲利普·格林：《边缘与中心——帝国宪制的延伸》，刘天骄译，中国政法大学出版社 2017 年版。

19. 亨利·基辛格：《世界秩序》，胡利平等译，中信出版社 2015 年版。

20. 佘碧平：《梅罗—庞蒂历史现象学研究》，复旦大学出版社 2007 年版。

结论　人的心智是一件未完成的作品

1. 斯蒂芬·平克：《人性中的善良天使：暴力为什么会减少》，安雯译，中信出版社 2015 年版。

2. 尤瓦尔·赫拉利：《未来简史》，林俊宏译，中信出版社 2017 年版。

3. 《马克思恩格斯选集》，第 1 卷，人民出版社 2012 年版。

4. 沃尔特·艾萨克森：《创新者》，关嘉伟等译，中信出版社 2017 年版。

图书在版编目(CIP)数据

心智的秘密:论心智的来源、结构与功能/佘碧平
著. —上海:上海人民出版社,2019
(日月光华·哲学书系)
ISBN 978-7-208-15729-3

Ⅰ.①心… Ⅱ.①佘… Ⅲ.①心理学 Ⅳ.①B84

中国版本图书馆 CIP 数据核字(2019)第 032184 号

责任编辑 赵 伟
封面设计 小阳工作室

日月光华·哲学书系

心智的秘密:论心智的来源、结构与功能

佘碧平 著

出 版 上海人民出版社
  (200001 上海福建中路 193 号)
发 行 上海人民出版社发行中心
印 刷 常熟市新骅印刷有限公司
开 本 720×1000 1/16
印 张 23.5
插 页 6
字 数 291,000
版 次 2019 年 9 月第 1 版
印 次 2019 年 9 月第 1 次印刷
ISBN 978-7-208-15729-3/B·1385
定 价 88.00 元

"日月光华·哲学书系"书目

第一辑

01 《马克思早期思想的逻辑发展》 吴晓明 著

02 《熊十力的新唯识论与胡塞尔的现象学》 张庆熊 著

03 《思想的转型——理学发生过程研究》 徐洪兴 著

04 《阳明后学研究》(增订本) 吴震 著

05 《罗蒂与普特南：新实用主义的两座丰碑》 陈亚军 著

06 《从启蒙到唯物史观》 邹诗鹏 著

第二辑

07 《实践与自由》 俞吾金 著

08 《马克思主义经济哲学及其当代意义》 余源培 著

09 《西方哲学论集》 黄颂杰 著

10 《现代西方哲学纲要》 张汝伦 著

11 《差等秩序与公道世界——荀子思想研究》 东方朔 著

12 《孟子性善论研究》(再修订版) 杨泽波 著

第三辑

13 《资本与历史唯物主义——〈资本论〉及其手稿当代解读》 孙承叔 著

14 《中国哲学论文集》 李定生 著

15 《焦循儒学思想与易学研究》 陈居渊 著

16 《承认·正义·伦理——实践哲学语境中的霍耐特政治伦理学》 王凤才 著

17 《科学技术哲学论集》 陈其荣 著

18 《唯物论者何以言规范——一项从分析形而上学到信息技术哲学的多视角考察》 徐英瑾 著

第四辑

19 《潘富恩自选集》 潘富恩著

20 《休谟思想研究》 阎吉达著

21《理性、生命与世界——汪堂家文选》 汪堂家 著 吴猛编

22 《从理论到实践——科学实践哲学初探》 黄翔、[墨西哥]塞奇奥·马丁内斯 著

23 《不丧斯文：周秦之变德性政治论微》 李若晖 著

24 《心智的秘密：论心智的来源、结构与功能》 佘碧平 著